# 颠覆经济学
## RECALL THE ECONOMICS

[韩] 李正典 ◎ 著　李学权 ◎ 译

北京大学出版社
PEKING UNIVERSITY PRESS

著作权合同登记号　　图字 01-2012-7599

图书在版编目（CIP）数据

颠覆经济学／（韩）李正典著；李学权译. ——北京：北京大学出版社，2013.1
ISBN 978-7-301-21526-5

Ⅰ.①颠… Ⅱ.①李…②李… Ⅲ.①经济学－研究 Ⅳ.①F0

中国版本图书馆 CIP 数据核字 (2012) 第 265545 号

RECALL THE ECONOMICS by Rhee Jeong Jeon 李正典
Copyright © 2011 Rhee Jeong Jeon 李正典
All rights reserved.
Simplified Chinese copyright © 2012 by Beijing RZBook Co.，Ltd
Simplified Chinese language edition arranged with Gimm-Young Publishers，inc.
through Eric Yang Agency inc.

本书中文简体版由北京大学出版社出版。

| | |
|---|---|
| 书　　　　名： | 颠覆经济学 |
| 著作责任者： | ［韩］李正典　著　李学权　译 |
| 责 任 编 辑： | 宋智广　任军锋 |
| 标 准 书 号： | ISBN 978-7-301-21526-5/F·3389 |
| 出 版 发 行： | 北京大学出版社 |
| 地　　　　址： | 北京市海淀区成府路205号　100871 |
| 网　　　　址： | http://www.pup.cn　　新浪官方微博：@北京大学出版社 |
| 电 子 信 箱： | rz82632355@163.com |
| 电　　　　话： | 邮购部 62752015　发行部 62750672　编辑部 82632355　出版部 62754962 |
| 印 刷　者： | 北京联兴盛业印刷股份有限公司 |
| 经 销　者： | 新华书店 |
| | 720毫米×1000毫米　16开本　18印张　250千字 |
| | 2013年1月第1版　2013年1月第1次印刷 |
| 定　　　　价： | 42.00元 |

未经许可，不得以任何方式复制或抄袭本书之部分或全部内容。
版权所有，侵权必究
举报电话：010-62752024　电子信箱：fd@pup.pku.edu.cn

RECALL THE ECONOMICS | 推荐序

　　作为一名经济学者，李正典老师给了我两次感动和一次遗憾。

　　第一次感动是老师从不受理政府项目。通常，新一届政府组建成功之后，绝大多数学者会排队申请政府研究项目，而他竟然拒绝政府发放的研究项目，怎能不让我大吃一惊？

　　第二次感动是在老师退休的时候。当时弟子们决定筹资为他出版纪念论文集，而得知这一消息以后老师断然拒绝了弟子们的好意。经此一事，老师那品德高尚的老绅士形象，深深地刻印在了我的脑海中。

　　唯一的一次遗憾是因为看到老师在卢武铉总统执政时领受本该拒绝的牡丹勋章。当时我在想作为隶属总理办公室新万金委员会的经济学家，拒绝强行推进新万金的政府颁发的勋章，该是何等的帅气。

　　构成李正典老师理论体系的主干是环境和土地，还有一条支干则是马克思经济学。一般来讲，主流经济学理论加上古典经济学以及马克思经济学，就会形成李正典理论的框架。而即使是在外国也难见到像老师这样的综合性经济学家。

　　李正典老师通过这本书，向那些像"出了故障的留声机"反复唱诵"减税之歌"的经济学家们提出了批评。这些经济学家像是韩国执政党的秘密党员，有机会就宣扬减税政策，仿佛减税能解决一切经济问题，令人十分生厌。

老师扎实的古典经济学知识，令他欲借亚当·斯密、李嘉图、凯恩斯等人的声音对现政府表示质疑的想法变得可能。

当热衷于土地投机的政权利用经济学者作屏障抵挡来自社会的指责时，作者通过《颠覆经济学》一书，对政府的荒谬言论进行了反驳。李正典老师通过《颠覆经济学》传递出"李嘉图都承认从未见过靠土地投机兴盛起来的国家"之类的信息，有力批判了政府纵容房价上涨的行为。这可真是大快人心，在以前我可是从来没有在读经济学书籍的时候感受过这种战栗般的快意！

美国有位杰出的经济学家叫罗伯特·莱切。这位拥有批判性思维的经济学家是克林顿政府的劳动部部长，也是迄今仍受人们尊敬的人物。为什么韩国国内不能出现像罗伯特·莱切一样，既有批判性思维，又有行政能力的经济学家呢？正在我百思不得其解的时候，偶然看到了《颠覆经济学》一书。而我似乎也找到了答案！韩国国内虽然没有罗伯特·莱切，但很荣幸地拥有了经济学家李正典。

关于本书，我想传递给大家的只有一个想法："经济学书籍也可以写得如此的妙趣横生。"

就算知道您对经济学不感兴趣，我也要向您推荐本书。这是首次将绿色经济概念介绍到韩国国内的当代代表性经济学家撰写的经济学力作。

另外，通过本书您还可以体会到曾经风靡一时的"经世济民"学问给我们的人生带来的深远影响。而且在最后您还可以获得改善无房家庭生活质量的经济方案。要知道这些无房家庭的人口总数占全体国民的一半以上！

禹石勋（2.1研究所所长）

# 前言

RECALL THE ECONOMICS

　　在社会科学领域，经济学的科学性和系统性的优势毋庸置疑，而它被加冕为"社会科学女皇"，更是从很早以前就已打造了经济学的"帝国主义版图"。经济学家们霸气十足，在社会学、政治学、犯罪学、法学、家庭学和教育学等领域占据一席之地后，又成功进入了人文学和艺术领域。结果，在"经济学霸权主义"下，人们遇到环境经济学、犯罪经济学、法律经济学、婚姻经济学、体育经济学、文化经济学等一连串经济学新词也就不足为奇了。在如今的大学城书店里，我们实在难以判断那些琳琅满目的政治学教材与经济学教材有何区别。仿佛为了证明"经济学帝国主义"时代的来临，《经济学帝国主义》于数年前就横空出世了。顾名思义，其作者是想通过此书痛斥"经济学家侵占其他学科领域，建立殖民地"的做法。

　　不过，就如世界上不可能存在永不没落的帝国一样，曾经咄咄逼人的经济学如今却承受着有史以来最猛烈的抨击。原因无他，只因韩国没有经济学家预测到2008年由美国引爆的世界经济危机。既然世界经济遭遇20世纪30年代以来最严重的危机，经济学界竟浑然不知，更没有发出应有的预警，因此经济学界受到四面八方的猛烈抨击，也算是咎由自取了。

正当韩国经济在美国引发的世界经济危机冲击下风雨飘摇的时候,某日报社的时事评论用嘲讽的语气指出:"无论是美国还是韩国,不仅没有预测到这次经济危机的到来,对危机的判断和措施也乏善可陈。"重要的是,此类论调并非一家之言。一时间,几乎所有的重要报纸都发表了类似的论点。

2010年新学期即将开始的时候,另一家报纸刊登了标题为"应召回落后于时代步伐的经济学教科书"的文章。文章认为,"就连口碑极佳的丰田汽车都要召回部分产品,更何况早已过时的经济学教科书呢?"曾经耀眼夺目的经济学竟然在一夜间从社会科学女皇沦落成了人见人欺的乞丐。

正当经济学四面楚歌的时候,当时的韩国经济学会会长立即撰文驳斥经济学无用论。他在论文中坦承经济学界没有预测到经济危机,同时还承认自己"从没想过一块叫作《金融工程学》的臭肉,竟然坏了整锅汤"。不过最后,他还是呼吁人们"不要因为一场没有预警的危机而把整个经济学视作无用之物"。

不过很少有人知道,其实在很早以前,经济学领域内部就已经有不少人强烈批评:"如今的经济学基本框架,根本无法预测到这次经济危机的突发性状况。如果没有颠覆性变化,经济学只能始终迎接如出一辙的失败苦果。"

鉴于预测经济危机存在的客观性难度,我们大可临时性失忆一次,忘掉经济学家们没能发出及时预警的事情。可是,发生了经济危机以后,经济学界有没有针对这次的经济危机给出一目了然、简约易懂又极具说服力的解释呢?很遗憾,已乱成一锅粥的经济学界没有就经济危机发生的原因达成共识。

一般来讲,经济学界大可分成保守和激进两大学派,而经济学者们喜欢用淡水经济学(fresh water economics)和咸水经济学(salt water economics)进行区分。支持淡水经济学的学者,大多表现出保守倾向,而力挺咸水经济学的学者相对激进一些。其实在老百姓的眼里,所谓的激进派学者也不过是略带激进的倾向而已。淡水也好，咸水也罢，从坚决拥护资本主义市场的角度来讲，所有经济学家基本上都是保守派。

很久以来，淡水和咸水两大阵营就围绕失业问题在内的众多经济议题上针锋相对，这次的世界经济危机也是如此。咸水派经济学家们很快把所有责任归咎到资本主义市场自身的瑕疵。他们指责美国的房地产和金融市场，自进入21世纪以后就成了狡诈贪婪的暴发户们尽情狂欢的派对场所。一位经济学家甚至还感叹"金融史上从未有过一介暴发户，如此轻松地在美国金融市场获得过成功"。言下之意，投机热潮下急速膨胀的房地产市场泡沫破灭和一直在泡沫边走钢丝的金融市场崩溃，直接导致了经济危机，即超出市场承受范围的人类贪念在急速膨胀后直接导致整体市场的崩溃，这是咸水派经济学家们所认为的经济危机发展始末。咸水派经济学家们还指出：如果说过去的经济萧条一般是在外部因素的冲击下发生的，那么2008年的世界经济危机则是由市场内部因素引发的；这一点比经济危机本身更让人感到震惊。

虽说取消市场管制在一定程度上导致了房地产市场和金融市场的紊乱，但这也是在市场的巨大压力下形成的。事实上，1999年以后的美国金融市场共取消了三次重要管制。首选取消的是严格禁止一线商业银行投机行为的管制法。美国的银行有商业银行和投资银行之分，其中商业银行的顾客主要关心的是存款的安全性；与此相反，和投资银行保持往来的顾客都是甘冒风险追求高收益的投资者。因此与投资银行不同，政府有必要对商业银行采取特别严格的管制。即便如此，美国还是于1999年颁布了撤销严格区分商业银行和投资银行的法律。紧接着克林顿政府对信用担保制度采取的取消管制措施和2004年由美国证券交易委员会（U.S.SEC）大幅缓解有关贷款额度（所谓杠杆借贷比率；leverage ratio）的严格管制决定，都成了暴发户们在市场上大肆掠夺、满足私利的道具。咸水派经济学家们认为，正是这一系列的解禁行为放大了市场的缺点，并最终成为引发2008年世界经济危机的导火线。

另一方面，淡水派经济学家们却把重点放在美国政府失败的经济政策之上，而不是市场自身的缺陷。美国前财政部长曾经说过："是错误的市场运营机制导致经济危机，与市场经济无关。"而这一点正好代表了淡水经济学派的立场。自克林顿政府以来，美国政府向市场投放过多的通货引发了多种副作用，房地产过热就是其中之一。在房地产经济热潮的引领下，整个经济领域出现了过热现象。当时，如若政府袖手旁观，或许能依托市场的自我调节功能平息这种过热现象，但焦躁的美国政府在2004—2005年间大幅上调了利率。于是高利率时代一直持续到2007年，而美国房价也随之暴跌。从结果上看，上调利率的措施给火热的景气泼的冷水导致了金融圈的崩盘，而其影响又迅速波及整个经济领域，引发了美国经济的大崩盘。也就是说，政府无端介入健康的市场，导致了经济危机。

## 为什么经济学家们不能预测经济危机？

事实上，很早以前就存在指责经济学家们对经济危机预测太糟糕的言论。早在1930年，世界经济大恐慌爆发10年之前，哈佛大学的经济学家们组建了旨在预测主要经济动态的"哈佛经济研究会"。在大恐慌爆发时，研究会的专家们预测经济不景气将缓慢发展，但严重的经济萧条却持续了很长一段时间。一旦经济不景气，专家们都很自信地重复着"景气将触底反弹"并佐以例证，但那些预言都以失败告终，哈佛经济研究会没能逃脱关门解散的命运。当时，谁也没有想象到大恐慌竟会持续10年之久。

暂且抛开预测能力不谈，经济学家们面不改色地讲出一些与普通大众的情绪或想法相差万里的奇特观点，就引起人们的不满。假设经济不景气导致失业率飙升到25%，那么社会焦虑将弥漫国内，严重时更会导致政权崩溃。事实上，这种让人感到恐惧的失业率已经在20世纪30年代的美国出现过，即人们耳熟能详的"世界经济大恐慌"。为了降低居高不下的失业率，罗斯福总统实施了包括新政在内的各种措施，国民忧心忡忡，政界也挣扎着谋求变化，唯独经济学家们无动于衷。他们认为还有75%的人在上班，人们的反应有些过激了；他们甚至对美国政府的新政也表示不满。可是，在风雨飘摇的大恐慌中度日如年的人们，只关注景气变差的原因和25%的劳动者失去工作的事实，至于还有多少人在上班却丝毫不感兴趣。

即便今天，对普通百姓的生活疾苦漠不关心的经济学家仍不在少数。就算韩国上下为房地产投机泛滥的现象吵成一团，也无法引起大部分经济学家的关注，甚至有些有保守倾向的经济学家还为投机行为歌功颂德。因此，一旦有人质疑房地产泡沫，他们就会迫不及待地跳出来进行反驳。

在数百年的历史中，对早已成为社会痼疾的失业问题和房地产投机问题，经济学涉及的并不很多。甚至在如今的经济学教科书中也很少出现。曾经风靡一时的凯恩斯经济学再度受到人们的关注，而凯恩斯最伟大的功绩之一是：成功地让经济学家们看到了普通百姓最担心的25%的问题。凯恩斯认为，置之不顾人们最关心的25%，只对75%的问题指手画脚的经济学，只能算是"没有馅的包子"。

在很多人的印象中，经济学是非常无趣的学科。想想也是，抛开老百姓最关注的25%不管，只拿剩余75%喋喋不休的经济学，很难让学生产生吸引力。问题是经济学家们不仅以那无聊透顶的经济学为豪，还对普通百姓不理解经济学基本原理的现象感到不解。不仅如此，有些经济学家甚至还嘲笑普通百姓的"无知"。如今，有一些保守派人士经常提及"民粹主义（populism）"一词，而民粹主义是用来嘲讽百姓在市场原理上无知行为的术语。于是经济学家，尤其是有保守倾向的经济学家找到了鼓吹老百姓接受经济教育的借口。不用想，他们所说的经济教育就是批评反企业行为，讲授无内涵经济学基本原理的教育。

## 回归初心，重读古典

那么经济学不能很好地预测和解释现实，且没有察觉到2008年世界经济危机的原因是什么呢？理由有好多种。但从根源上讲，经济学看待人类的不现实视觉可能是最主要的原因。

如果非要从经济学中找出一个核心术语，答案极有可能是"损益计算"或"收支核算"。根据经济学的假设，人类习惯于对得失进行具体分析，然后做出最有利于自己的选择，这种人类观贯穿整个经济学。人们可以通过损益计算做出最佳选择和理性行为。而"人类的行为具有理性"是经济学最基本的假设。在上述人类观和假设基础上得以建立的经济学，除了对市场上发生的现象进行解释之外，还想对市场外的一切进行说明。于是，经济学就获得了"无赖"的丑恶称号。

经济学家们一边把即将在正文中具体提及的，一些看似与经济学无关的社会犯罪、吸烟、离婚、性交易等现象解释为个人经过损益计算之后做出的合理行为，一边又对失业、贫困、高利贷业、器官买卖等现象做出和普通百姓的理解完全相悖的解释。听着经济学家们的解释，首先浮现于人们脑海中的疑问是："人们是不是真的像他们所说，在彻底的损益计算下做出理性行为？"

日趋增加的性犯罪是经过繁杂的损益计算后做出的理性行为？很显然，可信性并不是很高。可能有很多人认为自己不符合条件。近些年来，神经心理学家或脑科学家等尖端科学领域的专家也相继提出了很多质疑人类理性行为的科学依据。即便是生活在70多年前的凯恩斯也认为在这个充满不确定性的世界，事事进行损益计算并付出理性行为的可能性并不很高。

假如尖端科学家们的观点正确，则人类行为具有理性的经济学假设就会变成不现实的假设。事实上，正是这些不现实的假设，让经济学家们在很长一段时间内不敢直面人类现实，从结果上坚持远离现实的空谈。

"不能正视现实"，也是经济学家们未能对2008年的世界经济危机做出准确预测的最主要原因。因此，不现实的假设极有可能成为导致"经济学的失败"的重要因素。

那么，经济学家们为什么不顾科学家们提出的众多反证，固守"人类行为具有理性"的假设呢？如果这个假设得以成立，我们就可以用数学方式解释人类形态。因此早在100多年前，经济学就成了高度数学化的经济学。如今的经济学界甚至已形成了不引用数学的论文就得不到论文待遇的氛围。曾于几年前获得诺贝尔经济学奖的丹尼尔·卡尼曼（D.Kahnenman）曾向经济学会会刊邮寄过多次研究论文，但每次都以稿子被退回而告终。后来，他听从熟人的建议，用大量的数学方程式替换了解释性文字。没想到论文却异常轻松地通过了审核。当今经济学家们听到最多的批评之一就是"过分沉醉于数学，以致脱离了现实"。即便是经济学界内部也开始批评"经济学过度追求数学技巧导致大多数研究脱离现实"的现象。关于高度数学化的经济学，有一则很有名的小笑话：

有一位经济学家和物理学家发生了争执：
经济学家："物理学家们的数学怎么那么差？"
物理学家："你们经济学家为什么对经济一窍不通？"

虽然经济学家们强调数学也是一种语言，但是在我们的日常生活中可以用数学方程式进行描述的部分能有多少呢？可用数学进行描述的部分越多，经济学家们讲述的内容也就越脱离现实。就算可用数学讲述的范围不大，只要能成为一场风暴的源头，就可以在经济学家们的眼皮底下引爆一场破坏力诸如1930年的经济大恐慌和2008年的世界经济危机一样的巨大风暴。

"人类行为具有理性"是经济学的核心假设。正因为经济学的所有理论来自这一假设，那么只要该假设被证明错误，就会让经济学的众多理论土崩瓦解。如果是这样，说不定人类就要重建经济学。重建经济学不仅让众多经济学家变成失业者，还会晃动资本主义市场的正当性。

在资本主义市场上得以确定的各类价格，是交易当事人进行协商的结果。不过，即便是经过协商的事宜，我们也只能接受理性者之间协商的结果，而非非理性者之间的协商结果。因此，一旦"人类行为具有理性"的假设被否定，资本主义市场的正当性就会受到质疑。特别是那些淡水派经济学家们可做的事情也会大量减少。因为，淡水派经济学家们太过崇拜资本主义市场的力量，以致过度拥护资本主义市场。

2009年7月，全球性经济危机还没有完全消退，英国女王就访问了英国政治经济领域的顶尖大学——伦敦政治经济学院（LSE）。当时，英国女王就问过这样一句话："既然有这么多杰出的经济学家，为什么不能预测到那么严重的世界经济危机呢？"

一位经济学家用一句话解释了女王的疑问："女王陛下，经济学已经消亡了。"

不管怎样，在指责经济学家们没有准确预测和解释2008年世界经济危机的言论中，也有一些人呼吁经济学应该浴火重生。那么经济学应如何重生呢？让人们吃惊的是，那些前辈经济学家们为当今经济学家们创造了通过经济学挣钱养家的机会，早已对经济学的失败提出过警告。只是，经济学家们从不理睬那些警告，只对有利于维持资本主义市场或为己创益的内容感兴趣。

早在1930年大恐慌时，凯恩斯就大声呵斥过经济学家们，可是经济学家们只当凯恩斯的警告为耳边风。结果到2008年，他们又重蹈覆辙。

仔细回味大师们针对经济学的失败提出的警告，不仅可以很好地理解2008年世界经济危机发生的原因，还能预见到经济学的发展方向。也就是说，经济学如想脱胎换骨，就要回到亚当·斯密或凯恩斯的时代，借助他们的思想重写经济学。

现在，让我们一起了解经济学家们对各种社会议题的看法吧。虽然他们的荒谬观点不乏可笑之处，但仔细分析，也不乏些许的道理。然后，再让我们一起聆听那些元老级经济学大师们的教诲吧。

# 目录

## 第一章 经济学教科书的逻辑

### 1. 犯罪问题 // 002
犯罪是有理性的行为 // 002
性交易和经济学 // 004

### 2. 一盒香烟引发的大争论 // 008
香烟价格和经济学 // 008
吸烟者都是爱国者? // 010
政治家真在为老百姓谋利益吗? // 012

### 3. 家庭、环境、失业问题和经济学 // 014
居高不下的离婚率 // 014
利他经济学 // 016
错误的盈亏计算和环境污染 // 017
你的生命价值多少? // 021
甘愿游手好闲的人群 // 024
效率工资 // 026

### 4. 人们对高利贷的普遍看法 // 028
高利贷和演艺明星的自杀 // 028
暴利收费和绝望交易 // 031
亚里士多德对高利贷的看法 // 034
亚里士多德的幸福论 // 035

## 第二章 新重商主义

### 1. 来自亚当·斯密的警告 // 040
极左派亚当·斯密 // 040

企业忌讳竞争　// 041
　　　慢吞吞的"无形之手"vs急匆匆的"无形之脚"　// 043
**2. 市场的原则　// 046**
　　　集众之长是王道　// 046
　　　市场对亚当·斯密的启示　// 050
　　　市场机制的缺陷　// 054
**3. 经济增长理论　// 056**
　　　国富秘诀——劳动分工　// 056
　　　人生漫长，职场苦短　// 057
　　　经济增长的原动力　// 059
**4. 价格理论　// 060**
　　　自然价格是价格变动的基准线　// 060
　　　胜者尽食的世界　// 062

# 亚当·斯密的双重性

**1. 经济学家兼心理学家　// 068**
　　　《旧约圣经》和《新约圣经》　// 068
　　　远古人类闯现代　// 071
　　　人类天生不愿动脑　// 074
**2. 行为经济学的先驱——亚当·斯密　// 077**
　　　忽视机会成本的行为　// 077
　　　人们的公德意识之高超乎想象　// 080
　　　程序理性　// 083
　　　愚蠢行为的伟大之处　// 085
**3. 一些难以用经济学理论解释的奇怪行为　// 088**
　　　"理性"的词义　// 088
　　　爱情经济学　// 089
　　　人人喜欢贪小便宜……　// 091

说者无心，听者有意 // 093

屈指估算 // 095

金钱也要贴上身份标签？// 095

重归亚当·斯密的精神世界 // 097

## 将地价上涨视作崩溃前兆的学者们

### 1. 史上最帅的经济学家——大卫·李嘉图 // 102

不要只看树木，不看森林 // 102

马尔萨斯和李嘉图之间的大辩论 // 105

因地价上涨产生的资本增益是剩余价值，也属于不劳而获 // 109

地价上涨只是经济增长带来的结果 // 112

管鲍之交 // 113

经济学是"沉闷的科学" // 115

为了让国民幸福而追求经济增长的国家是落后国家 // 117

### 2. 伟大的思想家亨利·乔治 // 120

史上最畅销的经济学书籍作家 // 120

进步的两大前提条件 // 122

不平等是退步和没落的种子 // 124

土地投机与地价暴涨 // 126

探索解决方案 // 130

## 对马克思的误解与真相

### 1. 主流经济学和马克思经济学 // 136

主流经济学是有关社会主义的经济学？// 136

### 2. 两种经济学的问题意识和主要关注事项 // 139

主流经济学的问题意识 // 139

马克思经济学的问题意识 // 143

资本主义发展的阻碍势力 // 145

马克思心中的阶级　// 146

经济学的目的　// 148

### 3. 经济学属于社会科学吗？　// 150

主流经济学只具有社会科学的外表　// 150

真正属于社会科学的经济学——马克思经济学　// 152

"无形之手"逻辑vs"囚徒困境"逻辑　// 155

## 马克思经济学和主流经济学对待价格与收入分配的立场

### 1. 关于价格的理论　// 160

决定价格的终极主导因素　// 160

价格有利于创造宜居社会　// 162

价格上沾满了人类贪念　// 165

马克思为什么要提出劳动价值论？　// 168

### 2. 分配的问题　// 171

主流经济学的立场　// 171

马克思的剥削理论　// 174

内部成员阶级（资本派系）　// 178

分配正义　// 180

## 马克思经济学和主流经济学对景气循环理论和经济增长的看法

### 1. 景气循环和经济危机　// 186

需求-供给理论困扰主流经济学的视角　// 186

马克思的立场：成功因素即为失败原因　// 191

### 2. 马克思的景气循环和经济危机理论　// 193

机械化和批量生产以及资本的规模扩张　// 193

呈几何级数增加的生产力和呈等差级数扩大的市场　// 195

利润受挤压理论　// 196

## 3. 两大经济学派对经济增长的看法　//　200

关于经济增长，两大经济学派最常提出的一些问题　//　200

束缚经济发展的制度　//　203

# 凯恩斯的复活

## 1. 凯恩斯革命　//　208

无足轻重的经济学和举足轻重的经济学　//　208

懂得提出应对之策的当代最杰出辩论家　//　210

埋头苦学不见得是好本事　//　211

## 2. 经济学中理应被打破的四大陈规旧习　//　213

经济学的目的及与其相关的固定观念　//　213

全面研究货币的首位经济学家　//　216

台风过后一切将归于平稳，大可不必杞人忧天？　//　219

经济学家们对不现实假设的坚持　//　220

## 3. 不确定性　//　223

风险和不确定性　//　223

想挣钱就要和经济学教科书背道而驰　//　226

# 凯恩斯的教训

## 1. 现实和理论的差异　//　232

野性的冲动　//　232

野性冲动的魔力　//　235

野性冲动和景气循环　//　238

## 2. 2008年世界经济危机和野性的冲动　//　242

低层次的投机热潮　//　242

高层次的投机热潮　//　244

泡沫的破灭　//　248

**3. 凯恩斯的政治哲学**　　// 250
　　不确定性和工资　// 250
　　不确定性和货币依赖现象　// 252
　　货币依赖和利率　// 253
　　现代版高利贷　// 255
　　凯恩斯所说的"幸福悖论"　// 257
　　无须颠覆经济学教科书的方法　// 259

**后记**　// 263
**参考文献**　// 269

第一章
# 经济学教科书的逻辑

## 1．犯罪问题

### 犯罪是有理性的行为

如今社会，各种犯罪行为愈发猖獗。即便是世界公认最发达、最受瞩目的美国也赫然位于"全球犯罪率最高国家"之列。那么，犯罪率长期居高不下的原因是什么？经济学家的解释倒是异常简单明了：盈亏计算结果显示，犯罪算是一门高收益性生意。

根据经济学家们的观点，从谋划犯罪的时候起，犯罪分子除了算计罪行带来的利益，还会认真考量犯罪所需资金、时间、被捕概率以及被捕后的损失等"成本"。仅以被捕后的损失为例，他们会对进监狱、贿赂警察、聘用律师换回轻判等可能性进行分析。然后，对犯罪行为带来的所有可能性进行比较，并在有利可图的判断下将自己的犯罪计划付诸实施。

当然，此类盈亏计算的前提是用金钱衡量所有条件。也只有这样，得与失的比较才会具备可行性。也许，正是因为用金钱衡量的盈亏计算支撑着经济学的主干，人们才会想当然地认为经济学就是有关赚钱的学问。但无论如何，经济学家们认定即便是不法行为，也是具有其合理性，皆因罪犯也懂得分析其中的得与失。那么，事实果真如此吗？

为了反驳经济学家们的主张，心理学家们搬出了无数的实验报告。而所有实验结果都在显示，人类行为不仅不具备理性，他们更不想在行为中掺入理性因素。心理学家们认为：人类行为主要受情感的支配。每一个行为的发端都是感觉，只有事情的发展不遂所愿，才会促发思考行为。也就是说，在人的行为中情感为先，思考为后。

举一个简单的例子：十字路口，红灯变绿灯以后只要你的车启动稍慢，后方车辆的喇叭就会响个不停。这种时候，人的第一反应都是大发脾气，然后才考虑后方车辆按喇叭的理由，试图谅解他的行为。还有，看到不明物体的时候，人的第一反应都是感到恐惧，而不是理性分析该物体的本质。

脑科学家或神经心理学家们采用最新科技手段研究的结果，也从科学的角度证明了心理学家们一贯坚持的观点完全正确。即从大脑的构造上看，人们习惯于靠直觉或情绪行动，而非先思后行。因此，不仅是犯罪行为，人类日常生活中的大部分行为也都属于机械性行为或即兴行为。据犯罪学家分析，大多数犯人会在高度兴奋的状态下，实施冲动性犯罪。他们没有进行周密计算的时间。很难相信，一名强奸犯在详细计算得与失之后犯强奸罪。不过，面对各路学者的猛烈抨击，研究犯罪的经济学家们依然坚守自己的观点，毫无妥协之意。

谁是谁非先不考虑，我们暂且相信经济学家们的观点没错，关键是又该如何应对日益增多的犯罪？经济学家们的回答依旧简单。让犯罪成为无利可图的"生意"，如提高破案概率或加大量刑力度。也就是加强治安管理力度，让以身试法的不法人员付出惨重代价。可事实上以美国的情况为例，有关枪支管理的法律规定或强化治安手段，对长期降低犯罪率，并未起到预期效果。减少犯罪的决定性因素是自发性的守法动机，而加强刑法反而会削弱人们的守法动机。根据反对死刑制度者的观点，死刑对遏制恶性犯罪的效果微乎其微；在美国曾经出现过的下述现象对经济学家的犯罪理论也带来了致命打击。

在美国，原本屡创新高的犯罪率从1990年开始呈急剧下降趋势，并连续持续了很长一段时间。虽然经济学家们急于把这种现象归功于"严打犯罪"，却苦于拿不出确凿证据。因为，除了一些地区加强枪支管理之外，放眼整个美国也实难找出任何"严打"迹象。虽然还有些人主张，人们对经济制度的信心导致了犯罪率下降。但是纵观美国的各个历史时期，因经济不景气而犯罪率上升的现象很少。不管怎样，针对20世纪90年代美国犯罪率急剧下降的现象，无论是经济学家的犯罪理论，还是其他许多现存理论都未能给出合理的解释。而只有一个理论以不可动摇的证据，准确解释了这一奇怪现象，那就是著名的"堕胎合法化理论"。

美国从20世纪70年代开始，从法律上允许堕胎，但具体的实施时间却因州而异。不过，堕胎合法化的时间参差不齐，却明确证明了一个事实：只有法律许可堕胎的州才在15~20年后迎来了犯罪率的持续下降。不仅如此，在那些堕胎合法化的州，甚至还出现了堕胎率越高，犯罪率下降幅度越大的现象。反观，禁止堕胎的州，犯罪率并没有出现明显波动。

正因为美国各州施行"堕胎合法化"的时机不同，其降低犯罪率的效果也更显突出。更让人匪夷所思的是，研究结果表明"堕胎合法化"对降低犯罪率的贡献不仅仅局限在美国，还对其他发达国家的犯罪发生施加了深远的影响。那么，堕胎合法化的举措为什么能降低犯罪率呢？回答依然简单明了：合法堕胎大大地压制了婚外生子现象，而婚外生子率的降低，又附带缩小了"治安高危人群"的规模。

凡婚外子女，大多是父母不想要的子女。要知道，在人的成长过程中没有比"父母都不想要"的事实更能让子女感到悲惨并走上邪路。已经有很多研究和统计报告显示，婚外子女实施犯罪的概率远高于生长在正常家庭的孩子。据此，我们不难得出"婚外生子率的降低连带降低犯罪发生率"的结论。事实上，在欧美国家，对减少"婚外生子率"起到关键作用的还是"堕胎合法化"，而这一观点已得到各界的普遍认可。

## 性交易和经济学

2008年，一位豪气干云的韩国警察署长针对辖区内红灯街发动的大规模"扫荡"，在韩国国内引起了轩然大波。2009年上半年，一位不堪忍受演艺圈"性贿赂潜规则"而自杀身亡的韩国人气女星连续好几周占据了各大媒体的头版位置。结果在接踵而来的性丑闻冲击下，管区警察和各家妓院之间的非法勾当也逐一得到了曝光。

说到"卖春",我们又该如何看待这个最古老的生意呢?这可是非常让人头痛的问题。记得在早前,法国也因这一问题进行过举国大讨论。当时在法国巴黎,曾有过一处当局认可的卖春地区(公娼地区),也是举世公认的巴黎名景之一。可偏偏就是这么一处名景,引发了有关公娼制度的激烈辩论。反对方以卖春行为蹂躏人权、有损国家形象为由,强烈要求取缔公娼这种不道德现象;而力挺公娼的人士悉数禁止卖春的现实难度,并以人的自由选择权为武器,坚决反对立法禁止卖春。

正当两大阵营争得面红耳赤之际,一位经济学家携"供求理论"加入到这场大讨论当中。说起经济学,大多数人首先想到的必然会是"供求曲线",而"供求理论"确实是经济学的核心。不过,供给和需求的关系,只不过是每个个体或企业完成盈亏计算后出现的结果而已。

和其他经济学家一样,这位研究法国公娼制度的经济学家也毫无悬念地以卖春为中心,对供求双方进行归类以后,对他们之间的盈亏计算方式进行了研究。在有关卖春的盈亏计算中,不论供给方还是需求方,其核心永远是嫖资。站在需求方的角度,嫖资是为了享受性行为而必须付出的代价。因此在买春之前,每一位需求者都会在买春愉悦感和嫖资之间进行比较,确定为买春而投入的代价。最后,每一个买春者的盈亏计算结果累加在一起,则形成了整个卖春市场的需求规模。

在卖春市场,供给方就是以妓女为中心加入了老鸨和皮条客的卖春组织。对于卖春组织,嫖资就意味着收入。因此,他们会根据嫖资和供给价格的比较结果,决定性行为的供给规模。和买春市场一样,所有卖春组织的盈亏计算结果累加在一起,决定了卖春供给量。另外,只有市场的供需价格趋于平衡,嫖资才会作为均衡价格出现在卖春市场。

因此在卖春市场,卖春和买春的人皆在嫖资的基础上进行各自的盈亏计算,并据此确定买卖。

在经济学理论中,市场的核心是价格,而价格是综合概括所有关乎个人盈亏计算信息的客观指标。因此，只要双方达成了交易的价格，就可以判定相关市场形成了。也就是说，市场就是以价格为媒介进行交易的方式。在无价或价格模糊的交易中，人们无法进行正常的盈亏计算，市场也不能发挥正常机能。单纯的交易，或者是单纯的交换不能称之为市场。这也是我们无法将人们在广场上交换圣诞礼物或情人节礼物的现象视作市场形成的理由。与之相反，如果卖春行为是在规定价格基础上形成的，则完全可以认为卖春市场已形成。

美国有很多代孕妈妈。据说在几年之前，代孕孩子的公平价格保持在2万美元左右。这就是说，代孕妈妈的子宫租赁价格是2万美元。和卖春市场一样，这种情况下我们完全可以认为美国国内已形成子宫市场或者说是代孕妈妈市场。市场就是这么来的。

让我们回到开头的话题。如果法律禁止卖春的行为，将会出现什么样的变化呢？最明显的变化将是卖春组织转入地下，形成卖春黑市。不过，黑市俨然也是一种市场。虽然在法律干预下，卖春市场的需求难逃萎缩的命运，但只要人类最强烈的欲望即性欲仍然存在，对买春的需求也断无消失的可能。关于这一点，追溯人类历史就可以得到证明。所以，从经济学上来看，法律禁止卖春只能让卖春市场上供需双方的盈亏计算，特别是供给方的盈亏计算变得更加复杂。

在卖春组织看来，只要有买春需求，就会有挣钱的机会，而唯一的麻烦就是要想方设法避开法律的管束。为了逃避制裁，他们付出的代价很大，如：建立秘密交易场所、增加望风人员数量、雇用人打入警察内部的卧底、贿赂相关公务员的财物等。而这些费用投入会全部折算成交易费用。所以，禁止卖春必然会导致供应价格的上升，最终会因嫖资上涨，导致卖春行为的减少。问题是禁止卖春并不能让卖春行为完全绝迹。须知，研究巴黎公娼制度的经济学家想强调的观点是：禁止卖春的措施只能提高卖春价格，减少性交易量，而不能从根本上断绝卖春行为的发生。既然这样，禁止卖春的措施就失去了原本的意义。

在卖春市场，性交易的减少幅度与当局的打击力度呈正比。问题是，强力打击卖春固然可以减少性交易，但要面对投入大量资金的压力。谁都知道严打卖春行为需要投入大量的人力、打击装备和设施。更多的拘留所、监狱、法官和检察官等，都离不开资金的投入，而这些资金只能通过国民缴纳的税金解决。因此，对卖春行为的打击越大，国民缴纳的税金就越多，明白这一点并不很难。还有一项不可忽略的问题就是：打击力度越大，对相关公务员的贿赂成本也越大，有关打击卖春的腐败行为也会更加严重。看过好莱坞犯罪电影的人都知道，警察和公务员与不法分子之间的非法勾当是多么让人瞠目结舌。所以，因"不道德"为由禁止卖春，会向"公务员腐败"的另一种不道德行为提供乘虚而入的机会。

研究巴黎公娼制度的经济学家在研究卖春行为的时候，没有把不道德性、践踏人权、国家形象受损等抽象因素放入考虑范围。他只是从打击卖春要投入的庞大费用，以及相关公务员身上容易滋生的腐败行为引起的社会损失出发，对法律禁止卖春行为的价值性提出了强烈的质疑。

此外，这位经济学家还着重强调了一项非常重要的社会损失，即在允许公娼存在的同时，法律规定所有从事卖春的女性要接受定期健康检查。而这种定期检查不仅能够向妓女群提供廉价的医疗服务，还能有效控制性病扩散。借此，他警告反对公娼制度的人士：一旦禁止卖春，就会导致性病急速扩散。

不管讨论结果如何，这位经济学家的论文得到了"从供求理论出发，系统而完整地阐释了围绕卖春行为发生的社会利益和损失"的评价，并一度进入了美国大学经济学研究生必读论文目录。

不过，经济学家们用供求理论阐释卖春行为，并不代表他们支持卖春行为。他们只是想如实剖析现实，彻底分析其中的得与失。

经济学家们反对政府强行干预市场上自然形成的经济活动。自现代经济学之父亚当·斯密以来，认为"市场是自然秩序的组成部分"的观点深深扎根于经济学理论之中。

谁都知道，强行改变自然秩序的企图不仅得不到任何效果，反而会带来更多的副作用。比如，政府强行干预市场上自然形成的交易，不仅不能根除这些交易，反而会催生黑市交易。关于这一点，那位经济学家关于卖春行为的研究就提供了很好的证明。玩过气球的人都知道：手按气球，虽然能让局部凹陷，却也难以阻止另一部分的鼓起。

经济学家们普遍认为，不论是政治家还是普通大众，都过分轻视了强制干预市场后出现的副作用。这也是他们一致主张通过经济学教育普及市场原理的根本原因。

## 2. 一盒香烟引发的大争论

### 香烟价格和经济学

2010年的夏天，一场围绕香烟价格上涨问题展开的大争论成了热点。作为正方，韩国医学协会以"每年因吸烟支出的医保补贴总额超过2万亿韩元"为由，强力主张通过大幅上调香烟价格达到控烟的目的。根据韩国医学协会的介绍，韩国每年为吸烟带来的相关疾病支出的社会成本和经济成本多达10万亿韩元。

根据韩国保健部的统计资料显示，2010年上半年的韩国男性吸烟率为42.3%，远高于OECD（经济合作与发展组织）会员国的平均水平（28.4%）。不仅如此，韩国的青少年吸烟率早已达到世界最高水平，且女性吸烟率也呈不断上升趋势。具有讽刺意义的是，韩国的吸烟问题如此严重，但香烟价格却在OECD国家中保持最低水平，只有挪威的20%左右。因此，香烟价格过低和价格上调可以降低吸烟率，成了正方力挺香烟价格上调的主要依据。有统计资料表明，2002年和2005年的两次价格上调确实为吸烟率下降做出了很大贡献。

不过，反方却认为价格上涨对吸烟率的持续下降，影响更是微乎其微。

他们怀疑正方不顾众多行之有效的控烟手段，恪守香烟价格上调是别有用心的行为。倘若香烟价格从2000韩元一下提高到8000韩元，穷得只能借烟消愁的人们竟连抽烟的权利都维持不了。因此，反方以"不公正"为由反对烟价上涨自有其道理。

香烟价格与烟草税都属于经济问题。因此仅以烟价上调而言，最具发言权的是经济学家。事实上，经济学家们已发表了不少关于烟草税的研究论文。那么，经济学家们究竟对烟草税抱有什么样的立场呢？

在有关香烟价格与烟草税的研究中，最广为人知的应该是NBER（美国国家经济研究局）所属研究员W.基普·维斯库斯的研究报告。须知，拥有90年历史的NBER是美国最权威的研究机构，曾经获得诺贝尔经济学奖的31名美国经济学家中，竟有16名是这家机构的研究人员。

作为世界顶尖经济研究所的权威专家，维斯库斯的研究以细致严谨和逻辑性强著称。在研究过程中，他首先对烟草税的必要性进行了分析。毋庸置疑，征收烟草税即意味着烟价上涨，而维斯库斯像经济学教科书里讲的那样，假设吸烟者在吸烟之前进行详细的盈亏计算。根据假设，吸烟者首先会考虑到吸烟过程中的快感，然后才会考虑患病（主要是肺癌）后承受的痛苦和患病的概率。吸烟者在痛苦的基础上乘以患病的概率，得到的将是吸烟引起的预期损失。最后，吸烟者会对吸烟的快感和预期损失进行比较分析后，决定吸烟与否。因此，假若吸烟者做出吸烟的决定，则肯定是因为盈亏计算的结果显示吸烟得大于失。

维斯库斯使用的演绎推理法是经济学家们最典型的思维模式。事实上，所有吸烟者中仅仅为了吸烟而进行盈亏计算的人能有几个呢？要知道，每年的元旦宣布戒烟的吸烟者人数和发誓要在新的一年成功减肥的女性数量一样多。那么，这些人算不算是有理性的人呢？不管脑中有多少疑问，只要遵循经济学家们的思维方式，吸烟者的吸烟行为充满理性的假设就会得以成立。因此从经济学结论上讲，吸烟者的吸烟问题并不是第三者可以指手画脚的事。

唯一的问题是，吸烟者认为的死亡概率可能要比已经经过科学论证的概率低很多。之所以会出现这样的现象，自有其充分的科学依据。根据科学家们对高危职业人群进行的调查，即便出示客观统计的事故概率，从事高危职业的人群也出乎意料地认为自己的工作并不危险，对预防措施和参加保险也并不积极。为什么会这样？经过深层分析就可以得知，唯有如此做法，才对他们自身的精神健康有利。不难想象，一旦他们认为自己的工作充满危险因素，就会带着极度不安的心理度过每一天。同样道理也适用于我们身边的所有吸烟者。和高危职业人群一样，吸烟者也表现得过于轻视吸烟的危害。

凡是吸烟者，都会在"虽说抽烟容易得肺癌，但我肯定是个例外""就算得了肺癌又能怎么样？人终归难免一死"等心理作用下，采取"事不关己，高高挂起"的态度。其实，这种态度也不难理解，如果人人都坚信吸烟必得肺癌，还有谁冒着生命的危险继续吸烟呢？

假若吸烟者真对吸烟的危害不以为然，一定会对香烟消费过度。而从经济学上讲，这意味着吸烟者的行为不具理性。这就有必要引导吸烟者只吸适量的香烟，而征收烟草税或上调烟价无疑是比较有效的方法之一。

除此之外，还有一则必须征收烟草税的重要理论。许多科学研究已证明，吸烟者呼出的烟雾危害第三者的健康。不喜欢吸烟者身上烟味的人也出乎意料的多，间接吸烟除了危害自身健康，还容易引起他人的不快。不过，大部分吸烟者直接无视吸烟对第三者的恶劣影响，而经济学家们把这种恶劣影响称之为外部效应。从经济学的角度来看，无视外部效应，即意味着吸烟者的吸烟量远超社会所能承受的合理水准。因此，为了不让吸烟者的吸烟量超过合理水准，有必要对香烟征收烟草税，或上调香烟价格。

## 吸烟者都是爱国者？

不过在维斯库斯的研究中，"要不要征收烟草税"之类的问题，只能算是为了引出核心主题而抛出的引言。在研究中，维斯库斯认为烟草税的必要性已被人为夸大，然后在这一观点的基础上得出了烟草税应不升反降的结论。在研究报告中，维斯库斯列出大量资料，强调了在烟草公司长达数十年的努力下，香烟中的有害物质含量已大幅减少的事实。于是他根据这个事实，认定普通大众把吸烟引起的死亡率估计得过高。

假若维斯库斯的观点正确、大众的观点也具有理性，最终的结论将是："应该为吸烟者提供更好地享受吸烟的条件。"至少在经济学上这个研究结果不存在任何问题。

不过，维斯库斯并不认为这一结论证明吸烟无害。他认为吸烟缩短寿命是确凿无疑的事实，并把研究重点放在了这一观点之上。

如今，美国政府在国民的保健和医疗上投入了巨大的财政资金。而且，随着平均寿命的延长，老龄人群的医疗费也在呈几何级数增长。还有，美国用在延长植物人生命上的医疗费用几近天文数字。可是吸烟行为不仅缩短人类寿命，而且削减个人的医疗费用支出，更大幅降低了国家为提高医疗服务而投入的财政支出。虽然吸烟提高了患病的概率，并因此增加了个人或国家承担的医疗费用，但是和国家财政负担因寿命减少现象变轻的事实相比，其严重程度完全可以忽略不计。维斯库斯非常细致地计算了吸烟在削减国家财政支出方面的贡献度，并最终认为，如果将这种吸烟带来的"积极效果"也考虑在内，正确的做法应该是下调烟草税，而不是上调。

不管最后的结论如何，维斯库斯大量应用高等数学和统计手法的研究论文在普通人的眼里无异于天书，但在当今经济学家们的眼中却是十分完美的经济学论文。

此外，烟草业巨头菲利普·莫里斯公司委托经济专家进行的《烟草税的经济有效性研究》在结果上和维斯库斯的结论异曲同工。而菲利普·莫里斯公司的研究结果，还在2010年的畅销翻译书《公正：该如何做是好？》（迈克尔·桑德尔著）中得到了引用。该研究以捷克为研究对象。在捷克，香烟仍然拥有极高人气，且社会对烟草的包容性也很高。因此，担心医疗保健费用增加的捷克政府，把上调烟草税提上了议事日程。而菲利普·莫里斯公司为了阻止捷克政府上调烟草税，进行了有关吸烟对捷克政府预算影响力的成本效益分析。研究结果表明，从政府的立场来看吸烟引起的社会利益大于损失。其理由也很简单：虽然吸烟者在生前要花费不少的医疗费用，但是他们生病到死亡的过程很短。因此，政府可以大幅减少为老年人支出的医疗保健、退休金、住房补贴等费用。研究报告指出，考虑到烟草税和吸烟者早死亡引起的费用节约效果等吸烟的"积极作用"，捷克政府的年纯收益可达1.47亿美元。

在过去，烟草制造商们总是急于否认吸烟缩短人类寿命的事实，如今烟草商们反而在大肆宣扬吸烟的危害。根据菲利普·莫里斯公司的研究，每一位吸烟死亡者可以为捷克政府节省约1227美元的费用。

不过，菲利普·莫里斯公司未曾想到的是，他们的研究结果在社会上引起了轩然大波。以致禁烟团体的成员就媒体刊登的尸体上有1227美元标签的广告大做文章，一度将指责烟草公司的舆论引向最高潮。之后，该公司不得不派出一位高层，就研究报告中践踏人类尊严的事件做公开道歉。

## 政治家真在为老百姓谋利益吗？

虽然政府承诺上调烟草税带来的收入将全部用在国民保健事业上，但对于这些承诺，经济学家们认为毫无可信度。一般，经济学家们都很不喜欢政府干预市场价格或提高税率。尤其是提高税率，他们的反应往往会很强烈。

或许普通百姓会认为，政府会妥当使用国民缴纳的税金，但经济学家们却不那么认为。关于这一点，让我们抛开复杂的理论，从常识的角度去分析吧。站在政府官员的立场来看，国民缴纳的税金首先是"白来"的钱。每个人都很珍惜用血汗换来的金钱，却对白得的金钱异常慷慨，因此经济学家们认为政府有乱花国民血汗钱的倾向。最近，大众对各种国策性项目泛滥的现象表现出的担心，给经济学家们的想法提供了很大的支持。

喜欢政治的经济学家，即所谓的政治经济学家们在政治家和政府身上也要使用盈亏计算理论。普通百姓或许会相信政治家或政府在代言国民利益，并为此服务；但政治学家们对此类想法嗤之以鼻。他们认为，政治家或官员也像市场上的消费者或企业一样，根据盈亏计算追求个人利益。也就是说，政治家或官员的行为和市场上的生意人并无差别。若说有不同，就是生意人从不太谈及公益问题，但政治家和官员们总是以国民利益做挡箭牌，躲在背后谋求私利。除了政治家和官员，政治经济学家们对政府各个部门的评价也好不到哪里去。即政府各部门始终把所在部门的利益放在最前面，而不是普通百姓认为的国民利益。事实上，舆论媒体对政府部门利己行为的指责并不少见。

从大体上讲，经济学家们不承认公益的存在，而且经济学教科书里也很难找到有关公益的话题。如果非要说公益存在，那也只是个人利益的总和而已。因而，只要让国民通过盈亏计算追求个人利益，就可以自然地增进公益，这也是经济学的基本观点之一。所以，经济学强烈主张，人们根本没有必要另行考虑公益问题。

当政治家或官员的行为和市场上的消费者和企业的行为无甚区别的想法率先在美国首都圈大学的经济学家之间传开以后，很快就发展成了"公共选择理论"。说得简单一点，该理论就是利用经济学的基本原理（所谓的需求-供给原理）对政坛进行分析的理论。因为该理论由常住首都圈的美国经济学家们，根据自己与官员们交往的过程中听到或看到的体会打造而成，本身具有极高的现实性。不管怎样，国民应认真倾听政治经济学家们的警告，长期监控国民税金的用途，并监督政治家和政府的所作所为。不然，他们只会为自己谋求私利。

从一开始，经济学就是以市场为主要研究对象的科学。可为什么公共选择理论家们"移情别恋"，把政坛（而不是市场）当作自己的主要研究对象呢？公共选择理论的创始人、诺贝尔经济学奖获得者布坎南明确无误地说自己移情别恋的目的，就是为了把市场的原理应用到政坛。在不停地尝试移情别恋之后，公共选择理论家们在半个世纪之前提出了一些让当今的人们深感脸红的惊人提议。其中之一就是，允许买卖投票权的提案。如我们所熟知的，对某一项社会热点进行投票的时候，总要面对多数一方的蛮横。而输掉投票的人，要做好承受单方面损失的心理准备。在以往几届韩国总统选举中，保守和进步两大阵营进行了针锋相对的竞争。如果是进步阵营的候选人当选总统，保守阵营的成员就要忍受对方总统连续5年的执政，反之亦然。

公共选择理论家认为，允许自由交易投票权就能让所有人获得利益，而不像现在出现单方面遭受损失的现象。比如在总统选举中，假设最有希望当选总统的候选人是进步派人士，则极度厌烦进步派的一方可以支付巨额代价收买支持该候选人的支持者，让己方推举的保守派候选人当上总统。这么一来，保守派人士因为自己支持的候选人当选总统欢呼雀跃，而支持进步派人士的一方，因为得到金钱利益而欣喜不已。这种皆大欢喜的结局，即通过自发性交易让所有当事人从中得利的现象，就是经济学所推崇的金科玉律——市场的原理。"投票权交易是可以最大限度地活用市场原理，并拓宽可为所有人谋求利益的空间"，是公共选择理论家们提议"投票权交易"的真正目的。

## 3. 家庭、环境、失业问题和经济学

### 居高不下的离婚率

不管是发达国家还是韩国，离婚率上升势头加快已是公认的事实。经济学家们对这一社会现象也提出了冠冕堂皇的理由，即婚姻生活中的收支不平是导致离婚的主要原因。凡婚姻生活都有好的一面和坏的一面，而根据经济学家们的逻辑，人们对婚姻生活中的好处和坏处进行比较分析后，一旦得出弊大于利的结论，就会产生离婚的动机。因此，经济学家们认为，

越来越多的夫妻对婚姻生活进行盈亏分析后,认定两个人的婚姻一直处在亏损状态,这是离婚率居高不下的原因。

另外,现在流行晚婚或独身生活,是因为在年轻人的心目中婚姻只不过是不具备收益性的亏本生意。随着自由主义和个人主义的大盛行,人们会变得更加斤斤计较和自私自利。自由型的人把婚姻生活看作束缚个人自由的枷锁,而算计型的人认为婚姻生活是吞噬金钱的黑洞。以前的夫妻把"维护家庭"视作必须履行的义务,并为了履行该义务而努力克服各种困难。可为什么如今的年轻夫妇都变得如此善于计较呢?为什么亏损型的婚姻生活呈上升趋势呢?遗憾的是经济学家们从不考虑这些根本性的问题。

由于决定结婚与否和是否离婚的依据来自个人十分详细的盈亏计算,家庭的形式也有了很多种变化。比如,单亲家庭、青少年家长型家庭、再婚家庭、协议结婚家庭、同居家庭、同性恋家庭、独身家庭等家庭形式的多样化已成了全球性趋势。有趣的是,人们看待家庭形式多样化的视觉见仁见智。消极的人认为这一现象加快了家庭解体或增加了缺损家庭的数量;而积极的人认为这是家庭形式的亲情化,或沟通型家庭增加的表现。

如今,"除了由夫妻和子女构成的传统型家庭以外,以其他形式存在的家庭也应受到社会包容和灵活对待"的观点,深受女权运动团体的支持。这种观点认为,不管是独身生活还是婚姻生活(包括结婚、离婚、再婚、协议结婚),个人的家庭形式完全取决于他本人的合理判断,而这算是伸张个人自由的一种现象。另外,包括高离婚率在内的家庭形式多样化也是反映个人自由得到伸张的典型现象之一。

也许是有关家庭形式多样化的意见分歧过大的缘故,面对高离婚率和家庭解体速度加快的现象,人们不太好要求政府制定应对政策。不过对同样属于家庭问题的低生育率现象,人们却发出了很大的忧虑之声。原因很简单,低生育率现象对韩国经济的打击很大。

从经济学角度来看，导致低生育率的原因很简单。不外乎是生育子女的成本过高。大多数暂不考虑生育子女的父母认为，相比抚养子女的快乐，养育成本和时间制约等负担过于严重。那么，人们该如何解决低生育率的问题呢？只要采取多建立托儿所、发放子女养育补助、强制实施生产休假等对策即可。还有，这些对策的绝大多数要由政府出面。根据如今社会的特性，家庭问题也应纳入政府的管辖范围。不过如此一来，国民税负也会相应增加一些。以前，照看孩子或产后护理都属于家庭内部解决的问题，主要由亲戚或邻居承担。其实在那个时候，这些家庭琐事不仅帮助人们建立诸如家族之爱等人际关系，还让人们体会到了人间温暖。

不管如何，经济学家认为由于家庭形式多样化或低生育率的问题在很大程度上是因经济性因素而发生，完全可以用经济学方式解决。如今流行的"结婚经济学"或"婚礼市场"等术语很好地概括了经济学家的观点。在婚礼市场上，家境殷实、高学历的男性和美丽性感的女性都属于优良商品。因此，他们不愁娶、不愁嫁。在经济学家看来，现在的女性为了减肥而长期坚持食不果腹的生活，或为了追求漂亮不惜在脸上动刀的做法，都是为了提高自己在婚礼市场上的身价而做的努力。

## 利他经济学

虽然尊重个人理性判断的经济学思维方式，被引用到家庭解体合法化或家庭亲情化的可能性很高，但经济学家们并没有为此提供全力支持。相反，有些研究报告还特意强调了正常型家庭中父母共同养育子女的重要性，如美国芝加哥大学教授贝克对利他心的研究。他认为，由父母养育子女的正常型家庭可谓是催生利他心的"产房"。在正常型家庭里，父母会在利他心的驱使下，为谋求所有家庭成员的福利付出一切，而这种状况正是传统型家庭在很多人心目中的写照。来自父母的关爱可以合理满足所有成员的众多需求，如此，某一位家庭成员的利己心就丝毫派不上用场。假设自私的哥哥在贪念的驱使下，骗取弟弟的1万韩元零花钱，那么父母在给弟弟补偿1万韩元的同时,会取消哥哥的所有零花钱。所以从结局来看,哥哥没有任何收获,也会没有必要做出任何自私的行为。

与此相反,假设弟弟因被小流氓抢走零花钱而哭泣。那么哥哥会感觉弟弟可怜而拿出1万韩元给他。如此一来,父母会为哥哥感到骄傲,而补偿1万韩元给哥哥。从结局来看,充满利他心的行为有百利而无一害。最后,除哥哥以外的所有家庭成员也会做出利他行为。举凡家庭,不外乎如此。

上面的例子告诉我们,当父母为所有家庭成员奉献一切的时候,家人也会针对其他家庭成员付出利他行为。听起来这些都是极具常识性的道理,就如经济学家们常做的那样,贝克教授也利用复杂的数学公式,把这种常识性道理整理成了一条定理,即非常有名的"坏孩子定理"。如果父母的行为不具利他性,会发生什么样的情况呢?贝克教授的另一条定理——"嫉妒心定理"将为我们提供答案。如果父母不为家人奉献(也就是说失去了利他心的中心轴),家人之间的嫉妒心和利己心会导致整个家庭土崩瓦解。贝克教授不仅为"嫉妒心定理"做出了追加的解释——"不良的父母让子女也变得不良",还告诉了人们,在正常的家庭中,利他行为才是最具理性的做法。他亲自向人们展示了用经济学的理论框架解释利他心的可能性。

后来,贝克教授因"大幅拓展经济学领域"而获得了诺贝尔经济学奖。如果把他的利他心理论扩大应用到整个社会,则可以靠少数关键人物的利他行为让整个社会运行得更为顺畅。也就是说,只要社会领导层无私为国民奉献,国民就没有必要刻意追求利他心。

## 错误的盈亏计算和环境污染

在20世纪80年代,人们对经济学家们提到的环境污染问题备感新奇。以至在20世纪90年代,《绿色经济学》率先以经济学的观点阐述环境问题并首次亮相时,就得到了各大主流媒体的重点报道。即使这样,仍然有很多学者，尤其是自然科学家们对经济学家们研究环境问题的现象大感吃惊。既然环境污染属于自然现象，经济学家们凭什么对环境问题指手画脚？当然，自然科学家们的不屑反应自然有其合理的理由。在他们看来，经济学家都是些对深奥神秘的大自然毫无了解，却喜欢对环境问题指手画脚的"轻薄"之人。

面对自然科学家们的指责，心有不甘的经济学家们反讽他们是一群不懂人情世故的人。经济学家们认为，自然科学家们忽略了"环境污染是经济活动产物"的事实。经济活动属于经济学的本质特征。因此，当经济活动成为环境污染的主要原因时，环境问题自然会成为经济学的研究对象。事实上，早在一个世纪以前的西方，环境问题尚未正式成为焦点，就有一些经济学家对环境问题开始了关注。他们认为，"污染环境对赚钱很有帮助"的观点是让环境污染变得日益严重的根本原因。

负责为韩国首都圈2000万市民提供饮用水的八堂湖，其附近就有很多正在营业的情人旅馆、高级餐馆和民俗餐厅。不用问，他们事先都是进行过盈亏计算，然后才决定在八堂湖附近开门营业的。

关于八堂湖附近的店铺，经济学家们把关注的重点放在了他们的盈亏计算方法上。毋庸置疑，这些店铺乱排放的污水肯定会成为饮用水源的污染因素，并最终引发首都圈2000万市民只能喝污染水的大灾难。问题是这些店家在进行盈亏计算的时候，只关注进入自己囊中的利润和支出的开支，却从不考虑水质污染造成的损失，而水质污染绝对算是社会的损失。经济学家们把这种虽然现实存在却被严格排除在个人盈亏计算之外的第三者损失叫作"外部效应"，而环境污染问题就是经济学家们所讲的"外部效应问题"。

根据经济学家们的观点，环境污染是多数个人错误的盈亏计算结果得到积累而发生的现象。既然如此，经济学家们有关环境问题的解决方案自然也可以脱口而出，即引导人们进行正确的盈亏计算，是从根本上解决环境问题的正确手段。这是一种应用经济性激励机制的解决手段。假设对汉江受污染后首都圈2000万市民的损失进行评估,并根据评估结果对排放污水的店铺征收每吨1万韩元的罚金。那么,参与排污的所有店铺就要支出总污水排放量×1万韩元的罚金。所以店家在做盈亏核算的时候只好把这一费用追加纳入盈亏计算的范围,而在经济学上人们把这个追加费用称作排污费。由于污水排放量和排污费的缴纳额成正比,各家店铺不得不把自己的污水排放量控制到合理水准。至于选择什么样的排污手段,则完全属于各家店铺的权利范畴。他们可以缩小经营规模,可以引进减少用水量的技术,也可以安装使用污水处理设备。不管店家们采用何种手段,只要污水排放量有所减少,就可以看作是这些店铺不再无视第三者因水质污染遭受的损失,而将其反映到营业行为的盈亏计算当中。征收排污费等经济激励机制,除了污水处理之外,还可以广泛应用到包括各种重金属和空气污染物质在内的多种环境污染物质的控制行为之上。

不过,这套深受经济学家喜欢的解决方案却饱受各方的质疑。持反对态度的人认为,这套方案把现实想得过于简单,可以说是纸上谈兵的典型案例。经济学家们的解决方案得以实现的前提条件是:相对准确地了解各家店铺所排放污染物质的种类、时间、方式以及总量,即应准确了解所有店铺的污染物质排放特性。问题是,想做到这一点很难。对为数众多的排污店铺进行排污量调查,不仅规模庞大,难度也很高。也就是说,这是一套需要庞大资金支持的解决方案。再加上排污店铺尽己所能掩藏污染物质的排放情况,掌握一手资料更是难上加难。比如,暴雨过后的第二天,人们经常可以在舆论媒体上看到江河湖水中鱼群死亡的报道;而这种现象多半是因为排污店铺趁着下暴雨,把大量有毒物质排入江河湖水而发生。既然如此,若想使这些不良店铺现形,就要在暴雨之夜一一排查数量繁多的排污店铺,而这也需要投入大量的经费。

伦理学家和环境运动家们对排污费的最大不满与所谓的道德风险有关。通常已缴纳排污费的企业会想当然地认为,自己花钱买到了可以污染环境的权利。于是,企业会很淡定地破坏和污染环境。一旦"交钱就可以为所欲为"的想法得到传播，环境污染就会变得更为严重。

对于上述观点，心理学家对幼儿园进行的有趣实验提供了很大的支持。在幼儿园，老师要等到家长接走所有小朋友以后才能下班。问题是总有一些没有时间观念的家长来得很晚。为了解决这一问题，幼儿园决定对迟到的家长处以罚金。结果，不守时的家长人数不但没有减少，反而有了大幅增加。心理学家对此进行深入研究后得知，原来是"只要交罚款，就可以晚去一点"的心态改变了家长们的行为。既然罚款能抵消对幼儿园老师的愧疚之心，不守时的家长人数有所增加，就显得十分正常了。无奈之下，幼儿园只好取消罚款制度，让一切恢复了原样。可是，不守时的家长人数并没有遂人所愿地减少到原来的水平。因为到了此时，家长们已不再为不守时而感到内疚，脸皮变得厚了许多。这项实验告诉我们，一旦受到"有钱能使鬼推磨"的思想影响，以后就很难再摆脱了。

后来，经济学家们在排污费制度的基础上更是发展出了"从法律上许可污染环境的权利，允许在市场上公开交易该权利"的所谓"排污权交易制度"，让环境伦理学家和环境运动家们大惊失色。

如今的环境保护论者或环境运动家们认为，地球变暖是最有可能让人类灭亡的灾难。众所周知，导致地球变暖的主要原因是大量排放的二氧化碳，而化学燃料的使用是二氧化碳的主要排放源。经济学家们针对这一现象表达的观点是"许可二氧化碳的排放权，允许在国际市场上自由交易二氧化碳排放权"，而充分反映这些观点并在全球范围内得以实施的制度，就是所谓的"碳排放权交易"。

一旦碳排放权交易得到正式实施，极有可能让"只要有钱就可以买到污染环境的权利"的观点广为传播。环境伦理学家和环境运动家们担心这种现象会助长拜金主义思想和轻视环境问题的风气蔓延，并最终威胁人类生存。

经济学家们认为，为了努力工作并促进资本主义市场经济的发展，人类应表现出对金钱的强烈欲望。在这种观点下，经济学家们一般对拜金主义思想表现得十分宽容。从大体上来看，经济学家们往往会忽略制度对人性的巨大影响。可是，当市场制度令人类的行为和思想变得越来越自私，并让拜金主义迅速扩散的时候，就会大幅提高市场制度的维护成本。

## 你的生命价值多少？

关于环境问题，虽然经济学家们强烈推荐经济性激励机制，但是美国、韩国等大多数国家更喜欢用法律手段规范环境问题，而不是依靠经济激励机制。当然，经济学家们会强烈反对这一做法并给出很多具体理由，而法律规范不具备经济有效性是其中的理由之一。

拯救人类生命是保健和环境相关法律规范的主要目的。据说保健和环境规范带来的社会利益中有80%~90%是拯救生命带来的利益。因此在分析保健和环境规范的经济有效性之前，须先把人类生命折算成金钱。

虽然大多数老百姓认为人类的生命无价，但经济学家们对此颇不以为然。因为在他们看来，老百姓虽然口口声声强调生命无价，但是实际付出的行动中却是隐隐表达出"每个人的生命都有价值"。各大保险公司就是在早已计算好的生命价值基础上支付赔偿费用，而接收赔偿款的人通常也不会对赔偿金额表示异议。另外，在发生死亡事故的时候，虽然有关机构和死者家属间难免要发生讨价还价的现象，但最后肯定会在某个价位上达成共识。

在韩国，一条生命平均价值约为6亿韩元。这是根据收入的创造能力，即根据一个人在一生当中可能赚到的收入做出的统计。由于每个人创造收入的能力都有所不同，生命的价值也因人而异。比如，高收入阶层或年轻人、男性人群的生命价值相对要高一些，而低收入阶层或老人、女性人群的生命价值则偏低一些。根据一家国际研究所的统计，高收入国家、中等收入国家以及低收入国家中一个生命的平均价值分别为150万美元、30万美元和10万美元。

根据经济学家们的统计，2000年美国一个生命平均价值约为600万美元。如果按当时的汇率换算，美国人生命平均价值大约达到韩国国民的10倍。不过，美国人的生命价值根据性别发生变化。一般来讲，美国女性生命平均价值达到1300万美元，而男性只有260万美元。因此，在美国女性的价值比男性高4倍。之所以会出现女性价值高出男性的现象，并不是因为经济学家们更喜欢女性，而是因为女性的胆略普遍比男性低。美国人高达600万美元的生命价值，是基于他们对待危险的态度不同而得出的结论。

"远离危险，注意安全是人的本能"，而工作有危险岗位和安全岗位之分。毫无疑问，人们对安全职业的偏爱远远超过对高危职业的喜好。这是人之常情。因此，想让人从事危险的工作，就需要支付足够的危险补助（高危岗位津贴）。一般来讲，岗位危险性越高，所得的工资也越多。假设死亡率提高1%，年薪也相应上涨600万韩元，这意味着人们用1%的死亡率换取600万韩元的高危岗位津贴。换个说法就是，1%的死亡概率可以换取价值600万韩元的高危岗位津贴，而这意味着100%死亡率的价值是6亿韩元。经济学家们正是根据这一逻辑认定，人们为自己的生命赋予的价值是6亿韩元。

美国人平均600万美元的生命价值是美国的职场人士所要求的平均高危岗位津贴，而这一数值是根据前面所讲的方法得到的。评估生命价值的经济学家们，首先假设人们在死亡率和高危岗位津贴间进行比较后，自由选择自己喜欢的工作岗位。然后，他们又在假设的基础上对美国各行业的年薪水平统计资料和岗位死亡率进行系统地统计分析。经此一算，经济学家们就可以得知死亡率上升1%时，美国的职场人士可能要多获得一份平均津贴，即美国人要求的平均高危岗位津贴。得知平均高危岗位津贴金额以后，估算美国人生命价值就不再有难度了。通常因为女性比男性更容易感觉危险，女性员工要求的平均高危岗位津贴也高达1300万美元，是男性员工的5倍之多。

得知600万美元或1300万美元的由来以后，可能有很多人对此表示质疑。首先，经济学家们提出的基本假设，即"人们在多个岗位中做出选择时，先对死亡率和高危岗位津贴进行详细对比，然后再根据对比结果选择工作岗位"，存在着很大的漏洞。按假设的那样，先进行盈亏计算后再选择最佳职业的人能有多少？估计绝大多数人连各工种死亡率都不清楚，更何况各职场的死亡率？更奇怪的一点是，就连美国人也不敢奢望可以自由地选择职业，又有几个人能够拥有对多个岗位进行比较和选择的权利呢？要知道，对于一个找工作的人来讲，能有公司愿意提供机会，已经是十分了不得的大事了。在那种非现实的假设下得到的估值是否具有现实性，一直以来都是争论最多的热点问题。

针对上述假设的批判更是指出了根本问题，即在非现实的假设下，经济学家们得出的估值只是一组数字罢了。所以，即便算得再好，也只能算作是对死者家属提供的慰劳金罢了，而不能反映真实的生命价值。

比如，我们在前面的内容中已经了解到韩国一个生命的平均价值为6亿韩元。而这个价格只具有对死者家属的慰劳金性质，并不代表生者的真实生命价值。假如有人说用死亡可以换来6亿韩元时，可以欣然接受条件的人能有多少？估计用"屈指可数"来描述也多了吧。就算是偶有人答应，也不能认定其生命价值为6亿韩元。这6亿韩元只是接受条件的人赋予自己的价值，其中并不包括配偶或直系家属以及关爱他的朋友们所赋予的价值。

综上所述，可以得知估算生命的价值难度极大。不过，一旦得出6亿韩元或600万美元等具体数值，则这些数值很快就会泛滥成灾。在许多公共事业的经济合理性评估中，有些人肆意使用这些未经过验证的数值而心安理得。

当生命价值的估值中存在根本性问题时，以此为基础制定实施的国策项目的经济合理性评估也难免出现根本性问题。因此，人们不顾其中根本问题而一意孤行地利用那600万美元的生命价值时，新自由主义经济学家们提出的"应取消美国大部分环境规范"的主张就开始显现出强大的说服力，并进而引出"应撤销美国环境保护署"的结论。

要知道事关生命价值的数据，除包涵了众多亟待解决的问题，还具有惊人的破坏力。

## 甘愿游手好闲的人群

如前面章节分析的那样，经济学家在看似与经济学毫无关联的社会问题上表现得"斤斤计较"，而在理应认真对待的事情上却显得意兴阑珊，如失业问题。在凯恩斯隆重登场之前的很长一段时间里，经济学对失业问题从来都是视而不见。即便现在，占据主流地位的淡水派经济学依然把失业问题不当一回事。这又是为什么呢？按淡水派经济学家们的观点，很多失业者完全是咎由自取，这个世界永远都不可能出现渴望工作的人因为找不到工作而赋闲在家的情况。换个说法，就是大部分失业者是因为喜欢游手好闲才"选择"失业。因此，经济学家或政府完全没有必要为他们操心。

须知这些观点，也是彻底立足于供需理论之上的。供需链的一端有供应劳动力的劳动者，另一端则系着劳动力需求方，即企业。而供需双方在决定劳动供应量和购买量（需求量）的时候，都有一个属于自己的盈亏计算标准。不过，究其核心，双方却都离不开盈亏计算客观指标，即劳动力价格（也就是工资）。

在劳动者的立场上，工资就是收入。付出更多的劳动力固然能获得更多收入，却要牺牲休闲和午睡等时光。即，劳动者需用余暇时间换取收入。因此，劳动者对消费的快乐和余暇的乐趣进行比较之后，确定每天的工作时间。重视余暇的人将减少劳动时间，而重视收入的人当然要延长工作时间。每位劳动者在这种盈亏计算的基础上合理确定的劳动时间总和，就是劳动力供给总量。

另外，在企业的立场上，工资就是成本。当企业以支付工资为条件聘用劳动者的时候，最先要考虑的事项是劳动生产率，即该劳动者对企业利润所做的贡献程度。通常，企业是对劳动生产率和工资进行比较以后，根据其结果决定需要购买的劳动时间。在这种盈亏计算的基础上,企业合理确定的劳动力需求量总和,就是劳动力需求总量。

根据经济学教科书的说法,市场工资是在劳动力供给总量和劳动力需求总量达成均衡时得以确定的。根据这条逻辑进行推理,失业者就是对余暇时间重视高过工资的人,因此可以说他们是一群自愿放弃工作、甘愿游手好闲的人。换个说法讲,这是一群认定工资价值远远低于余暇的人。因而,可以认为他们是决定享受余暇的自发性失业者。淡水派经济学家们认为,就算有非自发性失业,也只是偶发性和临时性的现象。他们认为,假若非自发性失业者真正具有理性,终有一天会向低工资屈服。所以,淡水派经济学家很自信地说,随着时间的流失,失业问题会在市场上自行得到解决。

淡水派经济学家们还在上述逻辑的基础上发展出了"贫穷也属于个人自选项"的观点。观点认为,凡贫穷之人要么天生懒惰,要么就是相比收入更重视余暇。故而可以认定,这是一群自愿减少劳动的人。减少劳动必然会造成收入的减少。但是淡水派经济学家们却无奈地表示:由于穷人因自己喜欢而选择了贫穷,经济学也对此无计可施。总之,经济学家们的立场是:和失业现象一样,经济学家们无须对贫穷给予特别关注。如今只有极少数左派经济学家把失业问题或贫困问题列入主要的研究对象。

最近,很多人在担心韩国大学生就业率过低的现象。那么造成大学生就业率过低的原因是什么呢?在所有回答者当中,很多人会提到大学生回避累(Difficult)、脏(Dirty)、险(Dangerous)之"3D"工种的现象。如今这些所谓的3D工种为了解决长期持续的用工荒问题,正大批招用外国劳动者。因此,淡水派经济学家们认为,只要大学毕业生们稍微调整眼高于顶的姿态,就很容易找到工作。

"只要包括大学毕业生在内的所有劳动者放低姿态,接受低工资,就不可能出现非自发性失业",这是淡水派经济学家们的基本观点。

说到这里,有一个需要我们深思的问题,大学毕业生究竟要不要从事那些连外国劳动者都可以在短期内掌握的简单劳动？淡水派经济学家们主张，大学应对教育内容进行调整，以满足来自产业一线的需求。话虽如此，可也不能把大学改成技工学校吧。

从历史上来看，实际失业率与淡水派经济学家的主张持续相悖了好几年。以韩国为例，大学毕业生的高失业率已经持续了好几年。

在韩国，有关失业的统计资料一直都没能摆脱"歪曲现实"的批评。不管这些批评是真是假，在高失业率、无雇佣背景下，经济连续好几年增长却是不可否认的事实。

## 效率工资

从现实来看，由于韩国劳动者心态过高导致失业率居高不下的看法有些牵强。因此，有些学者甚至在说，现实与理论正相反。即，雇主支付的工资远高于实际需求的痼疾现象导致失业率居高不下。说得再具体一些，就是在劳动市场上自然形成的实际工资水平，超过（需求和供给实现一致时形成的）均衡工资时，使得非自发性失业长期持续存在。这时，劳动力供给自然会超过劳动力需求，而这部分超出的和找不到工作的人数相一致。

那么，企业支付的实际工资为什么会超过均衡工资呢？其中有很多理由。从公司的立场来看，劳动者的生产率固然很重要，但长期稳定地保有熟练工也很关键。另外，支付过低工资除了影响企业声誉，还会影响那些对工资待遇心存不满的员工，他们会在繁荣期到来时迅速跳槽到别的公司。这不仅让企业在最忙碌的繁荣期面临用工荒，也会让不良的企业名声以及招工计划受损。因此，从长期考虑，向员工支付高于其他公司的工资利大于弊。

企业甘愿支付高工资，还有一条重要的理由，而这条理由完全是心理性的。一般来讲，大部分劳动者认为工资除了劳动代价的意义之外，还具有更深层次的意义。即在劳动者心中，工资是公司对个人的评价。比如，工资水平超过其他同事的员工会认为自己的能力深受老板或上司的认可，

# 第一章
## 经济学教科书的逻辑

并为此喜悦不已。这些得到公司认可的员工从确认自己受重视的瞬间开始，就暗下决心带着更多的责任心和自信心为公司做出贡献。想获得他人的认可，是人类根深蒂固的情感。回顾韩国的历史小说，舍身为知己的义士或忠臣的故事多得数不过来。像是为了反映人们的这种情感，某家大财团决定给予员工韩国最高水平的工资待遇，帮助员工建立了强烈的自信心。从此，这家公司的员工们带着强烈的爱社心，为公司"赴汤蹈火"，把公司打造成了韩国乃至世界一流的企业。

经济学教科书向人们灌输的理论是："每位劳动者的生产率都已固定，且每一位劳动者的工资由其自身的生产率决定。"这条理论会给人们留下劳动者有无能的劳动者和能干的劳动者之分的印象。不过在现实中，劳动者所受的待遇既能让无能劳动者变得能干，也可以让能干的劳动者变得无能。事实上，待遇越高的员工，对自我开发也越热心。在经济学里，我们把这种为了提高劳动生产率而支付的战略性工资称作效率工资。

事实上，雇主很难对每一位劳动者进行监督，而劳动者带着何种程度的责任心投入工作，与他们对所受待遇的评价有密切关联。当劳动者认为受到了不公正待遇的时候，不仅不会表现出丝毫的责任心，甚至还会故意怠工。与此相反，认为受到了公正待遇的员工，不仅忠于公司、共享组织价值观，还会对公司产生自豪之情。由此可知，工资是劳动者和雇主之间人际关系的象征，也是直接影响劳动者士气的重要因素。

正是因为以上种种因素，企业会产生尽可能向员工支付高工资的动机。企业和劳动者都认为公正的工资，肯定要超出均衡工资很多。因此在实际市场上，失业只能成为一个痼疾现象。也就是说，正因为企业坚守效率工资，社会上才会长期存在失业现象。在经济学里，建立在这种要义上的理论被称为效率工资理论。正如前面所讲，在经济学框架内首次全面研究失业问题的经济学家是凯恩斯。70多年前，他提出了与效率工资理论稍不同的观点。关于这一点，将在后面的章节中详细讲述。

曾在福特总统执政时期担任过劳动领域最高职位的阿尔伯特·李

(Albert Ree）教授指出，在现实世界中确定工资薪水的最重要因素是公正性。作为劳动经济学领域的最高权威，他曾在一次学术讨论会的演讲中坦承："自己倾注了一辈子精力所教给学生们的经济学教科书理论，在解决实际劳动问题的时候，没有起到一丁点儿的作用。"

# 4. 人们对高利贷的普遍看法

## 高利贷和演艺明星的自杀

不知从何时开始，韩国竟然被冠上了"自杀共和国"之名。据统计厅统计，韩国仅2007年的日平均自杀人数就达到了33名。更加恐怖的是，这一数据呈逐年上升之势。如果按自杀率（每10万人中的自杀人数）比较，则高达24.8(名)，高居OECD国家榜首，是美国的两倍以上，仅次于以自杀率高而"闻名"的日本。

在韩国，触发人们自杀的最大因素是"经济困难"，几乎占所有自杀人数的一半。记得在2008年，著名演员A自杀的消息，一时成了街头巷尾热议的话题。再后来，得知A是因为不堪高利贷业者的逼迫而自杀后，民间舆论更是炸了锅。韩国国内因为高利贷业者的暴力收债和巨额利息的双重压力，自杀或自杀未遂的事件本就很多，A的自杀正好把民间声讨高利贷业者丑恶行径的舆论推向了高潮。

普通意义上的高利贷是指面向无法从银行或正规金融机构获得贷款的人群发放贷款，但高利贷业者要做的事情远不止于此。高利贷业者除了发放高利贷款之外，还经办把企业承兑汇票、可转让存单、债券、未上市股票等转换成现金的业务。在这个过程中，通常被称作"大户"的大规模高利贷业者，多半要同时进行洗钱。比如，大户们把企业或个人贿赂给政客的现金支票替换成"干净"的现金支票，而这种手法是最古老的洗钱方式之一。正如人们所想的那样，高利贷是洗钱活动最旺盛的行业。随着监察机构的监管越来越严格，高利贷业者的洗钱方法也越来越繁杂巧妙。现在，高利贷业者最常用的手法是直接与正规金融机构勾结，开展非法洗钱活动。只是，高利贷业者的洗钱过程过于隐秘，世人很难了解其规模或来历。仅有的一点点了解，也是在一些社会知名人士爆发受贿丑闻的时候，从高利贷市场听来的只言片语。因此，高利贷行业表面上的最大社会问题是高利贷特有的惊人利息。

随着与高利贷相关的暴利日益激增和社会上各种不正之风的蔓延，韩国政府于2006年颁发旨在引导高利贷健康发展的法律，把贷款年利率限制到了66%以内。不过，这种限制只能对已经注册且规模也达到一定水平的合法高利贷业者起点作用，而其他暴利行为仍然逍遥于法律之外。最近，一家主流报社趁调查演艺明星自杀事件的机会，对高利贷暴利的具体事例展开了调查。据事后报道，有些高利贷甚至启用了10天10%的"夺命利率"。那么，这10天10%的利率意味着什么呢？意味着1天1%、一年365%的利息。比如按此利率借1000万韩元高利贷时，仅10天的利息就达到100万韩元。

凡借高利贷的人，大多是急需用钱的小业主或收入偏低的老百姓。虽说借高利贷可以让他们暂缓燃眉之急，但是每隔10天（不是每隔一个月）支付100万韩元的利息，其中的压力非一般人能想象。要是在还清本息之前，发生哪怕是一次利息拖欠，则利滚利，这种高利率带来的压力很容易把借款人压垮。假设发生一次利息拖欠，那么拖欠利息100万韩元将自动累加到本金，债务随即变成1100万韩元。从此以后，借款人每隔10天应还的利息将达到110万韩元。如果在3个月内发生5~6次利息拖欠，本金将变成2000万韩元，每隔10天应支付的利息将变成200万韩元。一旦债务膨胀到这个地步，大部分借款人将放弃还款。之后，拖欠利息的现象反复出现，而最初的1000万韩元债务到了7个月以后将超过5000万韩元。这就意味着借款人的债务在短短7个月时间里增到5倍以上。最后，还不起债务的借款人和家人不仅要面对来自高利贷业者的各种暴力迫害，还要接受倾家荡产的结果。很多时候，这种悲惨境遇更是会把借款人逼向自杀深渊。

对于种种指责，高利贷业者也有很多话要讲。通常来说，借高利贷者大多既没有稳定收入，也没有可供担保的财产。虽然演艺明星在年轻人中享有极高的人气，但是在现实中，很多演艺明星的收入并不稳定。因此，人们可以在媒体报纸上时不时地看到一些演艺明星被高利贷纠缠得焦头烂额的报道。从高利贷业者的立场来看，收入不稳定的人也可以算是某种意义上的信用不良者，借钱给他们注定要冒很大的风险。因此，高利贷业者只有在发放贷款的收益完全高于风险的时候，才会同意放款给借款人。如此一来，高利贷业者要求高利率也算是再自然不过的事情了。

经济学把为了补偿损失本金的风险而额外要求的利息，称作风险附加率（风险溢价）。债务不履行的风险和风险附加率成正比。因此，国债利率、地方债利率、银行债利率、大企业公司债利率、中小企业公司债利率皆不相同就在于风险附加率。其中，由中央政府保证支付本金和利息的国债通常被视为不存在债务不履行。因此，国债的利率就属于风险附加率为零的无风险利率。通常，银行的贷款利率要附加反映借款人信用状态的风险附加率。基于同等原理，高利贷业者要求的高利率也得包括应对不能回收本金风险的风险溢价，即高风险附加率。

对于高利贷业者的如上辩解，淡水派经济学家和新自由主义者们都发表了支持言论。他们首先认为，只要高利贷业者没有强迫人们接受高利贷或对借款人行骗，就要对高利贷业者和借款人之间自发形成的交易给予应有的尊重。他们如此强调的理由是，"利益当事人之间的自发性交易将为交易双方带来利益"。即借钱人因为解燃眉之急而高兴，而提供贷款者则因为得到利息而心满意足。

另外，淡水派经济学家和新自由主义者们认为借款额度和借款利率属于交易当事人之间通过协商解决的事宜，第三者不适合对其指手画脚。而且，政府因高利贷业者收取的高利率而强行调控高利贷市场的行为，不仅违背市场原理，还不能起到太大的作用。对此，淡水派经济学家和新自由主义者们强调：强行调控高利贷市场的做法，除了让急需用钱的人陷入无钱可借的困境外，毫无任何积极效用。

## 暴利收费和绝望交易

不过普通百姓对经济学家们的上述主张并不太感兴趣。以高利贷行业为例，将风险附加率定得很高，是为无法回收本金的情况考虑。但事实上，高利贷业者是把自己的贪心全部推给了风险，让其当了一回替罪羊。很多情况下，找高利贷业者借钱的人都是急需用钱的人。比如，家人需要做手术但一时间凑不齐手术费的人、考上大学却没有钱交学费的人，找不到任何人能提供资助，唯一能寄予希望的就是高利贷。由于高利贷业者在放贷的过程中利用这些走投无路之人的弱点为自己谋求最大利益，因此他们受到社会再多的指责也不为过。要知道，走投无路的人和气定神闲的人之间的交易，绝不可能是站在相等的立场上进行的公正交易。

2004年夏，一次特大飓风袭击美国的佛罗里达州，造成了很多人无家可归。当时，一些反应迅速的商人把生活必需品的价格调高5~10倍，这种暴利收费行为在社会上引发了巨大争议。问题是在当时的佛罗里达州已有禁止暴利收费的法律存在，而这部法律成了争议的焦点。在争议过程中，淡水派经济学家们表示了反对该法律的立场。他们认为在自由竞争市场上，交易双方都不会吃亏。根据他们的立场，市场交易只在交易当事人之间自发达成协议之后成立。先不管涨价行为算不算暴利收费，灾民和商人间已形成交易，意味着交易当事人均已得利，且他们之间已形成协议。不然，那些交易根本不可能成立。

不过，淡水派经济学家们的主张有些牵强。就如经济学家们始终强调的那样，自由竞争市场的最大优点是充分的自由选择权。资本主义市场包罗万象。比如，一个村庄里有多家药店和很多居民时，居民可以毫无拘束地自由选择自己想去的药店，而药店老板也可以拒绝把药品卖给特定人群。

如此，每一个人都拥有充分的自由选择权时，药店老板和居民可以站在相等的立场上进行交易，而此时形成的价格可谓是真实的价格。

反过来再看看没有选择余地的人和选择余地极为丰富的人之间的交易，则很难实现平等。假若村庄里有很多村民，但药店只有一家，那么没有选择余地的村民，只能按照药店老板定下的价格购买药物。此时，药店老板和村民早已不在对等的位置上，两者间也开始形成一种垄断价格。在经济学家们的眼里，垄断价格有百害而无一利。因此，如想在市场上形成公平的交易和价格，不仅需要交易当事人之间的自发性协议，还要保证他们处在对等的位置上。交易双方不在对等位置时形成的价格，很难被视为公正的价格。

人人都认为市场上的交易一定要公正，而经济学家们并不否认这一点。可问题是，淡水派经济学家们无条件地倾向于把自由竞争市场上形成的价格视作合理价格。他们甚至很少使用公正价格之类的术语。但是真正的市场要具备两大因素，即交易当事人之间的自发性协议以及对等关系。由此可以看出，缺乏对等的关系就是高利贷行业的问题所在。

走投无路的人在无奈中卷入的交易，并非只有高利贷一种。比如在大型医院的卫生间，我们就可以看到许多卖器官的小广告。问题是，众多想出卖自己身体器官的人群中，感觉心情愉快的人能有几位？40多年前，韩国经济尚没有摆脱贫穷的时候，大型医院的门前每天都有前来排队卖血的长龙。由于想卖血的人实在太多，因争抢位置发生斗殴的现象就屡见不鲜。还有一些抽血频率过高的人，不顾医生的健康危险警告，央求医生同意自己卖血。不难想象，他们过得一定是生不如死的日子。

细究起来，出卖肉体的卖春女、出卖脏器的人，甚至是出卖子女的人，大多有自己不得已而为之的苦衷。很多情况下，是几近绝望的境地把他们逼向了"实际上是被强迫"的交易当中。基于同样的道理，借高利贷的人群中陷入绝望境地的人应该也不少。

如今一些专家把悲惨状况下的交易称之为"绝望交易"。从人类的立场上看，不管绝望程度有多高，都不能成为人们出卖自己、脏器和子女的理由。而且，这种行为会进一步亵渎人类的尊严。

事实上在与生计直接关联的交易中，被迫而为之的并不在少数。大部分卖春行为是被生活所迫而发生的行为，很难说其中有自发性因素存在。此外，劳动工资远远不够基本生活费的水平，事实上也是被逼出来的劳动交易，这种悲惨的现象多发生在落后国家。面对如此绝望的交易，还有谁能说这是可以为交易双方谋求利益而必须放任自由的交易呢？

相同的言论同样适用于高利贷行业。凡遭受过高利贷业者迫害的人都会洒泪控诉高利贷业者对人性的丧失和侮辱。正是因为身体、血液、器官和婴幼儿的交易容易引起人性的丧失和侮辱，所以很多人主张严格禁止此类交易。即，社会应抵制绝望交易引起的人性丧失或诋毁。基于相同的脉络，人们可以主张对高利贷行业施以强力制裁。

不过，淡水派经济学家和新自由主义者们却认为无条件禁止绝望交易于事无补。比如，出卖器官的人本就过得很惨，禁止他们出售器官的做法更无异于将他们推入万劫不复的深渊。因此，淡水派经济学家们主张，公开允许器官交易并搞活人体器官交易市场，为穷人提供通过器官交易挣钱的机会，才是增进穷人福利的正确之路。不难想象，一旦淡水派经济学家们的主张得以实现，身处绝望境地的人将会得到出售自己躯体的机会。

可是，再往深处分析就可以发现，绝望交易的存在即是为了生计出卖身躯或器官的人群的存在，这意味着整个社会本身就存在着一些严重的缺陷。再说高利贷的风险路人皆知，仍然有那么多的人去借高利贷，是不是说明金融制度有缺陷，或更进一步地告诉我们社会制度有严重的缺陷呢？如果是这样，我们应先考虑纠正形成绝望交易的社会状况。获得可出售身体器官的机会，并不是一件愉快的事情。这种机会反而会让当事人对惨淡的人生命运产生更深的体会，因此在将人体器官的金钱交易合法化并搞活人体器官交易市场之前，抢先打造无须进行人体器官交易的社会才是人类要坚持的正确方向。同理，打造一个社会安全网络系统，并抢在陷入绝望的人想起高利贷之前实施救济活动，才是更值得人们去追求的目标。

## 亚里士多德对高利贷的看法

从历史上来看，高利贷行业一直都是老大难。高利贷行业是人类历史上最悠久、最根深蒂固的难题，也是西方历史上永远洗刷不掉的耻辱印记。

在西方社会，"高利贷行业是社会罪恶之源"的观念一直延续到了中世纪。如果要追根溯源，就得回到数千年之前。据说约公元前2100年颁布的《汉谟拉比法典》，以法律条文的形式明文规定索要过高价格和利息的人为罪犯，并应受到严厉的处罚。除了高利贷之外，鄙视以追求私人利益为主目的的市场交易，并对其施加强力的制裁，这一惯例从很早以前就在全世界范围内广泛流传。

或许是因为高利贷从古代社会开始就已经成为社会难题，因此被奉为西方历史上最伟大的哲学家和科学家的亚里士多德（公元前384—前322），对属于经济领域的高利贷行业发表了长篇大论。

亚里士多德把人们借钱的理由分为两大类，其一是为了筹集事业资金，其二则是为了弥补日常生活开支的不足。在第一种情况中，借来的钱会在经营活动中有所增加，即产生收入。因此，人们理应从新创造的收入中拿出一部分支付利息。

可是第二种情况并不能创造收入。亚里士多德猛烈抨击了对个人消费借款收取利息的行为。他认为，货币的基本功能是交换而不是增收利息。因此，用借来的钱创造利润，并对部分利润进行分配的行为属于正义行为；但是对纯个人消费性借款收取利息的行为，完全属于不道德和不符合伦理的行为。一般来讲，借款人大多是贫穷不幸之人，而贷款人不是富翁就是有一定经济条件的人。由于借款和贷款人之间形成的关系是人与人之间互相帮助的人际关系，而不是谋求相互利益的经济关系，因此对其评价时要用伦理标准进行判断，而非经济标准。

在古代或中世纪，大部分生产活动在家庭内形成。因此在那个时候，人们对资金的需求不是很大，也很少有人借大笔资金从事经营活动。所以，大多数借款是因个人需求而发生。也许正是因为如此，亚里士多德才会提出以"货币不能生育子孙"为核心内容的货币不孕理论，而西方国家的人们在很长一段内对这一观点深信不疑。

## 亚里士多德的幸福论

除了高利贷行业以外，商业等赢利行为也没能进入亚里士多德的法眼。他以地球为中心把宇宙区分成了"月球下方的世界"和"月球外部的世界"。根据他的观点，月球外部的世界充满秩序、有规律和永恒，而月球下方的世界主要表现出无秩序、变化和腐败的特征。在月球下方的世界中，让亚里士多德最不满的就是赢利行为，而最典型的就是高利贷行业。亚里士多德反对赢利行为的理由，也为现在的人类带来了很大的启示。

首先，亚里士多德认为赢利行为属于非自然的行为。在他的思想中，对自然和非自然的区分非常重要，它对经过2000多年才萌芽的科学——经济学也产生了深远的影响。比如，既然大自然赋予人类以潜能，人类自然要对这种能力进行开发，并最大限度地予以利用。因此，任何制度或行为只要有助于开发和发挥人类原有的潜能，就一定是自然的能力。凡自然的现象就是具有社会意义的现象。高利贷或商业等赢利行为都属于非自然的现象。亚里士多德认为赢利行为不仅对开发和最大限度地发挥人类天生的潜能毫无帮助，反而还成了一大阻碍。那么亚里士多德为何会有如此想法呢？我们可以在他的幸福论中找到答案。

根据亚里士多德的观点，幸福不是神的赏赐，它只出现在最能合理使用天生潜能的人身上。机智之人总能利用自己天生的气质和周围的环境创造最佳结果。为此，亚里士多德强调，喜悦感和成就感就在积极的人生背后。比如，医生的责任是治病救人，他们在救人的时候最能感到自豪。因而，真正幸福的医生是那些用高超的医术救活病人的医生，而不是会赚钱的医生。由此可知在亚里士多德的心中，既有意义又受人欢迎的优良行为才是幸福的最大源泉。亚里士多德认为赢利行为属于非自然的现象，即意味着这种行为既没有意义，也不受人称颂。因而赢利行为自身是不可能成为真正幸福的源泉。

亚里士多德认为人类属于社会性动物。因而，人的一生难免要和其他人一起生活。既然你注定要和他人一起生活，理应从中得到快乐才是。不过要想做到这一点，关键是看你是否具备为他人着想的心态或爱心。为他人着想并给予爱心的时候，对方就会感到幸福，并把幸福的感觉回馈于你。

对亚里士多德幸福论的以上解释，如今已得到幸福研究专家们的论证。他们对把追求金钱视为人生最高目标并愿意为之做出任何事的人（所谓的唯物主义者或拜金主义者）进行大规模的研究后发现，对钱财的贪欲越大（唯物主义倾向越强），幸福指数越低，人也更容易患上抑郁症。当然，除了研究结果，专家们同时还公布了其中的原因：贪钱贪财的人一般都表现得狭隘而自私，故而不能构建良好的人际关系。此外，挣钱行为自身很难创造幸福，也是导致唯物主义者幸福指数偏低的原因之一。

亚里士多德憎恨赢利行为的另一大原因是人类对金钱无限的欲望很容易让赚钱行为变成目的，而不是手段。就如货币永远只是交换的手段一样，赚钱理应成为实现更高目的的手段。问题是实施赢利行为的过程中，人类的贪念无限膨胀使得人们误把赚钱当作人生的唯一目标，人们也会沦落为金钱的奴隶。也就是说，赚钱手段和目的完全颠倒了。亚里士多德的上述观点可以被理解为："个人或社会为了进行公益活动而筹集资金的赢利行为，可以排除在受人指责的范围之外。"

可以肯定，"金钱（收入）带给人类的幸福自有其极限"是亚里士多德想传递给我们的最重要信息。而幸福研究专家们用统计数字给亚里士多德的这一教诲提供了有力支持。统计表明，在过去的半个世纪里，发达国家的人均国民收入有了惊人增长，但幸福指数却与50年前相比并无太大的差距。比如，日本的人均国民收入在过去50年间提高了6~7倍，但日本国民的幸福指数几乎无变化。再看美国，虽说人均国民收入增加3倍左右，但美国人的幸福指数却依然没变化。既然如此，无论是韩国还是发达国家，都在大量生产与幸福无关的事物，且在生产过程中浪费了大量资源。

  心理学家们的研究结果并不是想否定或阻碍经济增长。他们只想告诉人们，发达国家在过去半个世纪里孜孜以求的经济增长，早已偏离了轨道。不能增进国民幸福的经济增长肯定是错误的经济增长。亚里士多德的理论告诉我们，发达国家在经济增长过程中出现了太多的诸如赢利行为等非自然现象和只为满足欲求而非必要展开的生产行为。

第二章
**新重商主义**

# 1. 来自亚当·斯密的警告

## 极左派亚当·斯密

估计"无形之手"是经济学家们讲解市场经济时最常用的一句话。亚当·斯密（Adam Smith；1723—1790）在《国富论》中提出了"无形之手"理论，他认为当企业只为赚取更多利润而展开竞争时，会在"无形之手"驱使下促进社会效益，而这种结果绝对不是企业追求的目标。这个理论不仅是《国富论》的核心命题，也是经济学家们欲借经济学的名义传递给普通大众的主要信息。在经济学理论中，"无形之手"不仅与"自由放任主义（主张市场中的经济活动自行其道）"发生关联，还会延伸演变为"新自由主义（主张用市场机制调节社会问题）"。

由于《国富论》首次出版年份与美国独立年份皆为1776年，因此在经济学家的心中，该年就成了经济学独立年，亚当·斯密也顺理成章地成为了现代经济学的创始人，《国富论》则荣膺"经济学圣经"之美誉。在苏格兰的首都爱丁堡，人们可以看到矗立于市中心的亚当·斯密铜像。在当代经济学家，尤其是在拥有保守倾向的经济学家心目中，亚当·斯密具有崇高而不可撼动的地位。甚至有一些经济学家认为，《国富论》出版的1776年才是西方真正开始超越东方的分水岭。这一切都足以证明，《国富论》作为资本主义市场经济的理论基础，为促进西方社会发展所作的巨大贡献。

从这一点上，以及按如今的观点，亚当·斯密和他的追随者都可归类为极端保守主义者，抑或极右派。人们习惯把美国的里根总统和英国的撒

## 第二章
## 新重商主义

切尔夫人视作曾于20世纪80年代在全球范围内掀起保守主义（新自由主义）运动的倡导者。在里根当选总统后的庆功宴上，与会的共和党员都系上了印有亚当·斯密侧脸的领带。不难看出，亚当·斯密俨然是资本主义体制的象征，也是如今所有保守主义者或新自由主义者的心中偶像。

不过，在亚当·斯密从事研究活动的时候，他本人及其追随者，以如今的说法都是与体制抗争的激进主义者或极左派。首先，他们的出生地就很极端。亚当·斯密是苏格兰人，而在当时的英国人心目中，苏格兰可是让人瞧不起的地区。此外，被称为古典政治经济学（或叫古典经济学）奠基人的李嘉图（D.Ricardo；1772—1823）、托马斯·罗伯特·马尔萨斯（Thomas Robert Malthus）和J.S·穆勒（J.S.MILL）等人，除了李嘉图之外，皆出身于苏格兰。而李嘉图更是受全欧洲人歧视的犹太人。

### 企业忌讳竞争

虽说重商主义是远至500年近至250年以来，始终统治整个西方社会的陈旧思想，可即便在资本主义高度发达的现在，亚当·斯密极为警惕的重商主义仍然大行其道。诸如将工商业者的利益等同于国家的利益，韩国国内就经年流传着这种说法：三星（集团）的利益和现代（集团）的利益就是国家的利益。不仅那些极具影响力的主要经济团体在力挺"财团发展就是国家发展"的观点，更有大批具有保守倾向的经济学家为此摇旗呐喊。早在很久以前，保守阵营不仅对"韩国国内的反企业情绪阻碍市场经济的发展"表示忧虑，还不忘对韩国初高中教材提出质疑："按中国的教科书里叙述的内容，企业利润的增加即意味着国家利益的增大，但韩国的教科书里从来都没有这些内容，有的只是很容易让学生对企业产生反感的内容。"而主要以老百姓为调研对象的国策研究机构，也没有对保守阵营要求重整经济教育方针的事情等闲视之，而是在所有经济教育活动中大量加入了批评反企业情绪的内容。

凡是在资本主义市场经济环境中获得成功的企业家，皆能享受到老百姓难以想象的巨额回报。比如，现实中的市场与经济学教科书所讲述的内容完全相悖，它会把过多的金钱利益倾斜给胜者。否则，也不会出现"胜者独食"这句话。更有甚者，只要成功跻身企业家行列，即便经营失败也不会影响他们得到高额的薪酬。2008年，在全球性金融风暴的冲击下，大批声名显赫的美国金融机构纷纷倒闭。然而，公司破产丝毫没有影响到那些高管们拿走多达数十万美元的奖金。更加可气的是，这些无良高管们有些"贪心不足蛇吞象"。问题是竟然有不少经济学家或管理学家认为，除了让人咋舌的高额薪酬，社会上还会形成崇拜企业家的风气。按他们的观点，唯有如此才能让经济获得长足发展。

如今，令亚当·斯密恨之入骨的官商勾结和企业垄断的现象依然大行其道。举凡与人类生活紧密相连的汽车、家电等商品大都出自垄断企业，且企业间的暗箱操作层出不穷。《国富论》就曾指出，但凡有生意人参加聚会，都会筹划出一些阴谋诡计和暗箱操作。就连被奉为"资本主义体制守护神"的亚当·斯密也在《国富论》中多次做出反企业性发言。可如今的经济学家们却完全无视"祖师爷"亚当·斯密的批评，只是反复强调亚当·斯密言论中符合自己口味的观点。不仅如此，很多时候这些经济学家们的行为逻辑也完全背离"祖师爷"的教导。

事实上，企业天生不喜欢竞争，而亚当·斯密也十分清楚地了解这一点。竞争不仅让人备感疲惫，其失败的结果更是让人难以承受。任何企业，只要发现有可能不用竞争也可以获取利润，就会想方设法地将其变成可能。

培养实力吞并竞争对手或与对手暗箱操作，是企业不通过竞争获得巨额利润的有效方法之一。事实上，被亚当·斯密寄予厚望的"自由放任主义"如今已完全背离了他的初衷，并促成了巨大垄断企业的形成和暗箱操作现象的层出不穷。这一切都向人们展示了企业忌讳竞争的现象有多么严重。尽管如此，经济学家们仍然在大力鼓吹"企业在市场上的自由活动可以造成企业间的竞争氛围，最终增进国民利益"。

企业不通过竞争获得利润的另一个有效手段是："依托政治阶层，获得垄断特权或特惠。"人人都知道开办高尔夫球场能挣到大钱,但球场经营权可不是谁都可以申请到的。不然,民间也不会流传"没有青瓦台(韩国总统府,最高权力的象征)做后台,任谁也不能取得高尔夫球场经营权"的说法。由此可知,没有极为强大的政治背景,一般人很难插手这些高回报的事业。一本万利的赌场生意也是一样,如果不能获得政府颁发的特许经营权,任何人只有望着蛋糕流口水的份。任何国家的产业界,都会对国外廉价商品流入国内的现象持坚决反对的态度。美国的钢铁行业就曾对美国政府施加压力,企图提高韩国钢铁产品的进口税。最后,来自产业界的这些压力通常会通过政府的各种规制和许可制度得以体现。

曾获得诺贝尔经济学奖的美国芝加哥大学教授施蒂格勒(G.J. Stigler)是规制方面的翘楚。根据他的理论,政府颁发的各种规制只不过是由产业界提出要求并随意拿捏的政府特惠包。因此,可以说各种规制是为了利益组织的利益而存在的。

为了从政治圈获得特权或特惠,企业家要付出金钱的代价。政治家们所谓的秘密资金就源于此。简言之,为了买到"政府规制",产业界向政界提供各种"政治资金"。

说起规制,人们通常会联想到市民团体提出要求而各行各业强烈反对的议案。不过,根据施蒂格勒教授的介绍,由业界主导,旨在保护业界利益的规制也为数不少。这些规制的特点是不容易缓解和解除。要知道这些规制的背后可是由财力雄厚的业界动员的强大政治力量在提供支持。与此相反,有关老百姓健康和福利的规制很容易得到缓解或解除。尤其是经济不景气的时候,"缓解各种规制才能保护经济"的观点漫天飞扬。这种时候,所谓规制就是阻碍企业挣钱的绊脚石。

## 慢吞吞的"无形之手"vs急匆匆的"无形之脚"

亚当·斯密关于"企业忌讳竞争"的论点,一直得到延续并发展成了"寻租理论"。在经济学中,垄断性特权或特惠带来的利益被称作"寻租(租金）"。这里所指租金并非自然形成，而是业界与政界勾结后人为地打造出的特惠。一位经济学家把无法抗拒逃避竞争诱惑的企业，为了满足借助政治性特权或特惠极大化私利（人为租金）的目的四处奔波的现象喻为"无形之脚"。可以说寻租是"无形之脚"努力的结果。如果说"无形之手"为多数人带来利益，那么"无形之脚"在牺牲多数人利益的基础上，把利益倾斜给少数人。因此，"无形之手"具有积极意义，而"无形之脚"则起到消极作用。亚当·斯密在《国富论》中明确指出，资本主义市场上除了"无形之手"的作用，还有一股起反作用的力量。正是亚当·斯密对企业寻租行为的强烈戒心促使他猛烈批判重商主义。即便亚当·斯密提出了强烈警告，也没能阻止"无形之手"和"无形之脚"共存的严酷现实。

假设"无形之手"和"无形之脚"同时在资本主义市场上发挥作用，哪一种原理的作用更强一些呢？毫无疑问，和"无形之脚"相比，"无形之手"更受人们青睐，但"无形之手"却有个"不够迅速"的致命弱点。曾几何时，一场全球性的经济大萧条引发了企业倒闭潮。假使人们对这种企业倒闭现象置之不理，会发生什么样的状况？经济学家们认为，在"无形之手"的作用下亏损企业将被淘汰，市场上只剩优良企业，且工资和利率也会相继下跌。于是，随着企业收益率的上升，经济萧条的阴影逐渐消散，市场将逐步恢复往日景气。也就是说，一切依靠市场的自律时，资本主义经济的体质在"无形之手"的作用下将得到改善，并最终克服经济萧条，但是这样太浪费时间。等到"无形之手"发挥威力短则2~3年，长则6~7年。要知道20世纪30年代的经济大萧条可是持续了10年之久。根据学术界的研究结果，即便政府为了克服经济萧条增加了货币供应量，其效果最快也要在8~12个月以后才会显现。由此可知，走出经济萧条需要承受很长一段时间的阵痛，而在此过程中利益牺牲最多的注定是老百姓。经济萧条对那些富人们的影响可谓是微乎其微。

与慢吞吞的"无形之手"相比，"无形之脚"就显得行动迅速、意志坚韧。在现实中，寻租行为之所以能够成为一种惯例和难以消除的现象，是因为"无形之手"没有"无形之脚"勤快和迅捷。经济学家们通常会倾向于盲目相信"无形之手",而过度忽略"无形之脚"。被誉为"经济学圣经"的《国富论》就对经济学家们的这种行为提出了批评。经济学的主流理论或新自由主义的观点,只在"无形之手"凌驾于"无形之脚"时具有合理性。在"无形之脚"横行于世的现实中,提倡自由放任并固守市场原理的行为,无异于敞开大门邀请亚当·斯密最为警戒的"重商主义"。

关于"无形之脚",人们误以为它活跃在尚未被激活的发展中国家或落后国家的市场里,其实不然。

不可否认,寻租行为在落后国家蔓延的可能性要高于发达国家。以在政府的主导下实现经济高速发展的韩国为例,政府牢牢掌控各类经营许可权、金融信贷管理、征税等领域,而以大企业为主的经济发展政策自然派生出了各类经营许可制度。在高尔夫球场、赌场、金融、教育、医疗等机构的设立和经营方面,政府完全掌握了发放许可的权力。在寻租理论家们看来,这种做法可丰富寻租机会,而保密费、接待费、秘密资金、与政界高层的勾结、金额庞大的政治资金都属于间接证明寻租行为的证据。

不过,无论是落后国家还是发达国家,都无力纠正企业忌讳竞争的倾向。这就为"无形之脚"在发达国家活跃提供了条件。有意思的是寻租理论的源头竟然是市场经济高度发展的美国。一直以来,美国是世界公认的说客(利益组织)天堂,而这正好可以证明寻租行为在美国的活跃程度。寻租理论的创始人、曾多次访问韩国并对寻租现象提出警告的美国教授塔洛克(G. Tulluck)指出,说客们"不仅聪明,还充满野心……以他们的才华即便不当说客也可以在其他领域,通过有意义的项目挣到大量金钱"。塔洛克对众多人才把才能浪费到对国民经济毫无帮助可言的事情(寻租行为)上而备感遗憾。作者认为他的这一观点放之四海而皆准。

那么,在现实中我们又该如何对待"无形之手"和"无形之脚"并存的现象呢?我们似乎可以预测亚当·斯密的回答:"激活竞争并弱化政府影响力。"他认为,人们通过激活竞争的方式加强"无形之手"影响力的同时，还应通过限制政府行为的方式缩减"无形之脚"的活动范围，最终达到消灭官商勾结的目的。不过，激活竞争并不是一件容易的事情。所谓竞争，自有其多面性，或许亚当·斯密所说的竞争是"尊重对方并将其当作共同发展契机"的善意竞争。

其实，这种善意的竞争是道德教科书中早已提及的内容；但在现实生活中，人们最常见的却是"为了击垮对手动用一切手段的钩心斗角"，也是"胜者尽食"的恶意竞争。这种钩心斗角的竞争，总能分出胜者和败者。也许听起来可笑，但钩心斗角的竞争最终目的是结束竞争。企业忌讳竞争使得现实中充斥着"为了结束竞争而竞争"的现象。这也是现实生活中钩心斗角式竞争压倒善意竞争的真正理由。

有很多管理专家认为，人们会在不远的将来迎来"胜者尽食"无限竞争的时代。须知，胜者为王的无限竞争必然会催生垄断，而这正是亚当·斯密最为担心的现象。

亚当·斯密渴望的是充满善意的公平竞争。既然忌讳竞争的企业选择了钩心斗角的竞争，谁又来承担为市场上的善意竞争提供保障的重任呢？亚当·斯密的答案是政府。他的最小中央集权理论认为，政府的作用应局限为维持社会秩序，并在市场上打造善意的竞争环境。

# 2. 市场的原则

## 集众之长是王道

提起牛顿、爱因斯坦和马克思等历史上屈指可数的天才人物，人们会自然而然地认为他们像变戏法的魔术师一般，从无到有地创造出奇妙的思想和理论，但事实远非如此。虽然全世界都公认爱因斯坦是相对论的创建人，但早在爱因斯坦之前，学术界已经有相关雏论或类似理论广为流

## 第二章
### 新重商主义

传。一说起马克思,很多人就会想起他的劳动价值论,却很少有人知道亚当·斯密和李嘉图提出类似观点的时间要早于马克思。即便是亚当·斯密,也在代表性著作《国富论》里大量借鉴了当时已在学术圈里流行过的内容。因此,逐条分析《国富论》的内容,就不难发现,这本书其实也是"乏善可陈"。其实,亚当·斯密和李嘉图之所以伟大,是因为他们把当时在学术界中流传的众多片面理论巧妙地嫁接到了时代趋势和研究课题上,并通过综合和系统化的过程开创了全新学科的纪元,且出示了全新的解决方案。

虽然亚当·斯密对重商主义深恶痛绝,但这并不妨碍他从中吸取"精华"。亚当·斯密活跃的年代正是牛顿物理学给知识分子带来巨大冲击的时候。当时,深受牛顿物理学影响的重商主义者(尤其是后期的重商主义者)认为,正如自然现象受自然法则支配,人类的经济活动也受某种法则的支配,并坚信人类可以找到和利用该法则。在重商主义者的心目中,人类具有理性,擅长计较得失,且一切行为遵循满足个人利益的原则。到后来,这些重商主义者持有的科学观和人类观逐步变成了亚当·斯密经济学理论的基础。

工商业者们保持旺盛的活动是资本主义经济顺畅运行的前提。因此,重商主义者们自然会把利润当作资本主义经济的原动力,这种思想在李嘉图那里得到了传承。而亚当·斯密一直强调的"利润追求行为应以生产性和公正性为前提"的观点却与重商主义者有很大的区别。

亚当·斯密在撰写《国富论》的前几年,就已经辞去了教授一职。他之所以做出如此决定,并不是为了全身心地投入写作,而是为了给豪门望族当家庭教师。不难想象,家庭教师的薪水是远远超过教授的。后来,他与自己的豪门弟子一起长年旅居法国,展开了与上流社会的交往,并结识了一批给他的学术理论带来至深影响的学者,即重农主义者(Physiocrat)。在工业革命兴起,且工业和商业在经济活动中所占的比重越来越大的年代里,这些重农主义者竟然异想天开地搬出了"农业是国富源泉"的观点。他们认为从全体国民的立场来看,唯有农业的产出比投入更多,且能创造出新的价值。农业可以做到这一点，要完全归功于土地的生产率。在重农主义者的心目中，工业和商业只是"换汤不换药"的结果，根本不具备增加新价值的能力。

重农主义创始人弗朗斯瓦·魁奈（Francois Quesnay）曾任路易十五的宫廷御医，有着行走在政界和官场上的庞大人脉网络。虽然他在花甲之后才开始涉足经济学，但他的理论却得到了当时法国学术界的广泛支持。这也许是因为他拥有强大的政治影响力，也有可能是他的理论正好迎合了当时法国的统治阶层——地主阶层的胃口。

魁奈及其追随者自诩是真正的经济学家（economist）。后来，其中一位叫杜邦的学者，收集整理了魁奈的文章，并冠名《重农主义（Physiocracy）》予以出版。而这本书的书名竟成了人们给他们冠以"重农主义者"称呼的决定性奇迹。后来，魁奈的铁杆追随者杜邦因受法国革命的牵连流亡美国，而他的儿子在美国特拉华州建立的化学工厂，如今已发展成了闻名世界的工业王国——杜邦集团。

虽然亚当·斯密异常严厉地批评重商主义，但对重农主义却十分宽容，做出了"表现尚可"的评价。根据他的解释，虽然重农主义的缺点也不少，却是已发布的所有理论中最接近真理的经济理论。可是这并不意味着亚当·斯密对重农主义有好感。极度厌恶地主阶层的他，怎么可能喜欢代言地主阶层利益的重农主义？其实，在阅读《国富论》的过程中，隐约可以察觉到亚当·斯密受到了不少重农主义的影响。如今，在普通的经济学教科书里很少会讲到土地问题，但在所谓的古典经济学派眼中，土地问题却是其构成核心。总之，亚当·斯密是把围绕土地发生的利害关系作为经济学中心议题的首位学者。

支撑古典经济学的另一条理论依据是：在供给创造需求的前提下，不可能出现供给过剩的现象，即"萨伊定律（Say's Law）"。这其实是重农主义者们早已宣传过的理论。

说到重农主义者，其名称中含有"主张受大自然统治"之意。由此可见，重农主义者们拒绝人为气息，崇尚大自然并注重大自然的秩序。他们期望一切都按照大自然的法则水到渠成，而这种信念又通过自由放任主义实现了具体化。重农主义者认为，赋予工商业者以垄断权力或国内产业保护政策等各种人为指定的规制，皆违反大自然定律。基于这种观点，重农主义者自然会排斥重商主义，其自然定律或自由放任的思想在亚当·斯密的经济理论中得到了如实的反映。

当大物理学家牛顿把自然界比喻成巨大的钟表，用数学的方式阐述大自然定律的时候，魁奈医生却把经济比作人体。就如构成人体的多个器官通过血管和神经有机相连一样，经济也是通过农业、工业和商业等多个领域构成并通过资金和物资的流动互联。后来，魁奈对自己的观点进行了图释，也就是有名的《经济表》。重农主义者们把《经济表》的诞生，视作与文字和货币发明并驾齐驱的人类三大业绩之一。

不过，当时《经济表》发明以后，很快就被人们遗忘了。直到200年后的今天，才重新受到人们的瞩目。这要完全归功于哈佛大学教授里昂惕夫在《经济表》的基础上发展而来的《投入产出表》，而他本人也因此获得1973年的诺贝尔经济学奖。里昂惕夫教授是苏联流亡到美国的学者。当苏联政府获悉里昂惕夫获得诺贝尔经济学奖的消息以后，就发表声明：里昂惕夫发明的《投入产出表》早已在苏联国内得以推广，故而这项发明属于学术剽窃行为。抛开真正发明人是谁的问题，《投入产出表》如今已成为各国预测经济波及效果或雇佣效果等的重要手段，这是不容置疑的事实。

韩国政府也毫无例外地定期编制和发布有关韩国经济的投入产出表。过去，为了编制投入产出表，韩国银行可是投入了不少人力。2008年和2009年，韩国国内因韩半岛大运河项目和四大江综合治理项目发生巨大的意见冲突时，政府是企图用投入产出表上的数字，说服人们相信两大项目带来的巨大雇佣效果。不过，对政府的主张持反对态度的专家们同样利用投入产出表上的数字回应政府："雇佣效果比两大政府主导的项目更高的事业比比皆是。"

孰对孰错不太重要，重要的是亚当·斯密尽管没有直接应用《经济表》，却对重农主义者把经济看作一个循环体系的观点给予了很高的评价。不仅如此，他还全盘接受了重农主义者的这些观点，并以此作为支撑自己理论体系的骨架。

在展开新的理论时，最为重要的是问题意识和框架。亚当·斯密把市场上的自由竞争以及"无形之手"当作基本框架，并围绕此框架对零散存在的经济理论进行了综合化和体系化的处理。这不仅抬高了《国富论》的地位，也让亚当·斯密成了名副其实的经济学创始人。

## 市场对亚当·斯密的启示

亚当·斯密生活的年代，正是市场以全新面貌蓬勃发展的时代。当时随着资本主义市场在西欧社会的形成和发展，市场也迎来了量变和质变。其实，早在古代社会或中世社会，就已经有了市场的存在，只不过在当时人类尚处于自给自足阶段，故而市场流通的商品大多为各家庭中多出来的物品，人们根本不关心物品能否顺利成交。可以说，当时的市场地位比较尴尬，有则皆大欢喜，无则略感不便，并无更深的含义。

可是到了亚当·斯密生活的年代，纯粹为了赚钱而生产的商品逐步占据了国内市场主流商品的地位。亦即是说，为了赚取利润而专门生产的商品，已然成了市场上的主要交易项目。而且人类劳动也开始在市场上流通。自此，具有畅销潜质的商品，即滞销就会影响生计的商品，席卷了整个市场。对于每一个人而言，市场已成为不可或缺的存在。卖不出商品的生产者注定要破产，而卖不出劳动力的劳动者无法逃脱无米下锅的命运。

凡事都有好的一面和坏的一面。面对全新展开的市场，如果说亚当·斯密着重突出其好的一面，则100年后登场的马克思却强调了市场坏的一面。

说起市场，浮现脑海的第一印象就是嘈杂喧闹。事实上人气最旺的市场，如韩国的崇礼门和东大门，就是人潮熙攘、喧嚣嘈杂之地。韩国崇礼门市场是韩国最好最大的综合传统市场,而东大门市场是韩国最大规模的批发与零售市场。然而,非凡的亚当·斯密便从乱哄哄的闹市中看到了非一般人能看到的"秩序"与"和谐"。

虽说市场上有无数商品在交易,但是分析一定时段内已完成的交易结果就不难发现,每宗商品的需求量和供货量大致能相抵消。比如,嗜好咸辣口味方便面的人可以按自己的需求,任意购买符合自己口味的方便面,而喜欢黄底红纹时装的人可以轻松买到中意的服装。在收入允许范围内,所有人都可以从市场上按自己的愿望购买到想要的物品。假设没有市场,那些种类繁多的商品,又该通过何种渠道流通到需求者的手中,满足他们的需求呢?不可否认,即便是精准如超级计算机也不能完全替代市场所起的巨大作用。因此,市场给亚当·斯密的第一个重要启示,就是各类商品的供与需大致能保持平衡的"秩序"。

亚当·斯密的洞察力远不止于此。不论是逛市场购物的人,还是去市场卖货的人,争取的永远是自己的利益,没有人会为国家或民族的利益到市场购物或卖货。同样,没有人会为了安慰生意不景气的商人而在计划外购物,也没有哪家房地产商害怕老百姓挨冻而为其盖房。尽管在市场上,交易双方都只考虑自身利益,但交易成交点却出现在双方都获利的基础之上。任何交易,只要有一方心存不满,就毫无成交的可能性;但只要达成交易,我们就不可否认当事双方均能从中获利这一事实了。

既然成交即意味着每一个参与者都能获利,那么就不难想象市场上要是有100万人达成交易,就能有100万人从中获利,而交易人数要是达到1000万,则会有1000万人获利。虽说人们在交易中只考虑自身利益,但其结果却是给所有人带来利益。因此从结果上看,个人的利己心可以通过市场催生社会整体利益,并合理调节利益冲突。总之,市场就是将对私利的追求提升到公益,并对利益冲突进行调节的神奇机制。

这种私利和公益的"和谐"就是市场给亚当·斯密的另一个重要启示。亚当·斯密本人的目光异常犀利,他发现资本主义以前的传统社会一直都在压制人们的利己心去追求个人利益的行为,却因此丧失了最大限度地利用个人的利己心,去谋取社会整体利益的机会。

根据以上内容可以得知,市场的秩序和和谐的背后,总能演绎出该类氛围的法则或原理,即市场法则或市场机制,而这也是亚当·斯密所说的"无形之手"原理。细观自20世纪80年代开始席卷全球的新自由主义,其最大的特征就是在无限信赖亚当·斯密"无形之手"原理的基础上,强力传播市场机制。

作为亚当·斯密的传人,当代经济学家们一如既往地强调市场机制,只是他们的表达方式较之以前多了些变化。这些变化主要由三大主线构成,第一条是"通过交易增进相互利益的机制"。须知,"人们通过自由交易,迎来人人受益的结果"是市场的最大特征。从这一点上来说,市场就是通过自由交易谋求相互利益的地点或方式。

亚当·斯密认为,通过交易增进相互利益的机制同样适用于国际贸易。根据重商主义观点,国与国之间的关系就是零和博弈的关系,最后结局必定是一方吃掉另一方。据此,重商主义者自然而然地把国际贸易视作牺牲别国利益、追求本国繁荣的手段。而亚当·斯密却对此类思想进行了猛烈抨击。他强力主张"参与自由贸易的所有当事国都能从中获得利益",并强调了"自由放任"的重要性。因为亚当·斯密认为,若想通过交易增进相互利益,则应先保障所有交易当事人的自由。

追捧"通过交易增进相互利益机制"的当代新自由主义者强烈主张,不仅是经济问题,其他如政治、社会性问题也要学学市场交易让当事人通过自由协商解决问题。比如,向河水里排污的皮革加工厂和因企业排污致大量鱼群死亡而遭受重大损失的渔民之间发生分歧时,政府应为工厂和渔民创造通过协商谋求相互利益的条件,而不是一味地限制工厂排污。

市场机制的第二大主线是竞争机制。这条原理认为,没有竞争就没有好的商品,服务质量也得不到提升,人们也不会努力工作,多数购买者和销售者之间也不会达成合理的价格。而如果让少数企业垄断特定商品的供应，市场上必然会出现垄断价格。垄断价格是牺牲多数消费者的利益，把利益倾斜给少数人的扭曲价格。所谓的不劳所得、特惠、不当利益，大多是在无法形成正常交易的时候出现的弊端。

在学术方面，亚当·斯密的传人最大的建树就是，用数学方式证明和定义竞争机制。即他们创立了数学性理论。此理论阐述了竞争机制对有效利用资源所作的贡献程度。众所周知，人类可用的石油、水和土地等资源的总量是有限的。只有最大限度地合理利用这些有限资源，才能保证人类的可持续发展。这就需要选拔一些最有能力的人去利用和管理资源。那么，如何才能找到这些能力超群的人呢？可以立判一个人能力高下的竞争，无疑是最有效的方法之一。由此可以说，市场是帮助从竞争脱颖而出的人才合理利用有限资源的机制。

新自由主义倾向浓厚的经济学家要求，不仅要在市场内展开竞争，还要在市场以外的领域大举引入竞争制度。比如在公务员社会中引入竞争体制，就能打破"铁饭碗"，淘汰无能公务员。又如在学校，把竞争从大学教授扩大至小学、初高中老师，才能营造出高质量的教学环境。

市场机制的第三大主线是经济性激励机制。明确的奖惩体系是每一个社会良好发展的前提，即奖赏对社会有益的行为，惩罚对社会不利的行为。

归根结底，市场也是奖惩体系的一种。很好地满足顾客需求的商品，可让其生产企业赚得钵满盆满，反之会让企业破产倒闭。因此，挣钱即意味着社会通过市场给予的奖赏，而破产就是来自社会的惩罚。正因为这种奖与罚，企业才会有努力生产物美价廉商品的强烈动机，劳动者也会为了挣得更多的钱辛勤工作。毋庸置疑，在市场的奖惩机制中，工作偷懒的劳动者受到的最大惩罚将是失业。由此可知，来自市场的奖与罚必然会与金钱挂钩，这也是市场奖罚机制的特征。而这种金钱性奖罚，就会成为调节所有经济活动的经济性激励。

一般来讲，经济学家们多倾向于把金钱视为最佳激励手段。按他们观点，若想让公务员勤勉工作，只需给业绩最佳的人提薪、加福利即可，而想让学校里的老师钻研教学、提高教学质量，则给教学成果好的老师加薪就能解决问题。非但如此，经济学家们还主张最大限度地应用经济性激励机制，解决日益严重的环境问题。按照他们的建议，根据对环境的污染程度，对污染企业进行罚款；而根据对治理环境的贡献程度，奖励环保企业，这就能让所有环保难题迎刃而解。

## 市场机制的缺陷

在自诩为亚当·斯密传人的当代经济学家中，持有新自由主义倾向的人对市场机制几乎已到了盲信的程度。问题是，种种迹象表明亚当·斯密本人似乎没有给予市场机制过多的信任。首先，他明确提出个人追求私利的行为只在限定范围内对增进社会整体利益有所贡献。而且他还承认少数人毫无节制地追求私利的行为，会给多数人带来巨大的损失。为此，他极力强调制定各种环境规制和金融规制的必要性。若想让追求私利的行为对增进公益有所贡献，必须要满足各种条件，而亚当·斯密指出的最重要因素就是树立法律和社会正义。此外，为了困住把暗箱操作和钻法律空子当成家常便饭的企业的"无形之脚"，还需配备监督和制裁企业的机制。

问题是，随着收入水平的提高和社会的复杂化，市场上的自由交易给第三者造成莫名损失的案例日益增多，如环境破坏现象日趋严重。众所周知，皮革制品在生产过程中注定要严重污染环境。虽说在市场上自由交易皮革类产品能为供货商和消费者双方谋到利益，但在制造过程中却是严重污染了江河湖水，给无辜百姓的健康造成了伤害。

因五花肉售罄而喜不自禁的经销商，或刚刚吃罢烤肉咂嘴回味的消费者，很难把生产过程中产生的畜产废水与汉江水的主污染源联系到一起。

横亘在秀丽的北汉山山麓上的住房小区，固然能让房地产商和入住者通过自由交易谋得相互利益，却不可避免地要侵害更多百姓的环境权和观光权。

行贿受贿无疑是自由度极高且能增进双方利益的交易行为。可被问及收受贿赂的行为究竟能不能增进社会整体利益时,除了部分保守派经济学者以外,大多数人会断然否定。在卖春市场,不管是卖春人还是买春人,都会从自由交易中得到愉悦,可关于卖春能不能增进社会整体利益的问题,一直都是众说纷纭。还有,毒品交易也可以为所有交易当事人带来利益,但面对这一行为能不能给社会整体带来利益的问题,几乎所有人都摇头否定。

诸如此类的例子举不胜举,而其目的只有一个,那就是"增进相互利益机制"失效的案例越来越多。2008年的美国经济危机就很有代表性。虽然专家们对美国经济危机的看法各不相同,但是对以下的观点却保持了惊人的一致:房地产投机者和欲借房地产投资热潮分一杯羹的金融业者之间贪婪而自由奔放的交易引发了美国金融风暴。按专家们的分析,是美国人毫无节制的贪欲引发了经济危机,并连带给韩国经济带来了巨大冲击,加剧了韩国青年就业难的问题。

此外,竞争机制和经济性激励机制也自有其缺陷。比如,竞争固然能提高生产力,却也要看竞争的属性。因为,竞争要分生产性竞争和损耗性竞争,而损耗性竞争只能导致资源的浪费。根据前面所了解过的寻租理论,随着社会物质财富越来越丰富,损耗性竞争也呈上升趋势。竞争是引发精神压力的罪魁祸首,而精神压力会在神不知鬼不觉中夺走了我们的健康和幸福。

至于经济性激励机制,来自马克思主义者和伦理学家的质疑最多。市场是人类发明的制度,但经济学家们只研究如何活跃市场以及利用市场的问题,从不考虑市场对人类的重大影响以及人类对经济的影响。换句话讲,就是经济学家们从不敢考虑其中的双向关系,或反馈效应(feedback effect)。而且,就算他们偶尔想起,也不会给予应有的重视。可是马克思主义者或伦理学家们却认为市场对人类影响至大,因此要把市场和人类的关系视为双向关系。

# 3. 经济增长理论

## 国富秘诀——劳动分工

根据亚当·斯密提出的国富概念，GNP(国民生产总值)或GDP（国内生产总值）已经成了衡量国家经济状况的最常用指标，即衡量一个国家在经济上的富裕程度，要看该国家在一年之内生产的所有产品的市场价值。亚当·斯密如上重新定义国富概念之后，提出了增加国富的秘诀。就如《国富论》的书名所示，它是一本介绍国家经济增长秘诀的经典著作。亚当·斯密认为，创造国富的终极来源是劳动。不过，单靠多劳动并不能让国家变得更加富裕。想让国家真正富裕，首先劳动生产率要高，其次要有很多从事生产性岗位的劳动者。劳动生产率越高，以及生产性岗位的劳动者比率越高，国富（国民生产总值）增加也就越多。

增加国富的两大决定性因素中，亚当·斯密优先给予关注的是劳动生产率。关于这一点，《国富论》讲述了有关劳动分工的精彩片段。正因为劳动分工是提高劳动生产率的秘诀所在，亚当·斯密以制造图钉的工厂为例子，做了详尽阐述：一颗图钉虽然简单，但制造过程却分成了18道工序之多，如有递送铁丝的工人、拉直铁丝的工人、把铁丝的一端加工成尖端的工人、粘贴图钉帽的工人、给图钉涂色的工人、包装的工人等。每一道工序里的工人只需专注于自己负责的工序，就可以成为一名业务熟练的工人，并最终成为所在工序上的操作达人。结果，实施劳动分工的图钉工厂，平均每人每天制造了4800颗图钉。须知，在劳动分工之前一个人负责所有的18道工序，就连48颗图钉都做不出来，而劳动分工之后产量一下子提升了至少100倍。

亚当·斯密通过这些生活中常见的简单案例，归纳出了国家经济增长的原理，乃至关乎世界经济秩序的原理。他认为，图钉工厂启用的劳动分工原理，完全可以在整个国家内推行。国家要富裕，不仅要按工业类型进行劳动分工,还要按地区完成分工。韩国全罗道地区最大限度地扶持本地特有的区域优势,庆尚道地区专门扶持自己的地域特色,如此,这两个地区的生产总值就能大幅提升。同样原理不仅适用于本国,也适用于世界。英国可根据自己的特色,加强毛纺织业,就可以生产出更多的毛织品;而法国根据自己的优势强化葡萄酒制造业,就可以生产出更多的葡萄酒。

问题是劳动分工以交易为前提。没有交易,劳动分工就变得毫无意义。如果不能销售并换取自己所需的物品,就没有必要为了生产更多的图钉而进行劳动分工。同样,就算英国生产出再多的毛织品,如不能卖给其他国家,又何来英国的富裕?想当初英国人费尽心思想把毛织品卖给中国(清朝),可中国人却不买账。于是乎,在进口贸易赤字的巨大压力下,英国人只好把鸦片卖到中国,以解决燃眉之急,却因此引发了鸦片战争。

劳动分工和专业化程度越高,交易的重要性也越大。不然,亚当·斯密也不会极力强调国内自由贸易、国与国之间自由贸易的重要性了。交易规模变大就是市场规模的扩张,因此,市场规模的扩张必然会引起更高程度的劳动分工和专业化。比如在市场规模极大的首尔市,国际律师等专门为特定领域服务的律师可以接到很多业务,可要到了河东和求礼(韩国小城镇)等小地方,就很难有立足之地了。于是,亚当·斯密告诉人们,市场规模就是确定劳动分工程度极其重要的因素。

## 人生漫长,职场苦短

不过,亚当·斯密并没有忽略劳动分工和专业化的弊端。劳动分工固然可以提高劳动生产率,但其中的副作用也很明显,它能让人变得呆板和单纯。

劳动分工意味着枯燥和单纯重复。因此毕生在简单枯燥的岗位上工作的人,会因不必动脑而最终变成"愚蠢"的人。于是,亚当·斯密认定劳动分工的扩散必然量产大批"愚民"。他建议,大力加强公费教育,防患于未然。

亚当·斯密本人并没有对劳动分工和专业化的弊端进行更深入的分

析，但是后世的众多学者却开始发觉其危害性严重得出乎意料。在日常生活中，我们经常能够看到那些毕生只掌握一项既简单又充满机械性技能的工人，转到别的领域后直接变成了无能力者。这一类人，一旦失业或退休就会变成庸才。

如今世道变化太快，高收益性专业领域的更迭让人应接不暇。很早以前，手工制作竹梳子的匠人收入非常可观，可如今没有人再用那种梳子了；而曾经门庭若市的妇产科医院，如今已变得门可罗雀。倒是新近崛起的各家整容医院则日进斗金，让人艳羡不已。

医生的概念也在发生变化。传统意义上的医生，指的是专门为人治病的人；而如今帮人把眼、鼻、耳、嘴"修饰"得更加漂亮，或帮人调节心情的人也属于医生。听说在以前，懂日语的人容易获得高收入，而如今中文好的人更加吃香。正因为高收入的专门领域不断发生着变化，所以那些过去的专业人士很有可能在一夜间从专才变成庸才。

在当今社会，庸才是受人鄙视的群体。随着社会发展愈来愈快，早期退休者的队伍也越来越壮大。在这个专家当道的时代，在同一个岗位从一而终已不太现实；雪上加霜的是，人类平均寿命在持续增长。这就意味着，退休后无所事事的日子要比职场生涯长许多。结果，为数众多的人会在很长一段时间内贴上庸才的标签混日子。而且，劳动分工和专业化程度越高，徘徊人生的人群也就越多。

无所事事混日子，女性的承受力可能要比男性好很多。因为，老奶奶们起码还有家务事可做，而老爷爷们既没有能力，也无心做家务。君不见，那些免费向老人开放的景点或公园里，茫然望向匆匆行人的清一色都是男性老年人？或许，那些无所事事的老人也曾经在自己所在的专业领域里叱咤风云过。

高度劳动分工和专业化固然可以提高劳动生产率，并从整体上把国民引向富裕之路，但是让众多国民变得死板和沦为庸才的缺点，却是让我们备感头痛，再难说出赞美之词。

## 经济增长的原动力

虽然亚当·斯密认为劳动是国富的源泉,而劳动分工才是国富的秘诀,但劳动分工离不开金钱。劳动分工越细,作业的种类也越多,因此各项作业中使用的专业工具和设备的种类也随之增加。比如,细化图钉制造工序以后,为每一道工序专门配备的工具和设备分配到每位工人手中,就能大幅提高劳动生产率。

因此,若想扩大劳动分工的优势,不仅要准备能容纳大批工人同时工作的厂房,还要提前准备好工具和设备。这就需要在劳动分工之前,准备好大批资金,以满足从生产到销售的所有环节所需的费用。简言之,做好劳动分工以及增加生产岗位,都需要有资本支持。从总体经济的角度上讲,资本就是决定劳动分工的程度以及从事生产性岗位的工人比率的最现实的原因。

如想通过劳动分工和更多的生产性岗位来保持经济增长的势头,就需要有庞大的资本积累,从而保障大量资金的投入。那么,又该如何完成资本积累呢?在亚当·斯密提示的答案中,不仅贯穿了对既得利益阶层的声讨,还充斥着激进主义或极左派的气息。

资本积累,需要有大量的储蓄作支持。亚当·斯密生活的时代是资本主义开始勃兴、资本家开始成为新兴势力的时代。根据亚当·斯密的观点,只有那些新兴资本家才是热心储蓄的人群,而劳动阶层每天都忙于生计,根本没有余力去储蓄。当时的统治阶层,即富甲一方的贵族和地主,在亚当·斯密的眼里,他们早已过惯纸迷金醉的日子人,根本与储蓄扯不上任何关系。"与其他人相比,地主阶级尤其喜欢不劳而获。"《国富论》里的这句话,很好地概括了亚当·斯密对既得利益阶层的认识。

在当时,贵族或地主等既得利益阶层的财富主要来自土地。对于这一阶层的人,"不劳而获"既意味着他们"只懂消费,不懂投资",也意味着他们的收入属于不劳所得。可以说,把租金视作典型的不劳而获,这一传统源自经济学鼻祖亚当·斯密。

不管怎样，在亚当·斯密的眼中只有资本家才会努力工作挣钱，并对勤俭持家省下的钱财进行储蓄和再投资。估计，资本主义开始勃兴时的资本家都是这个形象。对于资本家来讲，挣到的钱就是利润。因此，利润会积累成资本，而资本的再投资必然能创造出更多的雇佣机会和商品。这也是亚当·斯密认为资本家是通过投资收获的唯一群体的理由。资本家们积累的资本既可以帮助提高劳动分工程度，又可以增加生产性岗位，并保障经济增长，而利润就是催生这些现象的源泉。

归根结底，亚当·斯密经济增长理论的核心是："资本积累是经济增长的原动力，也是国富的源泉，而资本家是主导经济增长的主角。"因此，一个国家要想富强，就要为资本家们创造自由从事经济活动的条件。不然，也不会出现自由放任理论。当自由放任理论成为经济学的传统以后，如今的经济学家们一得空就强调自由放任。

其实，亚当·斯密在提出"自由放任"主张时，第一时间内加上了"一切要在法律框架内"的前提条件，但社会发展到现在，反而这条先决条件日趋成了一大问题。为了营造出利于企业发展的环境，资本家们不断向政府施加压力，企图变更"法律框架"。正是因为政府屈服于这些资本家的压力，大幅缓解对经济活动的限制，才引发了2008年全球性金融风暴。

# 4. 价格理论

## 自然价格是价格变动的基准线

在现代经济学中，定义商品价格的决定方式及其作用的理论（所谓的价格理论）牢牢地占据了主流地位；甚至，还有些学者认为经济学即为价格理论。不过，亚当·斯密却更加关注经济增长的问题。也许正是因为如此，他和他的嫡传门徒，即古典学派经济学家在价格方面的理论基础很不扎实。在古典经济学理论中，让大多数当代经济学家感到最不满意的，就是亚当·斯密和李嘉图的"劳动价值论"。其实,其中有很大部分属于误解。

在市场上,商品的价格随时在变动。但是古典学派经济学家们认为,商品价格的变动并非杂乱无序。价格的变动,自然有一条基准线存在,而价格正是在这条基准线上上下波动,而亚当·斯密主要关注的对象就是这条基准线的本质及其形成因素。

亚当·斯密把基于这条基准线形成的价格称作"自然价格",而把市场上实际形成的价格称为"市场价格",以便进行区分。市场价格由市场商品的供求状况决定,因此价格受各种因素的影响,随时都会发生变动。这些因素,既有可能是人们的情绪,又有可能是原料供应地的政治现状。不过从长远来看,市场价格围绕着自然价格起伏并受制于自然价格。按如今的说法,自然价格就是长期均衡价格。

那么,自然价格是如何被决定的呢?起初,亚当·斯密认为商品生产过程中投入的劳动量决定自然价格。难以得到的或需要投入大量劳动的商品在价格上自然要昂贵一些,而容易得到的且无须投入大量劳动的商品在价格上要相对便宜一些。这就是亚当·斯密主张的自然法则。他坚信只有劳动的价值恒久不变,唯有劳动是评价和比较商品价格的终极标准。因此,亚当·斯密强硬主张了"劳动价值论"。

假设捕获一头鹿平均需要2小时的劳动,而捕获一只水獭平均需要1小时的劳动,则鹿的价格应为水獭的2倍。也就是说,在市场上,想交换一头鹿必须要两只水獭。要是鹿的市场价格为水獭市场价格的3倍,就会发生人们只抓鹿而不捕水獭的现象。原因很简单,劳动2个小时抓获一头鹿,就能换得3只水獭,即人们只需工作2个小时就能得到相当于3个小时的报酬。于是,所有人都开始捕鹿以后,市场上就会出现鹿的供应过剩的问题,交易价格也会迅速回落。相反,假设鹿的价格与水獭相同,则所有人都会热衷于捕猎水獭。这个时候,市场上必然会出现水獭供应过剩、价格下跌的现象。

结果,当市场价格脱离自然价格时,虽然会在市场上引发供应过剩或供应过少的现象，但经过一段调整期后，两种价格在长期范围内变得相同。不过，亚当·斯密也承认"劳动价值论"只能在资本主义以前的社会，即土地和资本被无偿利用的时代里站得住脚。这是因为他发现，在资本主义社会中，使用土地就要支付租金，借用金钱就要支付利息，而自己的"劳动价值论"有点水土不服。

因此，亚当·斯密提出了"生产成本价值论"作为"劳动价值论"的替代论，其核心是"自然价格取决于生产成本"。在生产成本中，占最大比重的一般是工资成本。当某种商品的市场价格明显超过生产成本时，必然会产生巨大利润，从而导致该商品的供应增加，市场价格下跌。反之，市场价格远低于生产成本时，商品供应会减少，导致商品价格上升。归根结底，市场价格不大可能远离由生产成本决定的自然价格，且在长期范围内会趋同于自然价格。

## 胜者尽食的世界

有趣的是，包括亚当·斯密在内的所有古典学派经济学家都认为决定农业和制造业生产成本的因素不尽相同。即在农业生产中，生产规模的扩大会导致单位生产成本上升，而在制造业中，单位生产成本与生产量无关，一直都保持稳定。如果用现在的术语描述，则像图2-1中的左侧部分，制造业的供应曲线为一条笔直的水平线，而农业的供应曲线像右侧部分，呈右上倾斜。供应曲线为水平线，意味着企业即便不提价，也可以无限量生产和供应商品。

亚当·斯密认为，每个产业的供应曲线具体要呈现何种形状，取决于它的劳动分工程度。因农业的特性，实施劳动分工有难度，生产率也得不到显著提高；所以与制造业产品相比，农业产品的价格相对会上升，并且随着生产的扩大，地主的收入（租金）也会越来越变多。由于亚当·斯密的这一观点在古典经济学中占据的比重很大，李嘉图对其进行了更精致、更具说服力的阐述。

和农业相反,制造业很容易开展劳动分工,生产率也极易得到提高。而且,劳动分工可间接地促进技术进步。所以在劳动分工和技术进步的双重影响下,产量的增加不仅能将价格控制在一定范围内,甚至有可能促使单位生产成本逐步下降。如图2-1中的中间部分显示,单位生产成本越来越低,意味着供应曲线越往右下倾斜。

继亚当·斯密之后的经济学家们通过更加精致的逻辑,提出了新的观点:农业的供应曲线往右上倾斜时,制造业的供应曲线则越呈水平状。

不过,在当今的经济学教材中,有代表性的供应曲线却没有考虑产业分类,如图2-1中的右侧部分,都是右上倾斜的曲线。在这些教科书中,水平型供应曲线或右下倾斜型供应曲线都被视作特例。如此,供应曲线右上倾斜,就意味着生产量会根据价格发生变化。比如,假设价格为$P_1$,则企业生产量应达到$Q_1$。同样,价格上涨到$P_2$时,生产量必须达到$Q_2$。这时候价格上涨就会激励企业生产更多的商品。须知,没有价格上涨,就不会有企业的扩大生产。

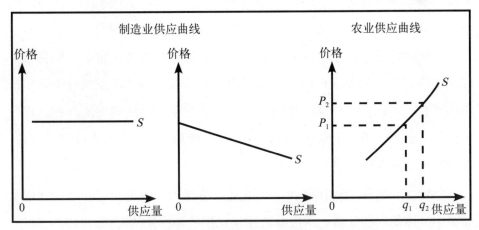

图2-1　古典学派经济学家心目中的供应曲线

供应曲线右上倾斜,就意味着生产越多,单位生产成本越高。所以,扩大生产只会损害企业的利益。企业如果想避免损失,就要精打细算,产量合理。打开现代经济学教科书,有关企业或供应的理论大多源于《企业急需解决的问题》。由此可见，企业如要追求利润最大化，就得首先解决最佳生产量（或供应量）这一重要课题。经济学教科书因各种数学方程式、复杂异常的图表和长篇累牍的说明变得更厚沉，几乎让学生们放弃了随身携带教科书的想法。

如果像亚当·斯密等古典学派经济学家们假设的那样，供应曲线是一条水平线，最佳生产量的说法就会失去存在的意义。如果可以按一定的价格无限量生产商品，只需在可销售范围内最大限度地生产商品即可。所以，最佳生产量只有在供应曲线向右上倾斜的时候，才得以成立。这就意味着，如今经济学教科书中记录的众多数学方程式、繁杂图表和长篇累牍的解释就失去了存在的意义。

那么，结合我们的现实来分析，究竟是古典经济学主张的水平供应曲线正确，还是现代经济学主张的右上倾斜曲线正确呢？经济学家或经营学家们表示从没有听说过右上倾斜曲线。当被问及最佳生产量的问题时，所有的企业都众口一致，只要有销路就可以不提价并无限量供应商品。而从来没有一家企业以单位生产成本昂贵为借口，为供应量设上限。在生产第一线，永远只有"产量越高越好"，从不存在"最佳生产量"。

对于活跃于生产第一线的企业，优先要解决的重要课题是开拓和确保商品销路，尽可能地多售商品，而不像经济学教科书里所说的急于确定最佳生产量。所以，假设现实经济受古典经济学供应曲线的支配，那么现代经济学家们主张的右上倾斜供应曲线，除了增加经济学教科书的厚度以外，再无其他贡献与作用。

供应曲线的形状还在其次，关键是要看哪一个理论能更好地阐述现实经济中暴露的问题。假如供应曲线像现代经济学主张的那样，向右上倾斜，就会出现产量越多，单位生产成本也越高的现象。那么，很难有一两家企业能通过无限量供应产品而席卷市场。供应曲线向右上倾斜时，市场上最有可能出现大批规模不一的企业展开竞争。事实上，这也是现代经济学最理想的市场模式。不仅如此，现代经济学家们更是误以为现实中的市场已进入那种理想化的模式,并为此罗列出各种政策性建议。

假如企业的供应曲线像古典经济学主张的那样接近水平线,具有高竞争力的少数企业就会向市场无限量地投放价格低廉的商品,以此挤走其他企业抢占市场。因此在这种情况下,很可能出现少数企业完全垄断市场的现象。

那么,现实又是如何呢?据经营专家们的介绍,市场上胜者尽食的现象越来越严重。少数竞争力强劲的企业正疯狂挤兑中小企业,抢占垄断市场份额。比如,韩国的汽车市场已被现代、大宇等几家公司垄断,而三星和LG更是从很早以前就完全抢占了电视机市场。麦当劳、汉堡王等几家著名快餐公司,早已不满足对美国市场的垄断,把触角伸到了韩国甚至是中国;而不知从哪一天开始,一家叫作星巴克的美国咖啡连锁店,也占领了韩国首尔的各个街头。

利用古典经济学的价格理论,可以很好地解释这种现象。问题在于,胜者尽食正是亚当·斯密感到最忧虑的现象。奇怪的是,亚当·斯密把当时极其严重的垄断现象归罪于企业家之间的暗箱操作或官商勾结,并把精力放在了批评企业家的不道德行为和官商勾结现象上。

现代经济学的右上倾斜曲线,虽然可以很好地阐释大批企业展开竞争的市场(所谓完全竞争市场),可这个市场却与现实有很大的差距。事实上,市场中充斥的胜者尽食现象,也没能让经济学家的论点得到统一。以韩国为例,拥护财团制度的经济学家占绝对主流,而他们觉得"胜者尽食"的现象再自然不过了。根据他们的观点,胜者尽食是高效率企业挤走低效率企业的具体表现,而那些表现积极却没有尝到"胜者尽食"甜果的少数大企业,为了追求自身利益的最大化,表现出了任意操控市场供应量和市场价格的野蛮一面。看来对"胜者尽食"的现象表现得极具耐心的经济学家们,看重的是其提高竞争力的一面,而非大企业的野蛮行径。

尽管如此,还是有一些对强势企业存有警惕之心的经济学家对"胜者尽食"的现象持批评态度,而对垄断现象越来越严重的国内市场忧心忡忡。

他们认为,"胜者尽食"的现象并不只表现为企业的蛮横行为,还能进一步加剧社会的贫富差距和两极化,且在长期范围内给社会和经济带来巨大的损失。亚当·斯密和古典学派的经济学家们认为,这种不公正或两极化结果,最终会困住资本主义发展的脚步。

第三章
**亚当·斯密的双重性**

# 1. 经济学家兼心理学家

## 《旧约圣经》和《新约圣经》

虽然经济学家们宣称自己在《国富论》中只读"无形之手理论",但事实上,大多数当代经济学家,只是忙着用数学方式打造精致理论,没时间阅读如《国富论》等老古董的书籍。不过具有讽刺意味的是,那些从来不看《国富论》的人,总是很热衷于引用亚当·斯密的论点。在人类历史上的伟大书籍中,所谓学者们不会阅读却肆无忌惮引用的著作有3本,分别是《圣经》、卡尔·马克思的《资本论》以及亚当·斯密的《国富论》。

身为经济学家,有必要了解的一点是:即便详读《国富论》,也只能了解亚当·斯密经济学的皮毛。除了《国富论》以外,亚当·斯密还有一本著作,其重要性丝毫不亚于《国富论》,那就是《道德情操论(The Theory of Moral Sentiment)》。早在《国富论》出版之前,亚当·斯密就因这本书成为知名人士。如果能找到《道德情操论》的首版,就可以从封面上发现,亚当·斯密在当时的头衔是格拉斯哥大学的道德哲学教授。在那尚没有出现经济学科的时代,亚当·斯密是靠扎实的学问和出色的讲义出名的哲学系教授。如果说亚当·斯密写《国富论》是因为无聊(据他本人说),那《道德情操论》则是为了挣钱。

有一些学者喜欢将《道德情操论》比作《旧约圣经》,把《国富论》比作《新约全书》。做出如此比喻的道理很简单,就如了解基督教,必须

# 第三章
## 亚当·斯密的双重性

要通读《新约全书》和《旧约圣经》一样,想彻底了解亚当·斯密的经济学,就要详读《道德情操论》和《国富论》。

提及亚当·斯密,人们会自然而然地想起"无形之手"。不过,据一位心思细腻的经济学家统计的结果,这个词在《国富论》和《道德情操论》中都只出现过一次。尽管如今的经济学家们三句话不离"无形之手",却很少提及经济学鼻祖本人。

亚当·斯密在两本书中涉及的内容有很大不同。顾名思义,《道德情操论》谈的是人类道德心,当然以人类的心理作为主体。亦即说,这本书是探讨哲学和心理学的书。书中,亚当·斯密从多方面展示了对人性的卓越洞察力。最近,随着他的这些敏锐洞察力得到科学论证,现代的心理学家们也表达出了深深的钦佩之情。如今,人们把通过脑科学或神经心理等尖端领域的科学发现,研究人类经济行为的学者叫作行为经济学家,而亚当·斯密完全可以称得上是行为经济学的先驱。

既然亚当·斯密认为《道德情操论》是自己的代表著作,而《国富论》则是"为了消遣而写"的书,就不难了解到他创立的经济学是一门扎根于心理学的学问。亚当·斯密是极其坚定的现实主义者,因此他认为经济学应该完全立足于人的实际日常行为。问题是,过去一个世纪以来,经济学家把亚当·斯密的话当作了耳边风。

可以说,《国富论》是亚当·斯密在《道德情操论》中谈过的人类各种性情中专门突出和刻画利己心的著作。一直以来,人类社会都把利己心或赢利欲视作邪念,但亚当·斯密却在《国富论》中极力主张,与其压制人的这种心理,还不如对其进行正确引导,最终给整个社会带来利益。要知道,这一主张是亚当·斯密众多的观点中,唯一被经济学家们传承并成为现代经济学重要理论依据的观点,且在1980年开始席卷全球的新自由主义运动中,牢牢占据了新自由主义信奉者的脑海。

当然,如今的经济学家们也认为填满人类内心的不只是利己心,并强调利己心只是最强烈的持续性行为动机。不过,坚决信奉市场机制的经济学家或新自由主义者却是不断引用亚当·斯密并不停为利己心和赢利欲"歌功颂德"，仿佛仅靠一个利己心就能让社会无限发展。问题是，亚当·斯密本人却从来没有赞扬过利己心。

亚当·斯密在《道德情操论》中强调，除了利己心以外，人类行为还要受到其他多种因素的复杂影响。因此，不太可能仅用一条理论做出具有一贯性的解释。

如今的经济学家们自诩为亚当·斯密的传人，并以亚当·斯密传人的身份嚷嚷着要研究人类行为。可是，这些"传人"中确实没有哪一个人具体谈及人类心理或欲望本身。在他们看来，个人的欲望都是绝对性的存在，只不过是最大限度地被尊重和被满足的对象（目标）而已。如今的经济学已沦落成了只专门研究"满足人类既有欲望的最佳方法"。虽然思维科学或神经心理学领域科学家已证明，人类情感或欲望完全可以成为科学研究对象，但经济学家们依然以"人类欲望不可琢磨且极端主观"为由，拒绝将其纳入科学研究对象。

和当今经济学家们不同，亚当·斯密先对人类性情或欲望进行了犀利的分析，再以分析结果为基础，展开了自己的经济理论。他认为人类的欲望从不是单纯的凭空需要，人类欲望中的相当一部分是通过社会形成的。比如，人类的审美观就深受习惯和时尚的影响。关于这一点，马克思和亚当·斯密的想法不谋而合。

亚当·斯密先从日常生活中人人都要体验到的心理矛盾着手，进行了犀利的剖析。这些日常的心理矛盾有很多，如，是不是趁交警不在，闯一次红灯？是不是趁着没人看到，把垃圾扔到路边？是不是趁合伙人不注意，转移一些利润？要不要为总统选举投票？为国会议员选举投票时，把选票投给无能的朋友还是能干的其他候选人？

在如此众多的矛盾中，有不少人果断地忽略了个人利益，只凭良心、法律、社会惯例和正义感行事。对于这种很难用当今经济学理论解释的行为，亚当·斯密却在《道德情操论》中做出了详尽的阐述。

就像在第一章中描述的，经济学认为每个人都会根据心中的小算盘进行盈亏计算之后，做出合理的行动。不过在现实之中，人们不仅做不好盈亏计算，更是有很多人做出看似莽撞、毫无盈亏计算的行为。比如，很少有人在为总统选举投票或为国会议员选举投票的时候计算其中的得与失。就算是计算了得与失又能如何呢？除了损失点交通费和时间外，投票本身不能给投票人带来任何利益。而且，参与投票也不能保障自己支持的人成功当选。因此，如果按照经济学教科书里的方式进行盈亏计算，应该没有人参与投票才是。可事实上，每次选举都会有超过70%的人参与投票。那么，如果我们给这70%的人群冠以"非合理性人群"的帽子并直接无视，经济学就会沦落为只适用于3成人群的渺小学问。

为了力挺"人类根据盈亏计算结果合理行动"的假设，经济学家们为超过70%的投票率列出了各种辩解。他们认为投票率之所以如此高，必然有一些人们尚未意识到的利益在从中起作用，并为探明那未知的利益而费尽心机。可是，亚当·斯密却从来没有使用过这种寒酸的手段，因为他知道人类心理拥有双重结构。

## 远古人类闯现代

"客观的自我省察"是人类区别动物的主要特征之一。因为有了省察内心的能力，人类才被赋予了道德性。人类既按即兴欲望（偏好）行动，也会对自身欲望的正确与否以及好坏进行评价之后再付诸行动。因为赌博而家破人亡的赌徒，大多能刻骨铭心地体会到赌博的危害性；"习惯性"反复戒烟的人，对吸烟危害健康的事实了如指掌；决心减肥的妙龄女孩们刚刚吃完蛋糕就会后悔不迭；因为懒惰没有好好读书的父母们为了不让子女重蹈自己覆辙，整天逼子女读书。这些数不胜数的日常案例很好地展示了人类渴望成为"他人"而非"自我"的双重性。内心充满矛盾的人可以体会到心中有"两个自我"在互相拉扯。有些人认为这种"自我矛盾"才是真正表现人类特点的现象，并为其大唱赞歌。

还有些学者喜欢把人类的偏好区分成第一偏好和第二偏好。凡健康人，谁都不愿意去牙科。他们对牙科的第一偏好，应该是"不愿意"。可即便是这样，人们最终还是会去牙科。之所以选择去牙科并不是因为喜欢，只是"应当要去"的想法使然，这"应当要去牙科"的想法正是源自第二偏好。要知道第一偏好一般指的是即兴偏好，而第二偏好是对即兴偏好进行的自我评价。比如，赌徒喜欢赌博属于第一偏好，而憎恨自己深陷赌博泥潭，属于第二偏好。有些时候，人们还把第二偏好叫作"对偏好的偏好"。在弗洛伊德的心理学里，有"自我"和"超自我"之分，而超自我就是与第二偏好相对应的概念。

在《道德情操论》中，我们可以看到这类二分法区分的原型。亚当·斯密认为"激情（passions）"和"公正的旁观者（impartial spectator）"之间的矛盾决定了人类行为。其中，亚当·斯密定义的"激情"指的是对饥饿和性爱的冲动、愤怒或恐惧，以及痛苦等情感，而"公正的旁观者"与上面所讲过的第二偏好或弗洛伊德心理学中的"超自我"有异曲同工之妙。激情是行为的动机，仅靠想法和计划并不能形成实际行动。只要有干活的冲动，才能让行动得以实施。亚当·斯密认为"激情"可以直接控制人类的行动，而"公正的旁观者"会调整或纠正激情驱使下的行动。

人们在决定要不要去为国会议员选举投票的时候，也会受到双重心理的影响。根据亚当·斯密的逻辑，30%的国民因无法克服"激情"的需求，在投票当日选择去玩，而剩余70%的国民听从"公正旁观者"发出的命令，到投票点去履行公民的义务。"心中旁观者"要求人们即便不喜欢或遭受损失，也要按照良心和原则去行动。

亚当·斯密通过惊人的洞察力发现，人类主要在激情的驱使下做出即兴或者机械性的行动，而只在形成行动的过程不畅的时候，才会动脑筋做思考。让人感到惊奇的是，亚当·斯密的这一发现与当今脑科学家或神经科学家的发现惊人地相似。仔细观察人类的实际行动就不难发现，即便是在经济学教科书规定要做盈亏计算的状况，很多人要么大致衡量利害关系，

## 第三章
### 亚当·斯密的双重性

要么根本不考虑得与失，直接付诸行动。这又是为什么呢？根据科学家们的回答，人类大脑从结构上就不具备对每一件事情进行盈亏计算，并根据结果付诸行动的条件。虽然人类在地球上出现的历史超过数百万年，但是在很长一段时间内过的是狩猎生活。与漫长的人类历史相比，只有2000多年的人类文明只能算是很短的一刹那。因此，人类的身体和大脑会在那漫长的岁月中进化成适合狩猎生活的身体和大脑。举例来讲，医生开给心脏病患者的最典型处方是每天吃一粒阿司匹林。阿司匹林在稀释血液方面具有卓越的疗效，因此能很好地预防心脏麻痹。那么，人类的血液为什么是黏稠的呢？这是因为人类身体已进化成适合狩猎生活的体质。过狩猎生活自然会容易受伤。当身体受伤之后，较高的黏稠度可让血液迅速凝固，让伤口迅速愈合。如今，让人类痛苦不堪的许多疾病都是狩猎时代不曾有过的疾病，因为它们是人类文明的产物。

人类的头脑也按照适合狩猎生活的结构得到了进化。狩猎的主要特征是团体行动。狩猎时一旦发现猎物，所有参与狩猎的人就会蜂拥而上，而有猛兽出现时，人们会一窝蜂散开。经过了长达数十万年的狩猎生活以后，蜂拥跟风的行为已在人类脑海中留下了深深的印迹。所以，即便社会发展到现在，我们仍然可以看到蜂拥跟风的现象，甚至在最需要冷静计算的股票市场或房地产市场上，也不例外。一大群的人蜂拥而上，很能让人联想到原始社会的人类狩猎。按亚当·斯密的说法，人类在很多时候仍然像狩猎时代的人一样凭借激情行动。不过，按照头脑结构来分析，这种行为也算不得是异常行为。

当然，人云亦云的人很容易遭受利益损失。因此，经济学家们总是在强调，做出行动之前应先提起万分精神去计算好其中的得与失，然后再做出最佳选择。不过，科学家们却认为人类的头脑结构尚没有进化到能满足经济学家要求的程度。

打猎的时候，行动果断和迅速最重要。不管是发现猎物，还是遇到猛兽，都要凭直觉迅速行动，根本没有思考或计算得失的时间。特别是遇见猛兽的时候，行动稍有停滞就有可能引来杀身之祸。那么如何才能让行动既果断又迅速，还有效率呢？人类从漫长的狩猎生活中总结出来的经验就是：首先对出现频率很高的现象进行归类。比如，按出现频率合理分类小猎物和大猎物出现的时候、毒蛇和老虎出现的时候、天气寒冷和酷热的时候等状况，再根据每一种状况的具体情况制定合理的行动纲领，并把整套方案输入脑海。虽说让大脑完全适应这些方案需要一段时间，可一旦遭遇实际状况，只需从脑海中已有的各种方案里找出最接近实况的方案，并按照记忆中的行动纲领机械式地行动即可。有了行动纲领，就没有必要在身处实际状况的时候一一思考和算计了。只有实际状况的种类与记忆中的类型不同，或输入脑海的行动纲领不见效时，才需要按经济学家们的建议，进行思考或计算。

正是因为人类经过了漫长的狩猎时代，身体和头脑的进化程度尚不及文明的发展程度。也就是说，人类在用适应原始狩猎时代的头脑和身体闯荡文明社会。

一直以来，从亚马逊丛林突然来到文明世界的土著人，或机缘巧合跑到大城市的乡巴佬，都是电影或小说的人气主题。虽然这类题材的电影或小说总能让观众和读者捧腹大笑，但事实上整个人类不啻于远离文明社会的原始人。如若不然，如今的尖端科学家们怎么可能找到并列举出那么多现代人既矛盾又搞笑的行为呢？关于详细案例，将会在后面的章节中讲解。

## 人类天生不愿动脑

科学家们所讲的另一个事实是，用脑计算的过程本身就是大量消耗能量的行为。心情舒畅者往往容易发胖，而苦闷之人容易变得消瘦。由此可知，因为思考本身消耗的能量实在是太多，人类大脑结构的成形尽量体现了"生活中的思考，能免则免"原则。

如今的脑科学家或神经心理学家们提出了大脑对偶过程（dual process）

## 第三章
### 亚当·斯密的双重性

理论,即人类大脑的活动大致可分成"被控过程(controlled process)"和"自律过程(automatic process)"。其中被控过程指的是通过思维有意识地控制行为的过程。简单说,这一过程其实就是动脑的过程。比如在房地产市场上发现很不错的房产,却很难立即筹集现金时,就要为如何筹集资金而动脑筋。这时候启动的就是被控过程。由于这是一个有意识的过程,人们可以轻松回顾思考后做出的行为,也可以在事后对其行为说明原因。假如一个人以住房作抵押从银行贷款,那么他本人对做出该行为的原因非常清楚,也能够对他人进行说明。

与旨在必要时启动的被控过程相反,人们不容易感知到的自律过程却是在不分日夜地持续运行。自律过程主要履行两种功能,除了履行恐惧和害怕等感官性功能,如受惊吓时身体收缩;还要履行认知功能,如在球场上对对方踢过来的球做出反应。踢球的时候,没有人会预先计算距离、速度、方向等因素,而事实上在瞬息万变的球场上也来不及做这些预判。所以,自律过程除了愤怒、恐惧、嫉妒等情感以外,还要履行饥饿、干渴、性欲等感知欲的情绪性功能和很大一部分的视听等认知性功能。

另外,日常生活中的很多语言也要通过自律过程来完成。被针刺伤后发出的"哎哟"声,或吃东西烫嘴时喊出的"好烫"等言语,都是脱口而出的。说英语的时候,美国人可以不经思考侃侃而谈,而对英语不熟练的韩国人却要兼顾词汇、语法和造句。如此一边思考一边和美国人对话一两个小时后,人人都会觉得疲惫不堪。这也是英语学院的老师们要求学生们反复练习口语,直到英语对话脱口而出的真正理由。

被控过程主要在额叶(大脑的前端部分)的特定部位形成,而这一部分主要履行收集并整理大脑各部分接收的信息,树立目标并制订相应行动计划的功能。即被控过程主要担任策划者的角色,而这一部位据说是人类大脑在进化过程中成熟最晚的部位。

和被控过程相反,自律过程主要在大脑深处形成,而这一部分是其他动物也拥有的部位,是人类大脑进化过程中形成最早的部位。可以说《非理性市场与蜥蜴式大脑思维（Mean Market and Lizard Brain）》一书中的"蜥蜴式大脑"就属于这个部位。

我们人类在面对现实的时候，想尽办法逃避动脑筋，这意味着人类和狩猎时代一样更多地依赖自律过程生存，而非被控过程。日常生活中的大部分行为会在被控过程介入之前结束。即便是公认脑力消耗很高的专家们，很多行为其实也是在自律过程的干预下完成的。

以最具代表性的智力游戏——围棋为例，我们经常可以看到一名围棋高手同时与多名业余选手对局的场面。比赛中，高手们通常都是不经深思随手下子，而业余选手们每下一子都会绞尽脑汁。这是为什么呢？这是因为高手的脑海中有长期修炼过程中编制的高级棋谱。可以说长期的围棋修炼过程，就是编制大批高级棋谱并输入脑海的过程。一般来讲，一位围棋高手至少要记住1万个的棋谱。因此，他们在和业余选手对局时，会从记忆中的一万多个棋谱中找出与眼前的棋局最类似的棋谱，然后根据找到的棋谱，机械性地下子就可以了。他们自始至终随自律过程行动，而从不对棋局进行计算和思考。

人们都认为专家们都是头脑异常发达的人。实际上，专家是经过修炼把现实中复杂的一面细分成多个范畴以后，再针对每一个范畴制定最佳对应方式并储存到脑海的人。换句话讲，专家就是经过训练以后，面对自己专业领域内的众多问题，可以不经思考、机械性地做出行动的人，亦即是可以最大限度地应用自律过程的人。

我们的日常生活也一样，家庭生活的大范围之内还有夫妇关系、父母和子女关系、子女和子女关系等多个侧面。人们按自己的方式把众多状况分成若干范畴后，制订合理的行动方案并储存到脑海中。平日里人们按脑海中储存的方案行动，要是出现既有方案行不通的状况，则根据新情况制订全新的行动方案并重新储存到脑海中。之后，所有机械性行动要按新制订的方案实施。

由此可知，日常生活中的许多行动，已由被控过程移交给了自律过程。

## 2. 行为经济学的先驱——亚当·斯密

**忽视机会成本的行为**

作为行为经济学的先驱,亚当·斯密在《道德情操论》中阐述了几个重要观点。首先,当人们受情感(激情)支配即兴做出行动时,往往会遭受损失。估计绝大多数人都拥有上学时期因为看电视到深夜、复习不够充分而考砸的经历。在经济学里,把这种因看电视而考砸考试发生的损失叫作机会成本,即选择是单向的,选择一项就要放弃其他的利益。在经济学中,这种被放弃的利益就是机会成本。请记住,经济学涉及的成本永远都是机会成本,因此每一本经济学教科书为了让学生牢记机会成本的概念而对其进行详尽解释。人们会根据盈亏计算结果付诸合理行动的假设也意味着人类在做出行动之前会对机会成本予以考虑。

然而,在实际应用上人们会经常忽视机会成本,不然也不可能出现很多大学生因过分迷恋电影、电视等考砸各类考试而后悔不迭的现象。那么,这种现象屡见不鲜的原因是什么呢?因为学生们对考砸考试带来的损失,即对机会费用的感受,远没有看电影时感受到的愉悦感来得真实。由此可知,人们的日常生活与经济学教科书还是有很大差距的。亚当·斯密把这种忽视机会成本的现象定义为人类痼疾,是人类屡犯同样错误的根本原因。如今的行为经济学家们对亚当·斯密的这一观点进行科学论证后,称其为忽视机会成本的行为。

关于忽视机会成本,引起亚当·斯密关注的是轻视违约的行为。比如,人们主张对盗窃或抢劫行为施以重罚,却对违反合同的行为十分宽容。因为,失窃或遭遇抢劫后,人们会失去已有财产,而遇到违反合同的行为,只是曾经期望过的事情得不到实现,并不会遭受直接损失。可见在以上两种损失中,一种具有可见性,另一种则不具可见性。亚当·斯密提出质疑的就是人类忽视不可见现象的痼疾。在经济学中,违反合同带来的损失也是正规损失。如果放任违约行为的风气持续扩散，那么由此造成的社会损失反而要比盗窃或抢劫损失严重得多。因为，这会动摇资本主义市场经济的根本。只有严厉惩罚违反合同的行为，树立保护合同制度，才能让资本主义市场经济变得更加活跃。

可以说，忽视机会成本的行为属于亚当·斯密关注的近视行为的一种。亚当·斯密在《道德情操论中》讲述的内容与当今经济学教科书里的内容有很大不同。

首先，现代经济学家们认为，人类难免犯错。但人不会反复地去犯同一个错误；人类还可以求得更多信息，合理预测未来。然而，亚当·斯密却认为人类很少表现出高瞻远瞩的目光，通常都是急于追逐眼前的利益，以及逃避当前的痛苦。在这样的前提下，人们就不可避免地重复犯相同错误。那么，现代经济学家与亚当·斯密观点对立，究竟谁正确呢？当今科学家们赞同的是亚当·斯密的观点。心理学家们的各种实验结果与亚当·斯密的观点"人的行为大体上属于近视行为"相一致的时候，科学家们做出了"人的近视行为属于痼疾现象"的结论。另外，脑科学也证明即便是面对利益，大脑对眼前利益做出的反应特征和对未来利益做出的反应特征各不相同。

当然，经常做出近视行为的人，也应该能认识到高瞻远瞩和应在长远目光下行动的道理。可在实际情况中，想法和行动始终不能达成一致。根据亚当·斯密的说法，这是因为人类的行动主要受激情支配。人可以切身感受到当前的利益和痛苦，却并不能强烈地感受到未来的利益和痛苦。所以，激情是近视眼。

与此相反，内心"公正的旁观者"却要求人们同等重视未来的喜悦和当前的喜悦。不过，除非发生严重的问题，公正的旁观者通常都不会强出头。所以，我们才会不断重复近视行为，并由此累积失误带来的损失。

以孩子们为例，他们会动用一切可能的方法去得到中意的玩具。一旦玩具到手，他们就会玩两三次以后，把玩具扔到角落。正因为如此，每个家庭都能翻出一大堆被孩子们抛弃的玩具。

不过，这种现象并非专属于孩子，大人也会犯相同的错误。根据心理学家的实验结果，大人们买东西的时候，也会产生"买到的商品将持续带来幸福感"的错觉。大人们在做出购买好衣服、好房子、好车的行为之前，想不到或不愿想到买到商品后的幸福感不会持续太久的事实。一些热恋中的年轻人也一样。刚开始的时候，恋爱男女都以为爱情会天长地久，但过不了几年，曾经热恋的一对男女却分道扬镳、形同路人。要知道，在婚姻方面表现出这种近视行为的人可不在少数。但亚当·斯密认为，这类行为再正常不过了。

假如人们像经济学教科书里写得那样具有理性，就应事先计算到当前激情会在结婚后急剧降温才是。如果是买衣服，就应预先估计穿戴频率、时长以及穿戴时的幸福指数后，再根据性价比决定购买与否。若想做到这一切，就需要高瞻远瞩的眼光。不过，预测未来本就是高难度的事情，且大多数普通人不愿或厌烦做那些预测。在这种情况下，冲动型消费不断再现，这实在算不上什么惊奇的现象了。

如果购买商品所带来的喜悦感持续不长，那么你所支付的价值远高于实得商品的价值，这完全属于浪费。当这样的近视性消费行为不断重复时，只是用一次后抛弃的物品就会增多。事实上，每个家庭的角落里都堆放着各类家当，彰显着我们购买商品的时候是多么的冲动和浪费钱财，恐怕没有谁会抱着"用过一次就扔掉"的心情去购买。

关于消费形态，亚当·斯密在《道德情操论》中提出的论点，和当今心理学家们的理论惊人的相似。他认为包括消费活动在内的所有经济活动都是错误计算的产物。很多时候，快乐和痛苦都是临时性的，因此人们可以迅速适应快乐和痛苦。问题是，这种快速适应能力远远被低估，且容易在人们心中造成一种假象：快乐和痛苦将永远持续。

亚当·斯密针对"适应"提出的观点，后又发展成与幸福相关的话题。很多人深陷"金钱和权势能够带来永恒幸福"的错觉之中，并为此挣扎不已。可是，财富和身份的上升带来的幸福感，远不能达到人们的期望值。它们带来的只是一时的快乐。人们为了获得一时的快感，争相努力，但努力的结果却令人很失望。所以，亚当·斯密非常肯定地指出，富翁虽有钱，却不一定比穷人幸福。

当然，富翁有很多种，富翁中从来不乏充满幸福感的人。所以，亚当·斯密所指的不幸富翁，都是深陷金钱和权势的错觉中无法自拔的人。仔细观察周边的人就可以意外地发现，越是有钱的人，牢骚和不满就越多；越是富有的家庭，矛盾和反目就越激烈。亚里士多德在幸福论中讲过，贪念金钱和财务的程度越深（即唯物主义的倾向越强），幸福指数就越低。

## 人们的公德意识之高超乎想象

虽然"人类理性地追求自身利益"是经济学的基本假设之一，但这并不意味着人类身上只有利己属性。事实上，经济学并不否认人们偶尔会为他人考虑，做出利他行为的事实；不过这种现象通常被认为是偶然现象。有很多经济学家相信所谓的"图勒法则"，即"人们只有在5%的情况下表现出利他心"，这一法则形象地证明了利他行为的偶然性。

事实上，大部分的经济学家都在不知不觉中假定人们的行动为利己行为，并在此基础上展开理论。凡是可以成为经济学标本的人物，绝不可能为他人着想。他们只知道凭利益计算结果去追求自己的切身利益，且只关心自己的收入和消费水平，却从不关心自己与他人在收入和生活水平上的差距，以及如何行动才能满足社会正义等问题。

不过仔细观察周边可以发现，与经济学教科书中的假设不同，很多人放弃了个人的盈亏计算，只凭良心行动且为社会正义付出努力。他们这么做的理由很简单，因为每个人的心中都潜伏着"公正的旁观者"。

根据亚当·斯密的定义，存在于每个人心中的"公正的旁观者"主要有两大作用。首先，对于纯个人性的问题，"公正的旁观者"要求个人拥有自制力，遵守自己立下的规则和保持自尊心。比如，已决定戒酒的

# 第三章
## 亚当·斯密的双重性

人接受酒席邀请时,"公正的旁观者"就会制止自己参加酒席。在社会活动上,"公正的旁观者"要求自己凭良心行动,多为他人着想,并平等对待每一个人。也就是说,心中"公正的旁观者"既是良心,又是公正评判人与人之间不同需求的"审判员"。因此,"心中公正的旁观者"让每个人的行为具有道德意识。

当然,这并不意味着人们时刻按照"公正的旁观者"的要求行动。比如像喝酒的欲望异常强烈的时候,人们就会无视"公正的旁观者"的要求,执意赴酒宴。不过,我们也不能给所有服从个人欲望(激情)的行为标上"不道德"的标签。亚当·斯密认为,其中(受个人欲望支配的行为)还包含给人类行为赋予道德意识的行为动机(激情),即同情心和正义感。

正是因为有了同情心,人们才会认为应该帮助弱势的人群,并付诸道德行为。多数人心中普遍存在的同情心是社会公德的基石。不然,亚当·斯密断然不会在《道德情操论》的开头用大篇幅谈及同情论,而这正好印证了同情心在亚当·斯密的道德理论中所占的重要地位。

作为激情的一种,同情心过于变化多端。有时候,人的同情心或利他心会多到泛滥,而在另一些时候又会变得过分冷淡。作为地球人,人们会对本国发生的各种惨案表示震惊和哀痛,而对他国惨案表现得较为平静。另外,明知道对死人表示同情心毫无价值,但有些时候人们会给予死人惊人的同情心。比如,英国的戴安娜王妃和美国的肯尼迪总统去世时,就有数以万计的人表示哀悼。其中有不少人更是难掩心中悲痛,几度晕厥。

亚当·斯密认为,社会上有不少人向富裕阶层和知名人士滥发同情心。众多报纸杂志等舆论媒体,争相报道富裕阶层或知名人士的生活逸事就是很好的例证。有趣的是,亚当·斯密强烈抨击并警示了这种扭曲的同情心。同时,他也对这种扭曲的同情心能稳定社会体制这一作用给予了应有的肯定。但他着重强调了这种扭曲的同情心更是导致社会公德堕落的"重要且通用的"原因。根据亚当·斯密的理论,当大多数人对富裕阶层(即权力阶层)的称颂升华到极点时,社会上就会形成蔑视穷人或弱者的风气。韩国的新自由主义者,一直在鼓吹"给予成功企业家充分的尊重,会让经济运行得更加顺畅",但他们最为崇拜的偶像亚当·斯密却一直对那种"尊敬"存有戒心。

当然,人的行为并不总是受心情的控制。因为"公正的旁观者"会把包括同情心在内的激情调节到合理水平。所以在现实中,人们可以克制过激行动,时常表现出公德行为。在诱发公德行为的因素方面,比起同情心或利他心,亚当·斯密更重视正义感。若说同情心和利他心充满不确定性,那么正义感更具可预测性和可信赖性。正是因为有了正义感,人们才会响应"公正的旁观者"并付出公德行为。当今的心理学家们也通过各种实验证明了人类的正义感异常强大,并为亚当·斯密的观点给予了强烈的支持。

这里有一个很有趣的例子。假如送给A10万元,让他和B去分配。根据规则,A有权决定分钱的比例,如三七开或四六开等;但要是B拒绝A的分配方案,则10万元要全数回收,两个人谁都拿不到钱。面临这样的游戏,人们会做出什么样的决定呢?

这个实验非常的有名,被专家们称为"最后通牒游戏",以至于很多国家的学者都进行过该实验。根据结果,多数分配者想拿出约45%的钱分给对方。出乎意料的是,提出均分建议的人也不在少数,而真正让人感到惊讶的结果是接受者的态度。假如分配者提出低于30%的价码,超过半数的人都拒绝接受。其实,站在收钱人的立场,哪怕是拿到一元钱,都聊胜于无。可实际上,竟然有超过一半的人拒绝接受自己的份额低于30%的分配方案。问其原因,"伤自尊"或"不公平"是主要原因。在进行实验前,经济学家们以为大多数人会做出自私而理性的判断,但无数次的实验结果却显示,大多数人选择了伤害自身利益的非理性行为。

与"最后通牒游戏"类似的还有"独裁者游戏"。后者比前者更加明确地证明了人的实际正义感或利他心,这要比经济学假设的强很多。在"独裁者游戏"中,即便接受者B拒绝分配者A的提议,钱也不会被收回。因此分配者可以随心所欲地制订分配方案。在这个游戏中，拥有钱的人是"独裁者"。

根据多次实验结果，"独裁者"A的分配方案会根据接受者的身份发生变化。如果接受方是红十字会，"独裁者"会让出约40%，就算接受方是陌生人，"独裁者"也会表现慷慨，至少要给出20%。如果接受方是熟人，"独裁者"甚至会毫不犹豫地分出将近50%的现金。如果仅从经济学的角度考虑，最理性的行为应该是一分钱也不给对方。可是，无数次的实验结果证明，独裁者会让给对方约20%~40%的金额。尤其让人感到意外的是，竟然有很多人表现出宁愿自己吃亏，也要惩罚不正义行为的倾向。其实，这些一连串的实验结果和我们所认可的常识相符。也许远古人类在长期的狩猎生活中养成的崇尚公正和正义行为的情结在大脑中留下了很深的烙印。有关狩猎时代的研究报告告诉人们，不管有没有参与狩猎活动，所有人都能够分得猎物。

亚当·斯密认为，人类崇尚公正和正义的天生情感，就是正义的主要源泉，也是支撑社会的支柱。亚当·斯密还明确指出，资本主义市场的经济效益也是在社会正义的基础上得以形成的。若想让《国富论》中的经济效益具有实际意义，就须先确立《道德情操论》中强调的社会正义。

最近有不少研究论文专门探讨了社会公德、社会正义与经济效益之间的关系，而社会公德及正义感不仅能促进商业交易，还能大幅削减经济活动所需的费用。从经济学的角度来看，社会公德也是非常珍贵的资源。近期有一个比较流行的术语叫作"社会资本"，这一概念突出和具体化了社会公德的政治和经济的有用性。

## 程序理性

除了忽视机会成本的行为、近视行为以及正义感之外，亚当·斯密在《道德情操论》中还提到了许多难以用现代的经济学理论解释的异常现象。如今，其中的很大一部分已经得到了科学论证。比如，亚当·斯密提出的

"相比于利益，人们对损失的反应更加敏感""人类具有高估获得利益概率和低估遭受损失概率的倾向"等观点，都有其丰富的科学依据。

如上，虽然亚当·斯密列举了众多"人类并不理性"的证据，但在如今的经济学界已形成了排斥并拒绝怀疑人类理性的学者和经济学家身份的氛围。不过，在学术氛围很不友好的环境中，仍有一位勇敢的经济学家毅然向经济学的大前提发出了挑战，他就是于1978年获得诺贝尔经济学奖的赫伯特·西蒙（H.Simon）教授。考虑到西蒙教授拥有政治学博士学位以及在心理学界享有的名声，这位卓越的科学家似乎也不忌惮惹怒整个经济学界。

西蒙教授在经营学领域留下了很多卓越的研究成果。他之所以能获得如此巨大的成就，是因为他钻研了一般经济学家忽略的企业形态。结果他发现企业的实际形态与经济学主张的观点截然不同。经济学家们茫然认为，企业在完整的盈亏计算基础上追求最大限度的利益，但是西蒙教授观察到的事实却并非如此，而是一旦确保可让股东感到满意的利润，企业就会放弃努力。企业只在利润降低到股东满意底线的时候，就算为提高利润而付出全新的努力，也从不进行细致的盈亏计算。他们用大致的规则或惯例经营事业。在现实生活中，这种大致规则或惯例大行其道是因为这些手段行之有效，而不是因为它们能够带来最大的利润。因此，即便有更优秀的规则出现，企业也不愿意更改现有的规则。非要更改，那也是在现有规则不再行之有效的时候。

西蒙教授的观察结果不仅适用于企业，同样适用于普通人。这里的关键在于，虽说根据大致规则和惯例做出机械性动作的行为看似有些呆板，但绝不可以断定它是非理性的行为，其中自有其存在的合理性。假设有一位小提琴演奏家，喜欢每顿晚餐都要喝酒。如果是平常的晚餐，喝点小酒自然无可厚非，但是有演出或练习的晚上却不一样。饮酒之后，既不能练好琴，也不能充分发挥琴技。因此，长期保持晚餐佐酒的习惯，会给其艺术生涯带来严重威胁。如果这位演奏家深刻反省自己的行为，决定有演出或练习的晚上不吃晚餐，并机械地实践自己的诺言，连同事聚餐和演奏会赞助商的晚宴也不参加，会不会有人认为这位演奏家的态度是非理性的呢？

如果按照经济学的理论，有演出或练习的晚上，首先就是否吃晚餐的问题进行盈亏计算后根据结果付出行动，才算是有理性的行为。可如此做的话，演奏家的行为就会像亚当·斯密指出的那样受到激情的控制，而当前的愉悦感会促使演奏家继续饮酒，最终导致提前结束演奏家艺术生涯的结果。有些时候，虽然看着会有些愚蠢，但是制定粗略规则后机械行事的做法，反而能够带来更好的结果。从康德的思想或儒家思想的角度上讲，不被瞬间欲望（偏好）动摇，严格按照自己定下的规则或原则保持行动的一贯性，其实是一种美德。

大多数百姓很少对每一次行动进行盈亏计算，他们更喜欢马马虎虎地根据粗略规则或惯例做出机械性动作。伦理学家们认为，这种行动也可以视作是理性行为，并称其为"程序理性"。事实上，首次提出这种说法的应该是西蒙教授。只是西蒙教授所说的规则和惯例都是由个人思考并赋予自己的，而伦理学家们所说的规则和管理主要是由多数人共有和遵守的社会惯例、习惯和规范。也就是说，谈及程序理性时，西蒙教授所说的规则或程序完全属于个人性质，而伦理学家们讲的规则或惯例则是社会性的。

关于企业或个人按照预先制定好的规则或惯例做出机械性动作的理由，西蒙教授做出的解释与当今脑科学家们的解释有异曲同工之妙。根据经济学的假设，通过盈亏计算做出最佳选择，通常需要很多信息和细致计算。问题是，人类收集和处理信息的能力着实有限。普通百姓自不必说，即便是专家也很难判断出何为最佳选择。因此西蒙教授认为，相比于追求最佳方案，人们更满足于马马虎虎过得去的方案，这就是广为人知的"满意度法则（satisficing principle）"。

## 愚蠢行为的伟大之处

西蒙教授的"程序理性"或"满意度法则"在学界引起了巨大反响。

迄今，虽然也有一些学者谈及"程序理性"，却都是偶发的研究现象，最终让"程序理性"的概念更具说服力的还是西蒙教授。如今，"程序理性"概念已成了为迄今的经济学无法明快解释的各类现象提供支持的新概念。尽管如此，经济学家们并没有给程序理性赋予特别的意义。原因很简单，在他们看来，西蒙教授的主张与迄今为止的经济学家们所思所想并无太大的差别。西蒙教授的观点中"人类在收集和处理信息方面表现出的局限性"是最重要的核心所在。他认为"坦承人类收集和处理信息方面的不足，并拓展迄今为止的经济学假设的理性概念，就可以解决问题"。实际上，如今大多数经济学家们所提及的理性，都是在已受限的信息收集和处理能力范围内谋求最优的"受限理性"。

不过，从古到今的伦理学家们描述的"程序理性"概念，和经济学家们所想的截然相反。首先，不管是完整理性还是受限理性，经济学假设的理性人类始终能够清晰地意识到自己的目标，而伦理学家心中的平常人类不可能做到这一点。因为他们连规则和惯例的意图和目标都没有弄清就服从了约束。平常人的行为大多是机械性的。比如，站在个人的立场上，很难判定左侧通行规则和右侧通行规则孰优孰劣，也没有人想知道其中的答案。对于一个人，靠左或靠右行走都不会有问题。规则让人右侧通行，人们就会靠右行走。虽然在个人的盈亏计算中靠左或靠右无关紧要，但所有人都遵守右侧通行规则，就能让每一个人获得作为个人永远都计算不出的巨大利益。

甚至有一些人，明知自己的利益会受损，也要亦步亦趋地跟着别人行动。打字机和电脑键盘上的字母排列就是很好的例子。关于传统键盘上的字母排列方式，专家们一直认为其效率很低。如今，已经有人开发出了文字输入速度比传统方式快很多的新文字排列方式。据说在很多年以前，打字机刚刚问世的时候，机器比较脆弱，容易出现各种故障。所以为了避免输入速度过快导致打字机故障，人们才想到了键盘上乱序排列英文字母的方法，人为地降低了打字效率。这就意味着在键盘上使用传统的字母排列方式会损害个人利益。遗憾的是，人们对传统的文字输入方法习惯成自然，对全新的文字排列方式嗤之以鼻。不难想象，即便出现拥有终极效率的文字键盘，也很难得到认可。

除了以上这些例子，有些规则或惯例还要求人们抛开个人的盈亏计算，无条件地接受其约束，而参与选举就是其中最具代表性的案例。凡参与总统选举或国会议员选举的人，绝大多数都是仅凭义务感参与投票的普通百姓。如此看来，人们习惯在遵守右侧通行规则、使用传统电脑键盘、参与投票等社会惯例或规则方面做出机械性行动，并非只是因为收集和处理信息的能力不足。

伦理学家们把关注的重点放在了"共享的威力"上，即大部分超越个人的得与失，"傻乎乎"地遵守规则或惯例就可以引起巨大的社会利益。就像十字路口等红灯，虽然给个人带来很大的不便，但当人们放弃所有的盈亏计算，无条件地遵守交通信号规则时，既能让秩序得到维持，又能预防交通事故，最终引起巨大的社会利益。因此，从长远上看，还是有利于个人。

尽管如此，但人们只是为了遵守而遵守规则，很少有人对长远利益和眼前损失进行比较后凭结果做出判断。不管街口有没有交警，绝大多数的人都在傻乎乎地遵守规定，而且如此做的结果非常值得称道。值得强调的是，出现这种值得称道的结果完全得益于中断了个人盈亏计算，而不是因为进行了细致的计算。

大多数规则或惯例的价值，因为有傻乎乎的遵守行为而得到体现。也许，存在于每个人心中的"公正的旁观者"，早就明白了这个道理。当"公正的旁观者"对某个规则或惯例所具有的社会价值形成共感带时，相关规则或惯例就会成为社会规范。然后，"公正的旁观者"就会要求每个人遵守该社会规范。

## 3. 一些难以用经济学理论解释的奇怪行为

### "理性"的词义

正如前面所详细描述的那样，经济学假设人类在盈亏计算的基础上付出理性的行动。经济学中的"理性"，指的是用最小的牺牲（成本）换取目标的达成。因此，若想做出理性的行为，就要明确自己的愿望，即经济学中所说的确定偏好。大凡脚踏两只船的女人，都会表现得犹豫不决，而人们也很难奢求这些女性付出理性行为。就算是结婚之后，只要女人对曾经擦肩而过的男子留有遗憾之情，还是不能说她的行为具有理性。高考填写志愿也是一样，选择专业时举棋不定的学生，很难指望他能做出理性的行为。

若想做出理性行为，只明白区分喜好和厌恶是远远不够的。关键是行动要保持一贯性。假如一个人说自己喜欢方便面胜过汉堡包，而喜欢泡菜汤更胜方便面，则几乎可以肯定他最喜欢的应该是泡菜汤；但要是这个人说自己喜欢汉堡包胜过泡菜汤，就很难对这个人的喜好做出判断。这种无法对自己喜欢的食物保持一贯性的人，很难有理性行为。可以肯定，他们是最容易被骗的人。

每个人一旦确定自己追求的目标，就要想方设法得到自己所追求的结果，即应及时掌握达成目标的最佳手段。比如，想投机房地产就要掌握适合投资的地段、房产类型、投资规模。如果连这些基本情况都掌握不到，就很难做出理性的行动。事实也是如此，根据房地产市场的调研报告，市场上随大流的投资者竟然占不少比重。根据经济学原理，很多男人认为这些人在做理性行动。

在明确的目标下选择最佳手段时，起核心作用的是盈亏计算或收支计划。因此，要在众多手段和方法中仔细筛选最能达成既定目标的手段和方法，还要细致对比其中的得与失。所以说，为了理性行动必须精打细算，这就是经济学的假设，它总是认为人们的盈亏计算能力很高。

对人类理性行为的假设是经济学的大前提，也是最基本的假设。因此，即便脑科学家或神经心理学家们提出无数否定理性假设的科学证据，人们从情绪上也很难接受。当然，并不是所有经济学家对人类理性持有相同的观点。他们当中也存在一些理念上的差异。比如，前面的章节中介绍过的淡水派经济学家们，他们就坚信人类在决定经济问题时具有理性；而咸水派经济学家们在某种程度上承认人类偶尔会表现出非理性的一面，但也承认，只要有充分思考和计算的时间，人们一般会做出理性行动。

## 爱情经济学

人类做出理性行动意味着要明确目标，并已掌握了达成目标的最佳方法。那么在日常生活中，人们是不是真的很了解自己的愿望，并做出行动呢？如果每一个人都清晰地了解自己的愿望（或者说是目的明确），就不应该被无关因素或无关琐事影响。可是，仔细观察人们在日常生活中的形态，却能发现不少人因受无关因素的影响而行为受牵制。不仅如此，如能好好利用这种心理，还可以随心所欲地控制别人的行为。

假定有一位青年男子徘徊在两个女人之间，面临选择。两位女性当中A是富家千金但相貌平平，而B是个大美人但家境贫寒。我们假设这位既贪美色又垂涎金钱的男青年在重大抉择面前表现得犹豫不决，让两位女士极其伤心。其实，只要两位女性当中的任何一位拥有心理学知识，就能轻松地让优柔寡断的男人做个了断，最终选择自己。假如拥有心理学知识的是富家女A，她只需在约会时带一位财力和长相方面明显不如自己，却比竞争对手B（大美女）在金钱方面富裕许多的朋友作陪衬就可以。届时，男子会自然而然地将那位陪衬人物和富家女A作比较。就在男子发现富家女的财力、长相皆远超陪衬女的瞬间，富家女的形象会立即得到提升，而大美女B和陪衬女之间很难形成比较，故而大美女的美貌就会变得黯淡无光。结果不难想象,随着心态改变,年轻男子会当机立断地选择富家女。

这个时候,陪衬女真的只能起陪衬的作用。她既不是可选对象(已婚女士),也不能使其他两位女士的性质发生变化。她只是安静地在旁边作陪。尽管如此,陪衬女的存在还是从结果上把年轻男子的偏好引向特定方向,并在促使男子做出抉择时起到了决定性作用。也就是说,年轻男子的偏好受到了无关因素的影响。

那么,为什么会出现如此奇怪的结果呢?根据心理学的说法,人类具有对事物和现象进行比较的倾向。人类很少根据某种绝对性的判断标准对某一些事情进行选择。因为,人类的脑海中并不存在准确计算物品固有价值的计测器。所以,人类始终通过与其他事物进行比较来对事情(或事物)进行定价,这也符合人类大脑的结构特性。举例来讲,在黑板上画出一个圆形以后问学生该圆形到底有多大时,所有的学生都会觉得茫然不知所措。可是在第一个圆的旁边再画几个面积更大的圆形时,学生们会说原有的圆形相对要小些。与此相反,在第一个圆的周围画上几个相对小点的圆形时,人们会说原来的圆形相对要大一点(参见图3-1)。

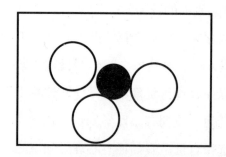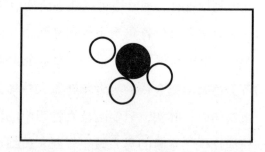

图3-1 圆的大小因状况不同而产生大小不一的错觉

还有一个重要的事实是,人们只愿意对容易比较的事情(现象)进行比较,而对于不易比较的对象,人们从不考虑对其进行比较。富家女就是利用人们的这类心理倾向,把年轻男子的偏好引向对自己有利的方向。事实上,富家女表现出的心计并无特别出彩之处。这也是被很多人所熟知,且经常使用的手段。热恋中的青春男女都知道和恋人约会的时候，应带上各方条件皆不如自己的朋友作陪衬。

如果用经济学理论解释，就是说陪衬女登场之前A和B都站在同一个无差别曲线之上。不过，与年轻男子的选择毫无关联的陪衬女登场之后，年轻男子的偏好开始向A倾斜。这时候，A和B就不再站在同一个无差别曲线之上了。这里所说的无差别曲线是每一本经济学教科书中都有所描述的重要曲线。学习经济学原理的学生要把枯燥无味且晦涩难懂的无差别曲线原理听出老茧，而经济学教授却在黑板上画出无数个无差别曲线。不过，要是无差别曲线因为那些无足轻重的原因成为可有可无的存在，那么在现实中该曲线还有没有存在的意义呢？现在是时候从经济学教科书中去掉无差别曲线了。

虽然经济学在假设人们面临选择的时候清晰地知道好与坏（或相同）的差别，但在日常生活中，偏好不清晰的情况有很多。比如，人们在面临考大学并选择专业、在哪就职、结婚与否、是否要孩子、要不要离婚等选择事宜时，没少犹豫和彷徨。哪怕是和朋友一起去吃饭，也经常用"随便"两个字应对朋友关于吃什么的提问。一般来讲，人们在不好确定自己想吃什么，希望由对方来做出决定的时候才会用这样的语气。

## 人人喜欢贪小便宜……

根据心理学家们的研究结果，大部分人不能明确说出自己的愿望；只有身处特定状况的时候，才对自己的愿望恍然大悟。就如夜晚着陆的飞机需要引导灯的帮助，人类的大多偏好也需要在情境和引导等作用帮助下得以确定。这与在高级餐馆里进餐的过程十分类似。人们在服务生引导下入席坐定后，都会拿菜单匆匆过目。有了粗略印象之后，再进行点菜。选择食物的过程也比较有趣，就像夜航飞机在两排引导灯中间的跑道上着陆一样，人们也喜欢在菜单的中央选择食物。这就使得，菜单上最贵或最便宜的料理很难被人选中。

精明的餐厅老板也深知并利用人类的这种心理。每当有特别想推销的料理，他们就会有意把那些商品添加到菜单的中央；然后悄悄把最贵的料理放到那些料理之上，竟也能取得很好的效果。这说明，一个人的偏好根据周边环境和引导因素的影响程度得到确定。人类在认知事物方面喜欢和周围其他因素形成关联。因此，适当调控情境、合理变更引导因素完全可以把人的偏好引向特定方向。我们可以通过一项比较常见的实验来验证这个观点：

在一家水产铺子里，一箱鳀鱼的价格是5万韩元，而20条一串的干黄花鱼加一箱鳀鱼的组合套装的价格为12万韩元。结果，大多数顾客认为干黄花鱼和鳀鱼的组合套装过于昂贵，只买5万韩元一箱的鳀鱼。有一个操作简单的方法倒是可以让顾客慷慨解囊，争购干黄花鱼和鳀鱼的组合套装。即把标价5万韩元的鳀鱼箱子摆在一边，把标价12万韩元的干黄花鱼串加一箱鳀鱼的组合套装摆到另一端。最后把标价12万韩元的干黄花鱼串放到中央。如此一来在顾客眼中，一串干黄花鱼的价格和一串干黄花鱼加一箱鳀鱼的价格完全相同，都是12万韩元。不言而喻，每一个顾客都会认为购买组合套装相当于白得一箱鳀鱼，于是纷纷争购干黄花鱼加鳀鱼组合套装。触发顾客购买动机的原因很简单，即大多数人都喜欢贪小便宜。

在这个案例中，标价12万韩元的干黄花鱼串是影响顾客购买心理的关键，也是引导顾客改变偏好的"诱饵"。很多实验结果已证明，这种看似简单的诱饵却能让人们的偏好发生改变，也顺便派生出了所谓"诱饵效果""免费效果"等说法。如果这些效果都是事实，经济学中有关"偏好稳定"的假设就值得重新商榷了。虽说经济学家们不太认可这种很难用经济学理论做出解释的异常现象，但是在日常生活中却有很多人在做出这些异常行动，令专家们无可奈何。

在众多实验中，还有一个例子可以如实反映"免费效果"。据说美国人普遍对价格不菲的瑞士产巧克力情有独钟。在实验中，专家们向参与实验者提供瑞士产巧克力和美国产巧克力，让他们从中做出选择。首次实验中，每块瑞士产巧克力定价15美分，而美国产巧克力定价1美分。结果，参与实验的人当中有73%选择了瑞士产巧克力。第二次实验，两款巧克力的单价均下调了1美分。结果，瑞士产巧克力的单价成了14美分，而美国产巧克力成了免费。这一次，参与实验的人中有69%选择了美国产巧克力。美国产巧克力收费时，大多数人选择了瑞士产巧克力，而美国产巧克力免费以后，大多数人却又选择了美国产巧克力。一次只涉及1美分的调价行为，居然让人们的选择发生了180°的变化。这不能不让我们再次对经济学的基本假设之一——"稳定偏好"表示怀疑。

## 说者无心，听者有意

很多时候即便没有诱饵，也可以让顾客的选择发生大的变化。操作十分简单，只需轻微改动商品介绍的表达方式即可。如今，减肥已成为一种时尚，饮料的含糖量也备受消费者关注。假定有一家饮料巨鳄开发出含糖量仅为5%的健康果汁后，并在包装上印上"含糖量5%"的字样，一经上市后就会迅速抢占市场。不过，只要利用心理学知识就可以在朝夕之间从市场上挤走这款商品。操作方法也十分简单，只需在相同的果汁上用"95%无糖"替换掉"含糖量5%"的标签即可。两种果汁的糖分浓度相同，而不同的只是表达方式，但在顾客看来，两种饮料的差别可不是一般的大。"含糖量5%"给人以甜腻腻的感觉，而"95%无糖"则给人以清淡的感觉。因此，多数人最终会选择"95%无糖"的果汁。这一结果可是经过了实验的考证。假若人们像经济学假设的那样具有理性，就不应该区别对待这两种果汁才是；可现实却是截然相反。

还有一则人们因微不足道的事情、轻易更改选择的典型案例。假定有600人患上传染性疾病，而被告知治疗方法有两种：一是救活200名患者，二是放弃400名患者。听了说明以后，绝大多数人会选择救活200名患者的治疗方案。其实在600名患者中救活200名患者和放弃400名患者的效果是一样的，不同的只是表达方式。行为经济学把这种用不同方式表达相同的内容，以获得颠覆选择效果的形态叫作框架效应（frame effect）。由于这种框架效应属于日常生活中非常常见的现象，已经成了行为经济学非常重要的研究领域。关于框架效应，有一则非常有名的笑话：

  A信徒："牧师，祷告的时候可不可以吸烟？"

  牧师："（声色俱厉地）绝对不可以，祷告就是和上帝的对话。您怎么可以在上帝面前抽烟呢？"

  B信徒："牧师，那我可不可以在抽烟期间进行祷告呢？"

  牧师："（和颜悦色地）当然，当然可以了。祷告从来不分时间和场所。请您一有空就做祷告。吃饭前、吃饭中、吃饭后都可以祷告。"

  任谁都能看出，祷告的时候抽烟和抽烟的时候祷告的行为实质上并无区别，但牧师的反应却截然相反。也许从某种意义上讲，广告就是充分调动这种框架效应的促销手段，即与具体内容无关，仅凭包装更改消费者偏好。假若所有消费者对眼花缭乱的广告视而不见，只凭商品的质量和价格做出冷静而富有理性的选择，市场上就不会有广告公司的生存空间了。当然，也有一些经济学家认为广告的作用被过分夸大。根据他们的观点，市场上的广告费用所占比例不到销售额的0.01%，完全在可忽略范围之内。但他们却未曾想到，正是因为那微不足道的0.01%却给公司带来了巨大的营销效果，因此大公司才会不遗余力地投入广告。

  如果消费者的偏好深受与商品质量和价格无关的因素影响，最终让消费者的选择发生变化，那么能不能把这类消费者的行为视作理性的呢？就算认为这类消费者的行为是理性的，又该不该按经济学家们的主张神圣化消费者的选择或偏好呢？

  绝对化、神圣化消费者的欲望，是经济学的重要特征之一。经济学从不关心那些欲望的形成和好坏。对于"朱门酒肉臭，路有冻死骨"的现象也许会遭到众多百姓的谴责，但经济学毫不介意。经济学不谴责佩戴价

27亿韩元的名贵手表炫富的粗俗欲望，更对众多无房贫民视若无睹。

## 屈指估算

有位日本教授曾在课堂上向学生提问联合国里的黑人国家比例，然后在发放答案纸的时候，要求学生记下学生证编号的后两位数，再写下自己的答案。结果，教授看到了非常奇怪的现象：学生证编号的后两位数越大，学生回答的黑人国家比例也越高。也就是说，学生回答的黑人国家比例和学生证编号之间存在较高的相关性。当然，黑人国家的比例和学生证编号之间毫无关联。可既然这两者之间出现了较高的相关性，就意味着学生证的编号确实影响到了学生的答案。具体来讲，学生证编号的后两位数成了估计黑人国家比例的依据。随着越来越多的实验观测到类似现象，"锚定效应（anchoring effect）"随即在经济学词典上出现了。

那为什么会出现这样的现象呢？因为很多时候，人类凭瞬间或轻易浮现的想法付诸行动。具体一点就是，人们凭直觉行动的倾向很浓。即便事前进行盈亏计算也只是屈指估算，很少精打细算。如果问一个美国人，在美国国内他杀多还是自杀多，几乎所有人都会说他杀更多。估计是言论媒体大肆报道的各式杀人案件影响了他们。换句话说，大多数人把媒体对杀人事件的报道频率视作代表值，从容地做出错误的回答。这种估计式判断被专家称作"启发式"。

由于这种启发式判断十分多样化且广泛出现在日常生活之中，已然成了行为经济学的另一个重要研究领域。

## 金钱也要贴上身份标签？

日常生活中给予金钱不同待遇的现象并不少见。比如人们对辛苦挣来的钱十分珍惜，却从不吝啬于白来的钱。经济学家们要是知道有这么一位家庭主妇，一边定存子女学费，一边为筹备丈夫的手术费用跑到银行寻求贷款，肯定会说这位家庭主妇愚蠢透顶。何必要去银行低声下气地寻求贷款呢？银行里定期存下的学费完全可以解燃眉之急。之所以如此是因为，与这位家庭主妇类似的异常行为已成了周边生活中的常态。

我们可以通过科学家们实施的一项实验具体了解这种异常行为：某人到文具店询问某款高档圆珠笔的价格后，得知售价为3万韩元。这时候同行的朋友告诉他，距离这家店铺一站地的地方还有一家文具店，相同款式的圆珠笔只卖2万韩元。听到这样的信息，大多数人会为了节省1万韩元而步行一站地到售价更便宜的文具店。过了几天，某人又到男装店买西装。询价后得知看中的一套西装要卖50万韩元。这时候，还是那位朋友告诉这个人，相同款式的西装在一站地以外的店里卖49万韩元。这一次，几乎所有的人都不会产生移步的想法。虽然在两种情况下都有可能省下1万韩元，但是人们在买圆珠笔的时候甘愿多走一站地，而买西装的时候却不愿多走一步。既然买圆珠笔省下的1万韩元和买西装能省下的1万韩元完全等额，为什么大多数人的态度却不一致呢？

还有一项有关异常行为的实验：有一场期待已久的演唱会，票价5万韩元。现在假定会出现两种情况。第一个假设是前往剧场的时候，被小偷偷走5万韩元。这时候人们会怎么做？第二个假设是买完演出票，在剧场附近的咖啡馆里休息的时候弄丢入场券。这时候人们又会怎么做？从经济学角度分析，两种情况下发生的损失皆为5万韩元，两者间并没有什么差别。如果非要找出不同，也只是在损失的形态上：前者为现金，后者是票据。因此在经济学上，人们找不到任何付出不同行动的理由。可是实验结果却表明，大多数人的实际行为却与经济学的分析大相径庭。现金被窃以后，人们会浑不在意地买票观赏演唱会，而丢失入场券时人们会放弃演唱会。为什么会这样？人们会认为弄丢入场券后重新购票的行为无异于向同一场演唱会付两次费用。相反，现金被窃就没有这类想法了。根据实验结果，人们在处理现金和入场券遗失问题时，仿佛在心中分类设定现金科目和音乐会科目并按科目启用独立核算制。

正如这两个例子显示的那样，在思维方面人的表现更趋向于片面性，而不是全面性，而且这种趋向已通过很多实验得到了证明。

## 重归亚当·斯密的精神世界

当然，如果非要用现有的经济学理论解释行为经济学家们指出的这些异常行为，也不是完全不可能；只不过要对经济学的基本假设进行大的改动或扩大。就以母亲对子女的无私奉献为例。在人们的心中，母亲就是含辛茹苦、无私奉献的人，因此每位子女毕生怀抱着对母亲的感激与愧疚之情。母亲是子女永恒的心灵寄托，所以一谈及母亲，很多人就会热泪盈眶。电视访谈节目中就有好几位明星在谈到母亲的时候泪流满面。

不过，在经济学的框架内分析，母亲追求的只是自身利益。理由也很简单，子女的成功可以给母亲带来利益。

经济学描绘的标准母亲形象是："当自身利益与子女利益发生矛盾时，母亲会为了自身利益而果断放弃子女的利益。"当然，如果经济学以这种"盈亏计算"为基础创建理论，就可以很好地解释和预测母亲的利他行为或对子女的奉献，而且这样的理论本身看似也无太大的瑕疵。

可现实真会如此吗？假设"盈亏计算"的理论可以很好地预测和解释所有母亲的心态，那么人们必然会对该理论坚信不疑，同时也会深信只注重"盈亏计算"和利己的母亲形象，即人们会以为母亲对子女的奉献，是为了自身利益。如此一来，子女对母亲的感恩之心就会消失殆尽。最后，母亲只是一位只关心自身利益的人，而母子关系也会沦落成谋求相互利益的关系。这种母子关系与市侩的人际关系又有什么区别呢？一个人人将母子关系视为追求相互利益关系的社会与一个人人提及母亲的伟大就会泪流满面的社会相比，究竟哪一个更和谐、更幸福呢？

市井上人与人之间发生交易时，丝毫不带有对对方的感激之情。比如在百货商场购买商品时，没有人会对老板表示感谢之情。因为，人们已在购买的时候支付了足够的费用。反之，百货商场的老板也不会对顾客心存感激，他们认为顾客是因为喜欢才购买商品。如此，市场上只有冷淡无情的盈亏计算，根本不存在感恩之心或爱之类的温馨情愫。正统经济学家或新自由主义者一直都在主张，应该持续扩大社会上的市场领域。而这种论调，听起来像是"人类社会应当用冷淡无情的人际关系替换温情人际关系"。

不管如何，从广义的范畴定义人类追求的目标时，即便是利他性行为，也完全可以用经济学理论做出解释。但这么一来就要面对一个十分严重的问题，即经济学因成为放之四海而皆准的通用理论而失去科学地位。当某种理论试图将母子关系假定为追求相互利益。事实上，永恒的真理并不是科学，对人类也毫无帮助可言。

类似"明年经济将保持高景气，但不排除回落的可能性"、"明天下雨，也有可能不下"的观点永远是正确的观点，但谁都知道这类观点对人类行动毫无帮助。再有逻辑、再细致的理论，如果没有核心也不能给人们带来帮助，就只能是毫无价值的理论了。人们真正需要的是，可以明确告知明日雨水情况的天气预报和明年景气情况的预测理论。哪怕这些预测出现错误也不没关系。

那些可以解释一切现象且永远正确的理论是宗教、占卜术，而非科学。宗教可以用"神的旨意"解释一切，而且神做出的所有解释永远都是正确的。没有患上癌症是因为神的祝福，罹患癌症是因为受到了神的召唤，也是一种祝福。

占卜师的话同样永远正确，如果有一个曾经预测春天将死的人到了冬天仍然活得有滋有味，占卜师就会说那个幸运儿得到了额外的阳寿。如果有一位应届高考生在得到必能考上大学的占卦后却名落孙山，占卜师就会说他诚意不够，没有供奉好各路神仙。

经济学家，尤其是在淡水派经济学家中经常看到一些谈论现实问题像牧师或占卜师的学者。一旦出现以人类理性作为基本假设的现有经济学理论难以解释的异常现象或论点，这些经济学家中的"牧师"或"占卜师"就会在不更改假设的前提下，想方设法用五花八门的论调做出相应的解释，

# 第三章
## 亚当·斯密的双重性

而这种做法很容易让相关解释成为放之天下而皆准的通用理论。大多数情况下,经济学家们所付出的这些努力只能算是临时变通的手段,提出的理论也毫无价值可言。美国前总统杜鲁门就曾希望能找到"独臂"的经济学家,替代那些只懂得提出模棱两可、毫无可用性理论的经济学家。因为他实在受不了那些只会说"一方面如此……另一方面又……"的经济学家。他只希望有一位经济学家能够给出一条明确的建议。

亚当·斯密为阐述经济现象付出的努力完全建立在对人类心理的敏锐洞察力之上。尽管他是现代经济学家们公认的经济学鼻祖,但他的理论和现代的经济学理论截然不同。在亚当·斯密的经济学理论中,经济学、心理学以及哲学理论浑然一体,都成了不可或缺的构成因素。问题是,在过去的200年间,正统经济学家们只是急于推广《国富论》中的教导,而未能对《道德情操论》给予应有的关注。终于,经济学和心理学各自分离成了独立的学术领域。心理学发展成通过高度发达的实验方法和统计分析研究人类实际形态的现实性学问,而经济学发展成了通过高等数学知识,细化理论的抽象性学问。当经济学和扎根于现实中人类形态的实践性学问分道扬镳,走上独立发展之路以后,如今已成为脱离人类日常生活的非现实性学问。

万幸的是,根据对人类心理的洞察力阐释经济现象的传统得到了传承。现代的行为经济学家们,更是想在尖端脑科学或神经科学的新发现基础上,拓展经济学领域。结果,我们有幸能从当今的行为经济学或幸福经济学等多个尖端研究领域中,依稀看到亚当·斯密在研究人类心理方面表现出的敏锐洞察力。

第四章
**将地价上涨视作
崩溃前兆的学者们**

# 1. 史上最帅的经济学家——大卫·李嘉图

## 不要只看树木，不看森林

　　说到土地，大多数老百姓会情不自禁地联想到房地产投机和房地产泡沫，并期待政府出台一些强有力的措施。而稍微有点常识的老百姓，会更担心房地产投机会加剧贫富差距。然而，当今大多数经济学家却对这种担心视若无睹。他们只对最大限度地开发有限的国土资源，亦即对有效利用土地资源感兴趣。被现代经济学家们视为祖师爷的初期经济学家们，却拥有和当今老百姓类似的想法。于是经济学的祖师爷们立足国民经济的整体动态和利益分配的层面，提出了审视土地问题并预测资本主义未来的理论。

　　仅从土地问题的角度去分析，或许可以认为当今经济学不仅没有进步，反而还有一些退步。如果说经济学的祖师爷们看到的是一片森林，那如今的经济学家们盯的只是一棵树。正因为如此，在事关土地的问题上，他们只顾盯着土地市场，而无暇顾及其与金融市场之间的密切联系，以及其可能通过金融市场扩散到整个产业，并最终撼动国民经济。这无异于只见树木，不见森林。在前面的章节已经讲过，当今的经济学家们因为全然没有预测到世界经济危机而饱受诟骂。如果他们能听进去祖师爷们一丁点儿的教诲，也不至于此。其中来自大卫·李嘉图的教诲更是重中之重。

　　如果要从历代经济学家中选出挣钱最多的经济学家，肯定少不了李

## 第四章
### 将地价上涨视作崩溃前兆的学者们

嘉图和凯恩斯。虽然两个人有着很多共同点，如拥有巨额财富、极富幽默感、头脑灵敏、善于交际、不满足于象牙塔的生活等，但出身背景却有着天壤之别。凯恩斯不仅出身豪门，还毕业于名门学府，而李嘉图出生在受人歧视的犹太家庭，且从小只是个沿街小贩。对他而言，大学是遥不可及的。不过，从沿街小贩成功变身为首富、学术权威和充满激情的政客这一段精彩经历，促使李嘉图始终特别地关注"为什么有些人穷困潦倒一生，有些人则富甲一方"的问题，于是他在《政治经济学及赋税原理》的开篇写道，经济学亟需解决的最重要课题是，为决定利益分配的因素给出合理的答案。

在李嘉图生活过的年代，因地价飙升而爆发成富翁的人遍及英国各地，这种情形与后来的韩国极其类似。李嘉图本人除了是证券投资奇才，还是一位大地主，因此在地价上涨中，他可是尝到了不小的甜头。但李嘉图可不是个飞扬跋扈、喜欢炫耀财富的愚蠢富翁，而是一个善于思考、审慎行事的人。就像某位教授所说，这个世界上真的很难见到一位百万富翁到处呼吁社会改革的情景。大凡百万富翁都很自大，以为能够挣得百万家产是因为自己够聪明和有能耐。这些人一旦挣到巨额财富，就会为了守住既得利益，为现有制度摇旗呐喊、歌功颂德。因此，很难期望这些人在问题出现之时主动站出来，并从根本上对现有制度进行更改。

再看李嘉图，他是白手起家的百万富翁，也是热衷支持社会改革的政客。为此，人们还给了他"激进富翁"的评语。另外，他还是和亚当·斯密一起巩固经济学基础理论的大学者，用极富幽默感的口才给人们带来快乐的社交界王子，善于倾听不同声音的胸襟宽厚之人，在朋友落难时给予热情援助的善良绅士。恐怕在以后的很长时间里，再难出现如此近乎完美的经济学家了吧。

尽管李嘉图通过证券交易和地价上涨赚到了巨额财产，但他还是坚持"房价上涨为人们带来暴利的现象是亡国征兆"的观点。为此，他把所有的精力放在了研究地产价格的形成原理上，并发表了著名的"级差地租理论"。如果说"无形之手"是亚当·斯密经济理论的核心，那么"级差地租理论"就是李嘉图经济理论的核心。他在自己的著作中多次强调："如果不知道地价形成的原理，就无法理解资本主义经济。"由此可见，李嘉图非常重视地价问题，而他的思路已成为了古典经济学的传统。让人无法理解的是，古典经济学明明是现代经济学的前身，可为什么现代的经济学家却丝毫不在意房地产问题呢？

李嘉图于1817年发布的《政治经济学及赋税原理》曾经替代过亚当·斯密的《国富论》，成为经典的经济学教科书。这本书在叙述方法上与《国富论》有很大不同。亚当·斯密在《国富论》中通过丰富的资料和实际经验展开自己的观点，因此他的著作在逻辑性上要欠缺一些。与之相反，李嘉图是个逻辑性和说服力都很出色的人。与亚当·斯密不同，李嘉图从人人都可以接受的准确命题出发，极富逻辑性地阐述了自己的见解，让对方心服口服。在研究方法上，亚当·斯密主要依赖于归纳式研究方法，而李嘉图更喜欢用演绎法进行研究。所以，李嘉图还多了"理论家中的理论家"和"经济学祖师爷中的祖师爷"的雅号。可以说，李嘉图系统地巩固和发展了亚当·斯密的观点，是一位从实质上完成了古典经济学的经济学家。

人们普遍认为，古典经济学的理论体系源自亚当·斯密，经李嘉图得到确立，由约翰·穆勒完成之后，因19世纪80年代的边际革命而结束。可事实上，古典经济学并没有完全寿终正寝。直至今日，李嘉图的许多主张仍然保持着旺盛的活力。

在李嘉图的经济理论中，有一部分融入了当今所谓的主流经济学，另一部分融入了马克思经济学。另外，还有一部分理论与亨利·乔治的思想融合在一起，直到今天依然在发挥着作用。

在哲学领域，一切繁杂的理论都在康德那里得到了归纳和整理，并再从他那里分成思想分支。李嘉图在经济学领域的地位与康德在哲学领域的地位相当。

# 第四章
## 将地价上涨视作崩溃前兆的学者们

### 马尔萨斯和李嘉图之间的大辩论

作为一门独立学科,经济学从奠基到发展已经有200多年的历史。在漫长的岁月里,这样的情形并不少见:几个流派的经济家们围绕着经济领域中的某一个热点问题展开大辩论。其中围绕地价属性发生的争论,无疑是经济学历史上最有名的大辩论之一。这一场200多年前燃起的思想大论战如今仍没有分出胜负。这场论战具有非常重要的意义,占据优势的一方不仅能够影响到一个国家的土地政策,还可以左右国家的经济政策。

引发这一场大辩论的导火线是有关地价的作用问题,即土地价格是否影响商品成本。也就是说,正是这一问题引发了这场旷日持久的大辩论。

人人都知道位于首尔江南的餐饮或咖啡价格远远高于首尔近郊。问及其原因,几乎所有人会说,近郊的地价和首尔江南有着天壤之别。在普通人看来,这个答案非常简单。可是,就是这么一道常识性的问题因为一起历史性的大事件,触发了围绕地价属性而发生的大辩论。即历史上鼎鼎有名的拿破仑"大陆封锁令"和英国制定的《谷物法》。当时,刚刚征服欧洲大陆的拿破仑为了逼迫英国向自己臣服,于1804年成为法国皇帝之后,第二年就下令军队强行侵入英国,而特拉法加海战的惨败让拿破仑一统欧洲的梦想遭到了严重挫折。不得已,拿破仑想到了动用经济手段击垮英国的战略。他下令禁止从西班牙到俄罗斯的所有欧洲大陆国家与英国进行贸易往来,对英国实行了经济封锁。这就是1806年颁布的"柏林敕令"规定的大陆封锁令。

作为一个工业国家,当时的英国国内所需的粮食主要依赖于从欧洲大陆进口。因此,大陆封锁令让英国遭受了巨大打击。无法进口粮食,导致英国国内的谷物价格暴涨,而大量从未有人耕作过的贫瘠土地,也相继有人开垦。在贫瘠的土地上耕种粮食,就不能奢望有过高的收获,生产成本也居高不下。所以,即便在国内生产粮食,英国的谷物价格还是比拿破仑实行大陆封锁令之前贵了许多。谷物价格上升,自然会带动工资上涨;而工资上涨让出口疲软，企业利润也相继减少。结果，拿破仑的大陆封锁令不仅重创了英国经济，还给劳动者和资本家带来了严峻考验。

历史总是惊人的相似，多数人的不幸背后永远是少数人的幸福。当老百姓苦不堪言的时候，以地主为主的既得利益阶层却在背地里望着金山银山眉开眼笑。大陆封锁令引发谷物价格暴涨，极大地推动了对土地的需求。大量被认定不具开发性的土地或废弃的工厂用地变成了农田，而这些土地的拥有者也收到了高额的租赁费用（租金）。此外，农耕地的租金也直线飙升。如此一来，拿破仑实行大陆封锁令以后，英国地主们因谷物价格暴涨导致租金狂升而赚得盆满钵满。

由于地价是每年收取租金的现值总和（即地价是租金的资本化，或者是租金除以平均利息率的值），租金上涨意味着地价也按相应比例上涨。因此，大陆封锁令让英国的地价疯狂上涨的同时，还让地主们所有的财产价值急速膨胀。

问题是，拿破仑对欧洲大陆的统治并没有持续很长时间。为了惩罚违反大陆封锁令规定而偷偷向英国出口谷物的俄罗斯，拿破仑强行发起了一次远征却大败而归，也因此被赶下了权力宝座。

不管如何，拿破仑政权的崩溃让英国恢复了大陆封锁令实施以前的状态。谷物进口已不再有任何问题，价格也回落到了正常范围。进口谷物不受任何限制以后，价格将回落到正常水平，而劳动者可以吃到更便宜的粮食，资本家们也可以摆脱高工资的压力。这一切，最终会让经济情况好转。

有道是，世事无常。正当给英国百姓带来万般苦难的大陆封锁令即将自行解除的当口，英国政界竟然不愿意接受。想想也是，在拿破仑的"帮助"下得到巨大利益的英国统治阶层，绝无可能坐视大陆封锁令自行消灭。终于，英国政府颁布了《谷物法》，而这一行为无异于英国政府对自己施行大陆封锁令。《谷物法》是禁止各个国家向英国出口粮食的法律，而在当时控制议会的地主阶层全力以赴地让这条法律得到议会的批准。

即便是异常奇怪的法律，统治阶层也会为其找到合理的借口。在守护

## 第四章
### 将地价上涨视作崩溃前兆的学者们

既得阶层的利益方面，古今统治阶层都喜欢动员当代最负盛名的知识分子。韩国自然也不例外。君不见为李承晚独裁政权和其后几个军事政权的独裁政治粉墨贴金的人物，都出身于当代最高的名门学府？英国的《谷物法》也是如此。在拥护《谷物法》出台的著名知识分子中，就有以《人口论》闻名于世的马尔萨斯。

马尔萨斯解释和预测人类社会的理论依据是，人类和动物共同具有的两种本能：性欲和食欲。两者中，人类的性欲强烈到很难忍耐的程度，而满足人类食欲的手段（粮食）绝对受制于大自然的力量。马尔萨斯认为，这些都是难以违抗的现实，而且是人类悲剧开始的原点。

据马尔萨斯本人讲，《人口论》是他与父亲进行一场辩论后在气头上写下的著作。也许是他认为书中的内容过于偏激，于是初版时选择了匿名。未曾想，《人口论》刚刚出版就引起了巨大反响。众多知识分子纷纷发表读后感，认可马尔萨斯的观点。就连通过《进化论》给科学史画上浓重一笔的查尔斯·达尔文也坦承，自己从书中得到了很大的启发。

在修订版公开真名以后，马尔萨斯一跃成为社会名人。之前，作为一名剑桥大学毕业的神学徒，马尔萨斯只希望自己有朝一日能成为牧师。后来，也许是因为名声在外，即将不惑之年的马尔萨斯幸运地和一位年轻姑娘结婚，并生下多名儿女，为他自己一直都在警惕不已的人口增长做出了"贡献"。

《人口论》的核心观点是："人口繁殖力比土地生产粮食的能力强大，因而贫困几乎是大多数人无可摆脱的厄运。"马尔萨斯认为这种悲剧是由人类毫无节制的性欲，以及大自然对粮食生产的绝对制约引起的。

在马尔萨斯生活过的年代，英国的一部分知识分子认为，贫民们毫无节制的性欲是形成贫困的主要原因。有道是"人越穷越生"，估计当时的英国贫民阶层也是特别能生养子女。所以很多人认为，如果不能抑制毫无节制的性冲动，任何救济贫民的社会制度或政府的努力都将付之东流。所以，至少在19世纪，社会上充斥着把无节制的性冲动视为道德缺陷的氛围。

马尔萨斯本人十分赞同当时的知识分子们把贫困归咎于贫民的道德缺陷的做法，也因此和自己的父亲大吵一场。后来，马尔萨斯成了那些知识分子中的领军人物。

虽说马尔萨斯的《人口论》是支撑古典经济学的理论支柱之一，但他偶尔提出的极端观点还是招致了很多非议。在围绕《谷物法》进行的辩论中，马尔萨斯再一次让古典经济学的主流阵营感到不满。包括马尔萨斯在内的《谷物法》支持派也认为，过高的价格使得英国产谷物丝毫不具国际竞争力。因而，一旦开放谷物进口贸易，农业就会遭受灭顶之灾，农民也将面临莫大的损失。他们假借保护农业、扶持农民的名义支持制定《谷物法》，而这些在政治方面可以发挥出很大的号召力。公共选择理论家们不是说，政客们总是以国民利益的名义谋求自身利益的吗？

那么，英国的谷物价格为什么会很贵？支持《谷物法》的阵营给出的答案是："英国的地价太高，导致谷物生产成本上升。"很明显，此类观点完全是立足于"地价影响生产成本"的理论之上的。

不过，社会上很快形成了批驳《谷物法》拥护论的力量，而其中的领军人物就是经济学家李嘉图。于是，一场注定要名垂青史的大辩论在李嘉图和马尔萨斯间展开了。李嘉图的反击从英国产谷物价格保障的原因和地价上涨的原因开始。他认为，英国产谷物价格之所以会暴涨，是因为大陆封锁令让进口谷物的数量大幅减少的缘故；而英国的地价高居不下，是因为谷物价格暴涨。因此，一旦开放谷物进口，谷物价格必然会回落，而英国的地价也会随之下降。根据李嘉图的逻辑核心，地价上升是谷物价格上升的结果，而不是原因。

按李嘉图的观点，租金只不过是因为土地中生产的商品价格过高而发生的结果。因此，租金（地价）的高与低和土地生产物的成本高低无关，也不会让土地生产物的价格变高或贬低。如果李嘉图的观点是正确的，那么就会向土地政策提供一个非常重要的提示，即把租金或地价作为征税标准征收土地税，也不会给土地生产物带来任何影响。

## 第四章
### 将地价上涨视作崩溃前兆的学者们

那么，实行大陆封锁令之前，英国为什么会大量进口粮食？因为英国的工业商品生产率远高于谷物生产。也就是说，英国可以生产和出口比其他欧洲大陆国家更物美价廉的工业商品。李嘉图强烈提出，只有让英国专门生产具有优势的工业商品，并用进口的方式解决对谷物的需求，才会对英国和欧洲国家有利。这就是如今所有的经济学教科书中都能看到的"比较优势理论"。

《谷物法》通过议会表决证明，李嘉图的观点最终没有得到政治圈的支持。不过在当时的经济学界，被视作正论的却是李嘉图的观点。

## 因地价上涨产生的资本增益是剩余价值，也属于不劳而获

亚当·斯密是经济学的开山始祖，而亚当·斯密的接班人从理论上完善了经济学并夯实了经济学基础。可是，把亚当·斯密视为开山鼻祖的现代经济学家们对李嘉图却略带愤懑情绪。因为，李嘉图的经济理论中有一些内容不太招现代经济学家们喜欢。其中就有前面所讲过的劳动价值理论和剩余价值理论。比如，李嘉图认为地主所得的利益（租金收益）是一种剩余价值，对生产毫无贡献，纯属不劳而获。很多现代经济学家不仅不太认可这个观点，更是深感愤懑。

其实，劳动价值理论和剩余价值理论都是亚当·斯密已讲过的内容。只是亚当·斯密讲得过于笼统而李嘉图将两个理论发展得更为细致。尽管如此，饱受责难的却是李嘉图一个人，仿佛与亚当·斯密毫无相关。

那么，李嘉图为什么会提出"租金收益既是剩余价值，又是不劳而获"的观点？从大陆封锁令中可以找到答案。英国的地主阶层因大陆封锁令的施行而获得了经济利益，这既不是因为国民生产总值增加，也不是因为地主们的辛勤劳动；皆因拿破仑的决定让英国谷物价格飙升，连带地价疯涨。说得通俗一些，就是地主们捡到了天上掉下来的馅饼。当然，作为一名严谨细致的理论家，李嘉图的解释要比本书细致得多。李嘉图的级差地租理论证明了租金收益属于剩余价值。

为了进一步了解这个理论，我们可以进行如下假设，即土地的唯一用途是生产粮食，而韩国用于生产粮食的土地中，最肥沃的是京畿道的土地，然后是全罗道，庆尚道排最后。更加肥沃的土地意味着单位面积产量更高。也就是说，土地越肥沃，投入的单位生产成本越低。据此，我们假定京畿道、全罗道、庆尚道生产一袋粮食的成本分别是5万、6万和8万韩元，那么，最受人们青睐的还是最肥沃的京畿道土地。基于此，人们会首选京畿道的土地，其次是稍差点的全罗道土地，最后才是最差的庆尚道土地。在经济学中，越来越多的土地被利用，就意味着粗放利用极限在扩大。

如果国家的人口少到仅凭京畿道生产的粮食就可以满足需求，耕作也会局限在京畿道。如果土地足够肥沃，以致京畿道内的土地也有剩余，那么京畿道内的所有土地都不会发生租金。因为，只要京畿道地主表达出收租金的意向，土地耕种者就会立即去寻找其他的闲置土地。既然京畿道内还有一大批闲置的土地，当然没有人继续耕种要求交租的土地。

没有人耕种的土地会荒芜，土地所有者与其说是希望扩大自己拥有的土地，不如说是宁可不收租金也要把土地借给别人去耕种。因此亚当·斯密在《国富论》中写道："惯例上，只要有人提出土地使用的申请，土地所有主就会欣然允诺。"

古典经济学家们认为，商品价格取决于生产成本。所以，只在京畿道的土地上耕种粮食时，其粮食的生产成本与韩国的粮价（一袋5万韩元左右）基本持平。由于租金为0，每卖出一袋粮食得来的5万韩元将使用在工资、材料费、利息和利润上，而地主再也从中得不到任何好处。

随着人口增长，耕作京畿道所有的土地也不能满足粮食需求时，只有将全罗道的土地投入粮食生产中。问题是相对贫瘠的全罗道土地，不但会让粮食的生产成本上升，还会带动粮食的价格上涨。由于全罗道的一袋粮食生产成本为6万韩元，全国的粮食价格也会相应保持在每袋5万~6万韩元。

不过，就算韩国粮食价格上涨到每袋6万韩元，但京畿道的粮食生产

## 第四章
### 将地价上涨视作崩溃前兆的学者们

成本依然保持在每袋5万韩元。因此，可以把这之间的1万韩元差额，视作因肥沃些的土地而发生的额外收入。最后，这笔额外收入将进入地主的囊中。因为，农民宁愿舍弃这额外的收入，获得更加肥沃的京畿道土地。农民的这种心态，正好诱发了农民间的竞争。比如，一旦有农民建议让出额外收入中的一半，就会有其他农民表示愿意让出七成额外收入。在后者看来，即便让利七成，还能剩下3000韩元的额外收入，比耕种全罗道的土地有利可图。不过，很快就会有农民愿意让出八成，甚至九成的额外利润。

农民之间发生的这种恶性竞争，最终得利的是地主。因为，竞争到最后，1万韩元的额外收入将全数流进地主的囊中。最终这1万韩元的额外收入，即价格和生产成本的差额，就成了李嘉图所指的京畿道土地的租金。也就是说，除非京畿道的土地不能满足需求，只能退而求其次地使用全罗道土地之时，才会发生租金，从0韩元飙升到1万韩元。在这里，租金指的是从粮价中减去京畿道粮食生产成本的余额部分，即剩余价值。当然全罗道的土地是不可能发生租金的，因为粮食价格和粮食生产成本相等，不可能发生剩余价值。

社会在发展，人口也在持续增长。到了连庆尚道的土地也要使用时，全罗道的土地才可以收取租金，而京畿道的租金就会上涨。那么京畿道土地和全罗道土地的租金应该是多少呢？首先应确定全国的粮食价格。根据李嘉图的定义，全国的粮食价格由"最恶劣状况下"发生的生产成本（即劳动投入量）决定。也就是说，粗放利用极限下的生产成本决定全国粮食价格。而当庆尚道土地的粮食生产成本是每袋8万韩元时，全国的粮价就会随之上涨到每袋8万韩元。如果粮价达不到这个水平，就没有人愿意耕种庆尚道的土地。

就算全国粮价涨到8万韩元1袋，京畿道土地和全罗道土地的粮食生产成本依然为5万韩元和6万韩元，因而每袋粮食的价格要分别比粮食生产成本高3万韩元和2万韩元。正是高出的部分，即粮食价格中减去每块土地生产成本后的余额（剩余价值），被充作京畿道土地和全罗道土地的租金（京畿道可生产一袋粮食的土地发生的租金为3万韩元，全罗道2万韩元）。如此一来，京畿道可生产10袋粮食的土地发生的租金是30万韩元，而全罗道为20万韩元，以此类推。

## 地价上涨只是经济增长带来的结果

留心观察李嘉图理论中的租金形成过程，就可以得知，只耕种京畿道土地不会发生租金；而追加耕种全罗道土地时，京畿道的地主开始收到租金。最后，庆尚道的土地也用以耕作粮食时，不仅京畿道的地主可以坐收更多的租金，全罗道的地主也有租金可收。而归属京畿道土地和全罗道土地的租金规模，完全取决于粗放利用极限的大小。

如上所述，如果想知道归属于粗放利用极限范围内土地的租金规模，就要等全国粮价确定下来。而粮食价格又是由粗放利用极限下的生产成本决定的。粗放利用极限的范围越大，粮食的价格也越高，租金也会相应上涨。粮食价格居高不下是因为谷物需求量增大，促使人们不得不使用贫瘠的土地，而不是因为租金或地价过高。

根据亚当·斯密或李嘉图的主张，粗放利用极限下的土地不发生租金，而没有租金的土地叫作"无租土地"。使用无租土地的生产者无须支付租金。无租土地的生产成本即为全国通用的商品价格，而商品价格也理所当然地不包括租金。所以，地价上涨或下跌，对土地生产物的价格毫无影响。

讲到这里，有一个重要的问题就是，为什么粗放利用极限的范围会随着人口增长和粮食需求而扩大？人们为什么不仅要继续使用最肥沃的京畿道土地，还要使用肥沃度更差的全罗道以及庆尚道土地？这是因为收益递减现象。在有限的土地上投入更多的劳动力、肥料以及农具进行生产时（即提高土地利用集约度时），将出现边际产量递减的现象。

如果没有收益递减现象，人们也不会面临土地资源不足的问题。比如，假如要收获10倍于现在的收获量，只需在最肥沃的土地上增加10倍的劳动投入量即可。也就是说，如果没有收益递减现象，仅靠数量有限的肥沃土地，也可以生产出足够数量的农产品，根本没必要退而求其次地去使用肥沃度欠佳的土地。

不过，在现实生活中，收益递减的原则俨然存在。虽然在某种程度下，可以最大限度地利用最肥沃的土地去满足人们日益增加的需求，但过低的生产率会进一步导致集约度的提升，从而让经济受损，这就是集约利用极限。有了集约利用极限存在，就不能只在最上等级的土地上无限量地生产农产品。无奈中人们只能在肥沃度一般的土地上进行耕种。也就是说，粗放利用极限得到扩张。如此一来，生产成本升高不仅导致谷物价格缓慢上升，还会带动租金上涨。简言之，谷物价格之所以上涨，是因为收益递减导致集约及粗放利用极限下的生产成本上升，而不是租金上涨。

如上所述，李嘉图理论中的租金只是单纯的剩余价值。因此，土地生产物的价格越高，租金也会越贵。反之，生产物的价格越低，租金也会越低。如果生产物的价格降幅过大，就可能出现租金为0的现象，但工资和利息绝不可能变成0。因为工资和利息变成0，意味着生产中断。从这一点上，租金对其他生产因素的代价和属性与土地有着根本不同。对于有关地价上涨，李嘉图归纳出如下的观点：

> "租金的增加，永远都是国富增强的结果，也是人口增长、粮食供应变得不畅引起的结果。租金是一种症状，绝不能成为富的原因……租金绝不可能、也不能成为价格的组成因素。"

## 管鲍之交

了解某个人关注和思考的问题类型，也是评价此人的方法之一。大体来说，小气的人计较小气的问题，而伟大的人则思考伟大的问题。从这一点可以得知，亚当·斯密和李嘉图都是伟大的人。他们一直都在思考"如何让一个国家乃至整个人类生活得更好"的问题，并各自提出了解决方案。和亚当·斯密一样，李嘉图也是以自己的问题意识为中心，结合一些在当时学界中流传的经济学理论片段，如寻租理论、收益递减理论、工资理论、劳动价值理论，融入自己的独创理念，打造了一个巨大的经济理论体系。他阐释了当时的状况，并对资本主义的未来进行了预测。此外，李嘉图还把有关土地的理论定义为经济学的重要核心，由此确立了古典学派经济学的传统。

李嘉图不仅在学术上取得了伟大成就，在人格上也得到了广泛的尊重。只要他认定了某位学者提出的观点有道理，即便那位学者与自己有过节，也会毅然接受对方的观点。当时，马尔萨斯和李嘉图就包括《谷物法》在内的众多经济热点进行过无数的交锋。其实在学术上，两个人注定会有争论。因为李嘉图是领军古典经济学主流派的大师级人物，而马尔萨斯是从非主流派中异军突起的一名教授。

两人发生争执的时候，李嘉图总是嘲讽马尔萨斯是空谈家。不过他们的争执仅限于学术上的君子之争，私下里却是毕生的挚友。作为一名政治家和商业天才，李嘉图经常给予马尔萨斯经济援助。有一次，李嘉图大量收购英国政府发行的债券，把其中的一半分给了马尔萨斯。后来，拿破仑和英国开战导致英国国内局势不稳。惊恐万分的马尔萨斯不顾李嘉图的劝告，出售了手中的债券。最后没想到债券价格不降反升，增值了好几倍。马尔萨斯为自己的草率后悔不迭，而李嘉图狠狠地挣了一大笔。

生前两人通过书信探讨学术，交流友情。李嘉图在临终前，还给马尔萨斯留下了一大笔遗产。在给马尔萨斯的最后一封信中他讲道："即使您赞同了我的观点，我们的友情也不会比现在更进一步。"

两人的友谊不禁让我想到了"管鲍之交"，它讲的是中国春秋时齐人管仲和鲍叔牙之间的深厚友谊。管仲曾在临死之前说过："生我者父母，知我者鲍子也。"马尔萨斯也经常给予李嘉图类似的评语。

李嘉图在工资理论中以学术对手马尔萨斯的《人口论》作为核心。他在《人口论》上嫁接自己的寻租理论，打造了宏大的经济理论体系。李嘉图认为劳动者的工资取决于两种因素的相互作用。其一是劳动力的需求和供应，其二是劳动者平均最低生活费，通常取决于社会惯例，而李嘉图把它定义为劳动力的自然价格。然后他又把与之相对应的概念，即实际付给劳动者的工资叫作劳动力的市场价格。这种实付工资，完全由劳动的需求和供应决定。

当劳动力的市场价格超过自然价格的时候，劳动者的生活就会富裕。根据马尔萨斯的《人口论》，生活中一旦出现经济条件变宽裕的情形，劳动者们就开始多生子女。随着人口和劳动力的增加，劳动力的市场价格开始回落。如果市场价格的跌幅过大，降至自然价格以下时，劳动者的生活就会变得贫困，从而导致人口和劳动供应减少。结果，劳动力的市场价格又会上升。李嘉图指出，通过这种周而复始的循环过程，劳动力的市场价格始终在劳动力的自然价格线上形成长期平衡。

## 经济学是"沉闷的科学"

在大多数人的印象中，经济学是拥护资本主义体制的理论，也是用乐观的视觉看待资本主义未来的学问。不过，具有讽刺意味的是，经济学之父亚当·斯密和经济学理论基础的奠基人李嘉图等早期的正统经济学家们并没有看好资本主义的未来，其中李嘉图对"资本主义衰落"的解释最具逻辑性，也最让人感到悲观。经济学也由此获得了"沉闷的科学"的别名，而他著名的"长期停滞理论"也为经济学获得此别名提供了契机。

亚当·斯密和李嘉图都认为，资本主义经济的利润率在长期内趋向下降是让资本主义的未来看似阴暗的主要原因。这两位学者都认为资本积累是经济增长的原动力，而资本积累只能通过利润再投资来完成。在亚当·斯密和李嘉图的经济舞台上，资本家一边让资本流向高收益产业，并借此主导资源的有效分配；另一边又主导储蓄和投资，并扮演引领经济增长的主要角色。相反，寻租阶层扮演的是收取租金的寄生角色，过的是纸迷金醉的日子，而劳动者则扮演着被动的角色，领着最低生活水平的工资，过着勉强维持生计的生活。

通常，在新生国家或处于经济增长初期阶段的社会，无论是劳动的生产成本偏高或偏低，始终都能保持很高的利润率，且可以积累很多的资本。一旦这些资本得以再投资，劳动需求量就会增加，工资水平也会上涨。然而，工资的上涨会诱发人口的增加。而人口的增加必然会带来两种主要的效果：重新把工资水平拉低至生活水平；粮食需求的增加。为了满足持续增加的粮食需求，本应更加集约使用在耕土地，收益递减现象却迫使人们利用肥沃度较低的土地耕种，这必然会让生产成本升高。根据李嘉图的级差地租理论，粗放利用极限的扩大在提高生产成本的同时，还会导致租金上涨。虽说工资可以固定在生活水平上，但生产成本升高和租金上涨必然会导致利润减少。

即便利润减少，只要坚持再投资，投资总额就会扩大。结果，劳动需求量就会增加，这会促使前面所讲过的因果过程（劳动需求增加→工资上升→人口增加→粮食需求增加→土地的集约、粗放利用极限扩大→生产成本上升）周而复始。这么一来，持续减少的利润会与不断上涨的租金形成鲜明的对比。值得一提的是，上述过程每反复一次，利润就会减少一次。

持续增加的人口以及土地粗放利用极限扩大引起的生产成本持续上升和租金的持续增加会让利润率长期下降，并打击资本家的投资积极性。最终把经济引向无资本积累的状况之中。利润率降至0时，经济不仅会停止增长，还会面临着劳动需求量不再增加、人口也无法继续增加的极限状况（即长期停滞状况）。不过，李嘉图认为早在长期停滞状况来临之前，过低的利润率就会终止资本积累过程；而付清工资后剩下的绝大部分国民生产总值，将为土地所有者和征税者所有。

从长远看，真正能享受到经济增长之果实的，主要是地主阶层和围绕其周围的贵族阶层；而在总人口中，劳动者占绝大多数，且在勉强维持生计的水平线上原地踏步。这使得社会的贫富差距越来越大。

一旦利润率趋于下降，经济就会失去活力。当然，资本积累率低下和经济增长停滞，并不意味着资本主义经济立即崩溃。从理论上，可以存在无资本积累，只要有单纯再生产的资本主义。可是从资本主义的属性来看，现实中永不可能出现没有经济增长的资本主义。也许，最不能容忍经济增长停滞的体制就是资本主义制度。

首先从宏观上看，资本积累以及由此形成的经济增长，对粉饰资本主义社会内部存在的结构性不平等与矛盾，起着非常重要的作用。资本主义通过经济增长，让穷人们怀上对美好生活的无限向往与希望。同时把部分资本家阶级奢靡的生活美化成众人羡慕的对象。

另外，经济增长对缓解资本家之间的激烈竞争和由此而来的矛盾起了很大的作用。原因很简单，只要经济保持增长，资本家们就会感觉没有必要为了自身利益而践踏其他资本家的利益。可如果利润率下降导致资本积累低迷，且让经济停止增长，资本家之间的争执和分裂就会加剧。一旦如此，国家就会为了维持体制，一边动员各类强制性机制，一边努力寻找突破口。现实表明，国家在这一过程中注定要牺牲巨大的社会利益，并承受经济上的损失。

## 为了让国民幸福而追求经济增长的国家是落后国家

李嘉图的长期停滞理论实在让人沉闷，以致让经济学获得了"沉闷的科学"的称号。不过，被认为李嘉图的接班人并完成古典经济学理论的约翰·穆勒（J.Stuart Mill；1806—1873）针对长期停滞现象做出的奇特解释，着实让人们大吃了一惊。根据穆勒的观点，没有经济增长的长期停滞状态，才是让资本主义过渡到更成熟阶段的最佳契机。

约翰·穆勒于42岁那年撰写出版的《政治经济学原理》与亚当·斯密的《国富论》、李嘉图的《政治经济学及赋税原理》、阿尔弗雷德·马歇尔《经济学原理》一起，成了经济学创立以来，统治学界200多年岿然不动的五大经济学教科书之一。除了经济学，穆勒在哲学领域也留下了深深的足迹。他的功利主义理论在哲学领域得到了广泛的应用。

说起约翰·穆勒，他年轻时的履历非常精彩："天才的称号始终与他如影相随。他3岁学习希腊语，8岁开始接触拉丁语，13岁学完数学、物理学、化学以后开始学经济学，15岁学完所有教程，到了20岁成了精神病患者。"

在约翰·穆勒少年时期，他的父亲已经是非常有名的经济学家，而且和李嘉图交往甚密，并在学术和政治方面给予了李嘉图很多的帮助。在这样一位父亲的严格管教之下，穆勒从小受到了异常严酷的天才教育。每天，穆勒为了完成父亲留下的学习任务，都没有时间和同龄的孩子玩耍。现在看来，穆勒应该是那种非常听父母话的乖宝宝，而他的母亲也是相当冷酷无情且尖酸刻薄。在穆勒因难以承受学习压力而经常想自杀时，她没能及时抚慰穆勒寂寞的心灵。据说，穆勒坦言自己"没有经历过少年期"，甚至在自传中都没有提过母亲。现在看来，穆勒的家庭还真古怪。在那样的生长环境中，穆勒不变成精神病患者才怪呢。

既然穆勒是越过少年期，直接跨入青年期，那么在处理人际关系上略显古怪就不足为奇了。在爱情上，穆勒在20多岁的时候竟然被一位有夫之妇迷得神魂颠倒。趁妇人的丈夫上班时，他偷偷溜进她的家中与之偷情。尤其让人感到吃惊的是，两个人的恋爱竟然维持了20年之久。后来，穆勒快到知命之年的时候，情人的丈夫去世，而穆勒很快就与情人结婚，为他这段旷世持久的"变态"恋爱画上了句号。

从某种角度上讲，穆勒可以说是一位非常纯情的人。或许是他的情人非常聪明伶俐，也或许是他痴情难以自拔。不管事实如何，穆勒在自传中长篇累牍地称颂了自己的情人。人们都说正是情人的人格魅力和人情味，在学术上极大地影响了他；并普遍认为"穆勒的理论给亚当·斯密和李嘉图创立的古典经济学吹入了一股温馨之气，让原本生硬冰冷的经济学变成了充满人情味的科学"，而穆勒的情人在其中发挥了至关重要的作用。

作为功利主义的代表人物，穆勒在《政治经济学原理》中也谈到了幸福。他特别强调：从结果上讲，最重要的是国民的幸福，而经济增长不过是为国民谋求幸福的手段。无法让国民感到幸福的经济增长一无是处。经

## 第四章
### 将地价上涨视作崩溃前兆的学者们

济增长的结果是收入的提高。穆勒认为，幸福分为可通过收入提高获得的幸福和无法通过收入提高获得的幸福。简言之，就是有些幸福可以通过金钱买到，而有些幸福不可以。那么，收入水平上升到何种程度，才能让国民明白能带来幸福的不只是经济增长呢？换句话说，经济增长无法继续增进国民幸福的极限在哪里呢？穆勒可能认为长期停滞状态就是其极限所在，即经济增长进入长期停滞状态以后，仅靠收入提高是无法继续增进国民的幸福。

经济增长过程中必然会出现工业化和城市化，而这样的结果会招来混乱与争吵。人口密集度过高也会让人们减少享受美丽自然的机会。在尚未脱离贫困的时候，人们因收入提高感受到的幸福，完全可以抵消混乱与争吵带来的精神压力。但当生活进入小康状态以后，经济上的宽裕所带来的幸福无法抵消混乱和争吵带来的精神压力。到了这个阶段以后，按照穆勒的说法，人们需要用"生活的艺术（the art of living）"替代"过日子的艺术（the art getting on）"。届时，追求好的人际关系、有意义的事情以及文化生活的智慧，在幸福感中占据的比重越来越大。

进入长期停滞状态以后，人们无须再为经济增长挣扎努力。只要灵活应用生活的艺术，人人都可以拥有更加幸福的人生。因此真正追求国民幸福的发达国家，经济已失去持续增长的必要性。从这一点上看，只为让国民感到幸福而追求经济增长的国家是落后国家。穆勒认为，长期停滞状态是指仅靠经济增长已无法继续增进国民幸福的状态。

在长期停滞状态下，还有一项因素对增进国民幸福起到重要作用，那就是收入再分配。经济的增长过程必然会导致收入不平等。穆勒对众多老百姓没能享受到工业革命带来的好处感到遗憾。穆勒认为，长期停滞状态是人们无须再为经济增长操心，只需由全体国民共同分享工业革命的成果，并创造更幸福社会的阶段。也就是说，进入长期停滞状态以后，为了国民的幸福，发达国家应把主要精力放在收入再分配上。现在看来，穆勒过于小看了收入再分配的问题，当时他并没有察觉到收入再分配才是人类最难完成的难题。

也许真理喜欢置身于穆勒那样纯真的灵魂当中。150多年以后,当今众多学者证明了穆勒的洞察力是正确的。美国是世界上最富有的国家之一,但是美国芝加哥大学全国舆论调查总部实施的一项普通社会调查结果表明,过去数十年间除了对婚后生活感到幸福的人群以外,对职场生活或居住环境感到满意的人群,其比例都在逐年下降。要知道,这些生活领域的满意度与幸福有着很高的相关性,因此在过去的半个世纪间,即便人均国民收入增加了近3倍,美国人的幸福指数并没有提高很多。可以肯定的是,这并不是偶然的结果。从整体上看,欧洲发达国家得出"收入水平和幸福之间毫无相关性"的结论,以致在专门研究幸福的学者间,"幸福悖论"已成为公然谈论的内容。

## 2. 伟大的思想家亨利·乔治

### 史上最畅销的经济学书籍作家

为了帮助资本主义安然度过长期停滞引发的生存危机,李嘉图强力推荐"自由贸易"作为解决方案。通过自由贸易,英国不仅可以缓解土地不足、解决粮食不足的现象,还可以限制利润率下降,提高经济增长率。反观《大陆封锁令》或《谷物法》,不仅与自由贸易背道而驰,还会给英国乃至其他国家带来损失。李嘉图尤其对《大陆封锁令》和《谷物法》进行了强烈的谴责,认为它们在牺牲资本家和劳动者的基础上,虽然提升了既得利益阶层的经济地位,但是激化了社会矛盾。

当然,早在李嘉图之前,亚当·斯密就已强烈推荐过自由贸易。不过,李嘉图却把亚当·斯密的自由贸易理论提升了一个等级。亚当·斯密已证明,各国对比较优势产业(即生产率高于其他国家的产业)实行专业化以后,再进行自由贸易的做法对所有国家有利。那么,不拥有比较优

## 第四章
### 将地价上涨视作崩溃前兆的学者们

势产业的国家是不是不用做自由贸易呢？又如，某个国家的所有产业领域与其他国家相比皆处于绝对优势的话，又该当如何？如果仅从表面上理解亚当·斯密的主张，那么拥有绝对优势的国家根本没有必要与其他国家进行交易。

不过，李嘉图却证明了"即便某国家在所有方面都优于其他国家，也可以通过自由贸易给本国和参与当事国带来利益"。其中的关键是国内的商品交换比率（即相对价格）。假设在英国一套西装可交换2箱葡萄酒，而在法国能交换8箱。那么在英国生产一套西装到法国交换8箱葡萄酒，比在英国生产2箱葡萄酒有利可图。如此一来，英国国内产葡萄酒可能要减少2箱，但通过贸易交换8箱葡萄酒以后，反而还要多出6箱葡萄酒。由此可以得知，只要每个国家的商品相对价格有不同，就会出现通过自由贸易谋求相互利益的余地。

英国的毛织品加工和葡萄酒加工比法国优越多少（即具有多少比较优势）并不重要。李嘉图的自由贸易理论，如今已成了经济学教科书中不可或缺的重要内容。

正当李嘉图积极主张以自由贸易作为解决资本主义危机的突破口时，另一名经济学家提出了别具一格的解决方案，直至今日仍形成了巨大的影响力。他就是亨利·乔治（Henry George；1839—1897）。早在120年前，他撰写的《进步与贫困（Progress and Poverty）》在出版后就被翻译成8国语言，在全球范围内掀起了购买热潮。迄今，这本书累计已售数百万本，被誉为人类历史上最畅销的经济学书籍。爱因斯坦读完此书后表示深有感触。美国著名的思想家和教育家约翰·杜威（John Dewey）毫不犹豫地把亨利·乔治列为人类历史上最伟大的十位思想家之一。据说，孙中山在构思三民主义的时候，深受《进步和贫困》的启发，并通过三民主义给台湾土地制度的形成施加了很大的影响。在交通远不如今日发达的当时，亨利·乔治身在欧洲，却受邀远赴澳大利亚进行演讲。另外，近代经济学的创始人阿尔弗雷德·马歇尔也在演讲中多次提及有关《进步与贫困》的内容。即便是在社会经济发展的现在,该书依然被推荐为"具有社会意识的人群必读之物"。尤其是在社会矛盾日益增多的今日,只为经济增长摇旗呐喊的保守知识分子,更应该阅读这本书。

亨利·乔治是公认最忠实于李嘉图地租理论的人物。和李嘉图一样,亨利·乔治也没有接受正规的大学教育。就如哈佛大学的熊彼特教授承认的那样,亨利·乔治通过昼耕夜读,通透理解了古典经济学。

如果说李嘉图是通过细致理论领导当时经济学界的巨匠,亨利·乔治就是依据社会底层的生活经历,面向大众推广经济学原理,并最终触动百姓心弦的草根经济学家。虽然他拥有经济学畅销书作家的头衔,但至今也没有几个经济学家承认他的经济学家身份。或许更贴切地说大部分经济学家根本就不认识亨利·乔治。亨利·乔治在普通大众中享有的声誉比在学术界里高很多,在国外的名声比在其出生地美国更大。

从亨利·乔治的著作题目《进步与贫困》中可以看出,"工业革命以来,尽管技术和经济都得到了长足的发展,但在人类社会中最令他感到困扰的问题是,"极度贫困与巨大的物质丰饶共存"。亨利·乔治认定这种丰饶中的贫困是现代工业社会最大的谜题,而《进步与贫困》正是他为了破解这道谜题而苦思冥想后撰写的力作。整部书反映的是一名备受生活煎熬的普通人感受到的种种忧虑和疑惑,而非一名孱弱的知识分子在无病呻吟。不过,我们不能因此把亨利·乔治定义为失败主义者。和李嘉图或马尔萨斯等精神上给予他巨大影响的人不同,亨利·乔治坚信人类社会具有无限进步的可能性。而我们可以在《进步与贫困》中具体体验到他的信念。亨利·乔治认为,李嘉图的理论,尤其是有关地租的理论,蕴含着贯通资本主义社会,甚至是人类历史的真理。

## 进步的两大前提条件

亨利·乔治在《进步与贫困》一书中,先对贫困的原因进行了诊断,后为进步提出了良药处方。就如大多数伟大思想家一样,亨利·乔治也是

## 第四章
### 将地价上涨视作崩溃前兆的学者们

以看穿人类历史的慧眼为垫脚石,阐释了自己的观点。众所周知,人类历史由众多文明社会的形成、成长、没落以及忘却的过程联结而成。亨利·乔治特别强调了文明社会完全有可能退步的事实。细观过去几千年来征服希腊、罗马等国的众多种族,都是文明程度非常落后的。即便是辉煌一时的文明社会,一旦开始衰退,就有可能在单纯无知的野蛮人面前表示屈服。而衰退的种子,发芽于文明社会内部。人类的历史通过鲜活的例子教训我们:"文明社会从来都是因为内部糜烂而走向没落之路的。"

那么,为什么会有那么多曾经辉煌的文明社会重蹈灭亡的覆辙呢?亨利·乔治断定,那是因为人们反复把高贵的能力浪费到无关紧要的事情上。渴望不断进步是人类的本性,而且人类也确实具有可以满足渴望的精神力量。他认为这种精神力量就是进步的原动力。进步的速度与所投入的精神力量成正比。问题是人类的精神力量有限。在食不果腹的状况下,人类的精神力量将全部消耗在维持生计上,还有谁会考虑进步的问题?只有已解决温饱问题并步入小康的人,才会要求进步,这是一个极其常识性的问题。

重要的是,仅靠解决生计问题仍不能满足进步的条件。就算人们已解决温饱,步入小康,一旦发生利害冲突还是不能奢望进步。因为,人类宝贵的精神力量会在冲突中消耗殆尽。因此,根据亨利·乔治的观点:人类社会的进步,最基本的前提条件有两个;首先是所有人的生计得到充分保障,然后是人与人之间的矛盾与争吵控制在最小范围内。历史上有很多辉煌一时的文明惨遭灭亡,就是因为不能满足这两项基本条件。只有这两个基本条件得到满足,人类才会有余力把有限的精神力量投入到发展上。

现在,让我们一起回顾人类历史吧。在原始狩猎时代,人类分散而居。人们整天为生计四处奔波。不仅如此,部族之间的冲突也接连不断。既然那个时代的人类把所有精神力量投放到维持生计和争斗之中,进步也就无从谈起了。直到人们开始群居以后,文明也随之开始。人类历史严肃地告诉我们:当人类团结在一起、同心协力的时候,进步才会变得可能。究其原因,只有在同心协力的时候,人的部分精神力量才能从维持生计和斗争中得到解脱，投入到进步的事情上。然而，任何一个团体，想要做到同心协力，须先营造出团体成员间互相认可和尊重的氛围。譬如，互不理睬的朋友不会有任何作为，也不能得到发展。于是亨利·乔治断言："平等状态的协同关系（association in equality）"才是进步的法则。举例来讲，一个新的王朝或文明社会登上历史舞台的初期，国民之间会形成共创伟业的共感带，并因此营造出平等状态下的协同关系。这个时候，社会中会出现新气象，而社会也会充满活力。最终，社会开始步入成长轨道。随即，新人类也开始粉墨登场，新的制度也相继出现。

## 不平等是退步和没落的种子

问题是，新的制度得以稳定、劳动分工初步完成、生产规模扩大以及大量积累的财富让诸多弊端浮出水面。一旦政治领域和经济领域中出现不平等的现象，就会显现出固化并扩大的倾向。扩大后的不平等，不仅逐步瓦解了进步的原动力（即平等状态下的协同关系），还会在富人和穷人间造成矛盾，并在无关紧要的事情上消耗人类的精神力量。韩国的保守知识分子大多有小觑贫富差负面影响的倾向，他们正是最需要关注亨利·乔治关于不平等观点的人。

据亨利·乔治的观点，不平等的扩大和财富积累引发的另一重要现象是惰性和堕落。在这里，惰性指的是拒绝变化、满足于体制的人类属性，而堕落指的是奢侈和虚荣，即不平等现象加剧，且财富得到积累以后，文明社会中必然会出现统治阶层的保守化倾向、奢侈以及虚荣。关于罗马时代贵族们的奢侈，已通过各类电影深深震撼了人类。不过，中国古代历代王朝的上流阶层在奢侈腐化方面，让罗马贵族难以望其项背。

有一种现象十分有趣，除了中国人以外，韩国人和日本人都非常喜欢讲述中国汉朝末期，群雄逐鹿、魏蜀吴三国鼎立的历史故事——《三国演义》。虽然这部小说大大地歪曲了历史事实，基本上属于虚构类的小说，但在中日韩三国的读者中，却享有很高的人气。不管是虚构还是真实，最

## 第四章
### 将地价上涨视作崩溃前兆的学者们

后的结果都是三国归晋。晋朝由屡次被蜀国打败的司马懿的曾孙建立。纵观中国历史，很多短命王朝的灭亡都与奢侈腐败的贵族阶层有关。正是晋朝贵族们的极端奢侈腐败，加剧了晋朝衰亡的过程。到了晋朝第二代皇帝晋惠帝时期，国家发生饥荒，百姓没有粮食吃，许多百姓因此活活饿死。据传有点白痴的晋惠帝听完大臣们的奏报以后大为不解，于是有了以下可笑的对话：

皇帝：据说现在国家很乱，这是为什么？
大臣：到处都是饿死的农民。
皇帝：怎么会有人饿死？这是为什么？
大臣：据说是旱灾严重，农民没有粮食可吃。
皇帝：真是一群愚蠢的人，没米做饭吃，就不能改吃肉粥？！

在这么一位皇帝的统治下，国家必然不能正常发展。很快在"五胡乱华"中遭到了灭亡。根据亨利·乔治分析，不平等现象的固化和扩大会直接诱发各个阶层间的反目与纷争，间接地引发惰性和堕落。一方面，惰性引起的统治阶层保守化地拒绝发展与革新，另一方面本应投入进步中的人类精神力量，被人类堕落引起的奢侈和虚荣消耗殆尽。不仅如此，社会上也形成"只接受为奢侈和虚荣而产生的技术进步和变化"的风气。由此可见，文明社会的崩溃，首先是由内部腐烂开始的。

亨利·乔治用警告的语气指出：财富和权利的不平等仍然可能给现代社会带来崩溃。亨利·乔治在著作中写道："在当今社会体制中存在的所有浪费现象中，最严重的浪费是对精神力量的浪费。"

在亨利·乔治的这些主张中，最有意思的是经济的不平等不能因政治上的平等而解除。根据他的主张，在经济不平等（财富的不平等）的前提下，权利的平等不具任何意义。为了维持生计，穷人随时都有可能出卖自己的权利。因此，在财富分配公正的时候，政府越民主越好；而在财富分配不公平的状况下，政府越民主情况会更加糟糕。对此，亨利·乔治做出了如下解释：

> "腐烂的民主主义或许要比腐烂的独裁好一些，但就对国民性的影响而言，前者要比后者恶劣许多……腐败的民主政权终究会让国民腐败，而一旦国民腐败就无力回天。"

亨利·乔治从骨子里信奉性善论。他认为，人类的善、追求真理和团队精神是与生俱来的。

"为了让人类的这种潜能得到淋漓尽致的发挥，让社会持续发展，人们必须消灭贫困并消除不平等现象。"——这是亨利·乔治想通过《进步与贫困》传递给我们的核心内容。

## 土地投机与地价暴涨

就发生贫困和不平等的根本原因表达自己的理论观点之前，亨利·乔治先对世人的错误观点进行了引导。他和马克思一起对马尔萨斯的《人口论》展开了最猛烈的批评。当时的人们认为，"人口增长"是引发贫困的最大原因。亨利·乔治仔细分析了国家公布的过往记录和资料（即把贫困的原因归咎于人口过剩），得出结论：这些国家之所以贫困，是因为社会制度上的缺陷使得劳动力和自然资源得不到充分利用，而不是因为人口过剩。比如，残酷的暴政、地主的横行霸道、轻率地发动战争等因素才是引起贫困的主要原因。当时，被公认为欧洲最贫穷的爱尔兰国家，即便是在人口最多的时候，仍在充当农产品出口国的角色。当权者甚至在大量农民饿死的时候，仍然大量出口农产品。

根据亨利·乔治的观点，马尔萨斯在《人口论》中同等对待人类和动物的做法上犯下了致命的失误。和动物不同，人类拥有的能力能够保障他们生产出产量超过人口增长的粮食。根据亨利·乔治的说法，人的嘴巴只有一张而手却有两只。和动物的"手"不同，人类的手是一双创造性的手。所以，如不能用两只手解决一张嘴的需求，简直可以说是对人类的侮辱。

## 第四章
### 将地价上涨视作崩溃前兆的学者们

如果双手被困住或因没有工作而无所事事，人类就与动物无异，继续下去只能等来饿死的命运。亨利·乔治敦促人们尽早掌握一件实事，即人类社会的贫困源自社会制度中限制人类灵活应用双手的盲点。

拥有大量优秀劳动力的国家毫无例外都是富裕国家。不过，即便是富裕国家，一旦贫富差距严重，就会大量增加挣扎在贫困线上的人群。大致上，越是贫富差距严重的国家，从事满足虚荣产品生产岗位的人口比重越高，而低收入阶层的工资水平却相对很低。

历史告诉我们，一个国家濒临灭亡的时候，其土地制度会紊乱到极点。这种时候，少数上流阶层的人在垄断土地资源以后，把数以千万计的农民和工匠赶出土地。这些被赶出土地的人，虽然都拥有两只勤劳的手，但很难维持生计。当众多百姓陷入食不果腹的境地时，很容易爆发民乱，政局也会陷入混乱之中。不论是韩国、中国还是西方的罗马，众多王朝走向灭亡的时候，都经历过类似的过程。

在罗列种种历史真相的时候，亨利·乔治引用了李嘉图的级差地租理论，更加详细地阐释了发生贫困和不平等的根本原因。根据李嘉图的观点，随着资本主义的发展，归属于地主阶层的收入会越来越多，而资本主义体制最终会失去活力。仔细分析李嘉图的上述观点就可以知道一个事实，即在实行土地私有化的社会中，贫困和不平等是不可避免的现象。

亨利·乔治在李嘉图的理论基础上增加土地投机现象以后，更富戏剧性地阐述了土地私有化对社会的危害。他十分清楚，普通商品的投机行为与土地的投机行为有很大不同。同时，他希望其他人也能注意到这一点。一般来讲，普通商品的投机行为固然会让商品价格上升，但其效果只是暂时性的。因为，商品价格上涨必然会带动供应上升。由于这种供应增加会在市场上成为推动价格下降的重要因素，人们很难通过商品投机尝到甜头，即商品投机具有自律极限。

再看土地投机。它和普通商品的投机完全不同。事关土地，即便投机行为导致土地价格上涨，也不太容易出现土地供应增加的现象。所以，上涨后的土地价格将一直居高不下，而投机商们则放心地购入更多的土地，望着继续走高的土地价格欢呼雀跃。而后，地价上升诱发土地投机，而土地投机刺激地价上升的恶性循环就会形成。亨利·乔治的理论告诉我们，相比于土地生产率提高而引起的地价上升，这种土地垄断和土地投机引发的地价上升要占更大的比重。

基于以上逻辑，亨利·乔治出示了独特的景气变动理论。他认为，周期性地困扰资本主义经济的萧条也是始于土地投机—地价上涨的恶性循环。之前，大多数经济学家把经济萧条的原因归咎于生产过剩。他们认为，商品生产过剩使得市场上滞留太多卖不出去的商品，最终导致了经济萧条。但亨利·乔治却对经济学家们的这些主张嗤之以鼻。仅凭常识分析，在大量平民处在饥寒交迫状态下，商品生产过盛导致市场上出现无数滞销品，到底有多少可信度？就算这种说法成立。那么，既然市场上堆积了大量滞销品，我们总要找出滞销的原因才是。可想来思去，除了"因为工资过低，大多数普通百姓尚不具备足够的购买力"之外，再也找不出合适的理由。

亨利·乔治认为，土地投机引起的地价暴涨会让生产成本上升。只要土地投机—地价暴涨的循环不断重复，整个经济领域的生产成本就会上升，而生产将萎缩。事实上，实业家们经常提到，生产成本之所以上升，是因为直接受到房地产投机的坏影响。此外，房地产投机还间接带来了歪曲国民经济资金流向的坏影响。这意味着国民经济拥有的限量资金全部流入投机市场，而非本应流入的生产领域。如此一来，国民经济的生产率必然会下降。对于这些观点，亨利·乔治还出示了实证材料。以美国为例，经济繁荣达到顶峰的时候，投机性地价上升也十分明显。按照常例，紧随繁荣而来的是生产萎缩及景气萧条。根据亨利·乔治的观察，生产萎缩及景气萧条始于地价上升显著地区的土地需求减少。

通常，人们把信奉亨利·乔治思想的人群统称为"乔治丝特"，他们收集和整理了大量可证明亨利·乔治景气变动理论的资料。在收集整理的

## 第四章
### 将地价上涨视作崩溃前兆的学者们

过程中,他们发现了一个很有规律的现象,即地价上升到顶峰,两三年后会出现经济萧条,而作为经济萧条的前兆,包括美国在内的许多国家,会出现建设景气极端恶化的现象。20世纪80年代,曾经一路高歌猛进的日本经济急速衰退,并发生了经济大萧条,这也是因为房价暴涨导致工业活动整体萎缩。

完成对理论和事实的综合整理后,亨利·乔治断言土地私有化是扰乱资本主义市场秩序的核心因素。他认定没有土地的人不可能与拥有土地的人站在对等的立场上进行公正交易。土地特有的耐久性和永久性使其即便长期闲置,也不会有磨损或价值折损的现象发生。所以在交易土地的时候,拥有土地的人特别是土地投机者,完全可以采取拖延战术,直至交易价格达到心理期望值。反观拥有机器或工厂的人,却不能像土地投资者那般拖延交易,因为一旦机器和工厂闲置就会破损,无法再次使用。

很多土地所有者正是利用这种战略性优势,将贵得离谱的价格坚持到底。"钉子户"就是最具代表性的例子。所谓钉子户,指的是土地投资者在城市或城市郊区买下具有开发潜力的土地后,一举把地价提升几十倍,达不到要求决不罢休的行为。后来,随着越来越多的土地投机者热衷于扮演钉子户角色,给开发事业造成诸般阻碍,人们还特意制定了制约钉子户的法律。

如果说"钉子户"现象只属于例外,那么在亨利·乔治的眼中,恶劣程度仅次于"钉子户"的土地所有者的垄断性蛮横行为,可是非常的普遍。亨利·乔治把土地所有者和劳动者之间的交易,喻为劳动者和空气所有者间的交易。他认为拥有空气的人在交易中占据绝对优势,并会最大限度地利用那些优势。一旦如此,交易就没有公正性可言了。比如想让亚当·斯密提出的"无形之手"畅通运行,就要消除市场上的这些垄断性蛮横行为。

保障交易公正是"无形之手"运行顺畅的前提条件,而亨利·乔治认为土地私有化有悖于"无形之手"的前提条件。

## 探索解决方案

至今以来，有不少人批评亨利·乔治是社会主义者。不论是从前还是现在，一旦被人看不顺眼了，你就会被急匆匆地戴上"社会主义者"的高帽。亨利·乔治就是这种邪风歪气的受害者。从根本上讲，亨利·乔治其实是一位具有保守倾向的人。从他一直主张"土地私有化是阻碍市场原理畅通运行的最大障碍"就能够看出，他是市场原理的忠实信奉者。在这一点上，亨利·乔治和马克思之间形成鲜明的对比。

按当今的说法，亨利·乔治是一名狂热的市场主义者。比如，亨利·乔治对工会持有批判态度。工会让亨利·乔治感到最不满意的是，他们一直在忽视众多真正需要保护的劳动者，把斗争的目标定位到错误的方向之上。按道理，劳动者的真正敌人应该是拥有土地的阶层（地主阶层），而工会却十分离谱地把所有的愤怒泄向资本家阶层。大致来看，亨利·乔治在自己的理论中真正关注的阶级矛盾，是地主阶层和劳动者阶层的矛盾。根据他的定义，资本家阶层和劳动者阶层之间是同舟共济、相辅相成的关系。从这一点上看，亨利·乔治算得上是完整继承古典经济学传统的嫡传人，与继承劳动价值论的马克思走的是完全不同的路线。在马克思的理论中，社会矛盾的两大缔造者是资本家阶层和劳动者阶层，而地主阶层和资本家阶层是同穿一条裤子的伙伴。

不管怎样，亨利·乔治认为工会未能成为解决贫困和不平等问题的有效手段。同时，他也不认为政府可以从根本上解决贫困和不平等的问题。在他看来，政府根本就是贪污腐败的温床。因此，亨利·乔治反对政府扮演过多的"角色"。

既然土地私有化会成为让不平等生根发芽的种子。那么，把土地资源均分给每一个人又会怎么样呢？这个方案会让人均土地的所有规模变得零碎，让经济效率大幅降低。如果想充分利用全部国土并想从中收获最大量的生产物，就需让能力出众的人群拥有和管理土地。亨利·乔治认为没有

## 第四章
### 将地价上涨视作崩溃前兆的学者们

必要连乌合之众都拥有土地。

在对解决贫困和不平等问题提出的各种解决方案进行详细分析之后,亨利·乔治得出结论,土地私有化是万病之根源,而取消土地私有制度才是最根本,也是唯一的治病良方。不过,他也没有忘记私有财产权是资本主义基础的事实。从上述两点可以看出,亨利·乔治是一位很现实的人物。那么,亨利·乔治拿出的解决方案又是什么呢?他提出了表面上保留土地私有制度,实则没收土地的方案,即通过100%的税金征收所有土地的租金。这里所说的税金指的是地租税。用如今的说法就是类似于土地持有税的概念,即这类税赋纯粹属于对所有土地行为征收的税金,与土地交易和转让无关。亨利·乔治告诉人们"真正需要没收的是租金,而非土地"。

一提及没收租金,人们会错误地理解为"没收通过土地赚取的所有利润"。其实不然,亨利·乔治所说的租金,指的是土地所有者在使用土地的过程中,理应得到的正常收入的超过部分。比如,在地主耕种土地时,扣除耕种期间投入的肥料成本、农药成本、劳动成本等所有成本后,再扣除地主应得的正常利润。把剩余的利润折算成税金征收。对此,亨利·乔治做出了如下解释:

> "不必为了鼓励地主耕种土地,并提高土地生产效率而对地主说'这片土地属于你',只需说出'你从这片土地中生产出的皆属于你'就完全足够了。"

亨利·乔治还为没收租金的提案追加了破格建议,即撤销除了土地税以外的所有税赋,他因此成了提倡土地单一税的怪物学者。其实,土地单一税实在算不得是奇思妙想。据说在理论方面给亚当·斯密施加了很大影响的重农主义学派学者们,都曾建议实行土地单一税,其中包括当时在英国享有极高声望的大学者。

问题是亨利·乔治在世界上的名声过于显赫、影响力也过于强大。因此,本就对他心存歧义的保守知识分子像是闻到血腥味的野兽一般蜂拥而至，对其进行了猛烈抨击。这些人众口一致地责问亨利·乔治："就算土地税再好，怎能仅靠一项土地税经营偌大一个国家？"

其实亨利·乔治有关土地单一税的主张，只不过是他想通过《进步与贫困》想传递给大众的众多观点之一。可是他的对手们却不依不饶，非要把整本书都描绘成为土地单一税制摇旗呐喊的宣传工具。于是，土地单一税就成了亨利·乔治的"注册商标"。

亨利·乔治主张的"只留土地税，废除其他税赋"，含有很多很深的寓意。如果能静下心来倾听保守知识分子们的观点，就能够发现其实在他们的理论中有一部分还是很能打动人心的。因为亨利·乔治根本就是一位信奉市场原理的保守主义者。世界上没有人乐意缴税。保守主义者们也是一样。不管是在心情上，还是在理论上，税赋都属于令人讨厌的制度。几乎所有的经济学教科书都明确告诉人们，大部分税赋会因萎缩经济活动而招致社会损失。对制衣行业课税，则服装产量锐减；对快餐食品课税，则快餐食品产量减少；而对啤酒课税时，啤酒价格的上涨会导致平民百姓喝不到啤酒。这些都是税赋引起的社会损失。既然税赋会带来消极影响，完全废除或削减税赋岂不是更好？亨利·乔治只是向我们阐述了无人能抗拒，且理所当然的事情。

和其他税赋不同，土地税属于积极的税赋。亨利·乔治定义的土地税，指的是在全国范围内按统一税率对土地所有者征收的税。在土地税的特性上，再沉重的税赋也不会让大韩民国的土地减少。卢武铉总统执政期间新设的"综合不动产税"无疑增加了土地税赋，却也没有让韩国的国土有所流失。李明博总统上台以后，"综合不动产税"几乎名存实亡，可韩国的国土也没有增加一星半点。全国范围内按统一税率征收的土地税，也不会对生产形态带来任何变化。在统一税率条件下，商用地改为农用地或农用地改为工业用地的做法，都不能让税赋有所减少。因此，根本无须改变土地用途。

从长期上看，土地税给工业活动带来积极作用。一旦征收土地税，必

## 第四章
### 将地价上涨视作崩溃前兆的学者们

然会加重拥有土地或不动产者的经济负担。而这一现象会让人们对拥有不动产心存忌惮。所以说，土地税在抑制土地需求，尤其是在遏制以投机为目的的虚假需求方面发挥出卓越效果。这个理论从很早以前开始，就被包括古典学派经济学家在内的许多经济学家所谈及。地价下跌必然会让生产成本降低，并活跃经济活动。被誉为近代经济学之父的阿尔弗雷德·马歇尔甚至曾警告说："征收土地税过分促进产业活动，有可能导致盲目开发。"既然这样，亨利·乔治"废除消极税赋，增加积极税赋"的主张，究竟又错在哪里？他错的只是过分极端而已。

也许有人会质疑亨利·乔治"只靠土地税经营国家"的主张，认为这种说法太不现实。关键是亨利·乔治着重关注的是淡水派经济学家们一直在强调的目标，即"小政府"的实现。亨利·乔治希望看到的是"只在土地税税收范围内经营国家的政府"。也就是说，他希望政府能够把财政支出控制在土地税的税收范围内。就如每一部经济学教科书所讲的那样，人们不顾土地税以外税赋的消极影响，依然自觉纳税是因为大家都相信政府会对国民税金精打细算，其效益完全可以抵消税赋引起的社会损失。不过在亨利·乔治的眼中情况却完全相反，他认为政府在乱花国民税金。政府和政治家们一直都把国民当成木偶。

再过120多年，如今的政治经济学家（公共选择理论家）讲的其实也是同样内容。既然如此，他们就应该为亨利·乔治鼓掌，而非对其进行抨击。面对滥花国民税金的政府的财政支出状态，我们有必要重新了解和倾听亨利·乔治的主张。

第五章
# 对马克思的误解与真相

## 1. 主流经济学和马克思经济学

### 主流经济学是有关社会主义的经济学？

马克思对资本主义持有严厉的批评态度，这是不可否认的事实。马克思的思想很广，仅用"经济学家"的称号，很难对其进行准确的定义。在经济学中，以马克思的经济理论为核心的理论体系被称为"马克思经济学"。然而如今在韩国各大学的经济学系里，已经很少有教马克思经济学的老师了。就以首尔大学经济学系为例，全系30多名教授中没有一位是专门研究马克思经济学的。

与备受冷落的马克思经济学不同，在各大学经济学系得以传授的经济学，就是所谓的主流经济学。主流经济学是绝对忠实于人类欲望，并以如何满足人类欲望作为专门研究课题的经济学。如用一句话概括，主流经济学就是专门研究有效利用资源问题的经济学。主流经济学是从新古典经济学发展而来的。

新古典经济学最为关注的是，人们对商品价值的认识有了大转变。以前的古典经济学认为商品的价值取决于生产过程中人类所付出的努力。因此，容易生产的商品价格就便宜；而生产工序烦琐的商品，价格要昂贵得多。但到了19世纪后半期，陆续出现了一批对古典经济学的上述观点表示质疑的经济学家。他们认为，消费商品时得到的愉悦感能决定商品的价值。天然珍珠之所以价格昂贵，是因为它能让富家千金和女士们备感愉悦，而不是因为潜水员千辛万苦地去采集。没有这些疯狂痴迷于天然珍珠的女客户,潜水员也不至于冒着生命危险跳入水中。从根本上讲,商品就是为满足人类的欲望而存在的。在经济学中,商品满足人类欲望的能力叫作效用,而在当时的英国和欧洲大陆,有很多学者同时提出了"商品的价值取决于效用"的观点。只要商品的价值可以更多地满足人类欲望,即便其生产过程不费劲,也不影响该商品的高价值。相反,如果商品不能让人类得到满足,就算生产过程中付出再多的努力,也无法让商品具有应有的价值。

被誉为"近代经济学之父"的阿尔弗雷德·马歇尔就对新古典经济学和古典经济学的理论进行综合,并打下了主流经济学的基石。当今众多的经济学教科书从头讲到尾的供求理论,就是取自或发展自马歇尔的《经济学原理》。如果说亚当·斯密是经济学的开山鼻祖,那么马歇尔完全有资格享受"经济学之父"的称呼。

大学时期,马歇尔读的是数学专业,也一度教过数学。但他极力反对在经济学领域里滥用数学。他建议人们,即便用数学性思维或数学性手段分析问题,一旦得出分析结果,就应果断丢弃数学,用通俗的语气进行表达并举证日常生活中常见的案例。再看如今,尽管大多数经济学家都在学习和教授马歇尔经济学。但很少有人倾听和实践马歇尔的建议。最终由数学开始以数学结束的教条主义依然横行在经济学领域中。

如果读到经济学教科书的1/4部分时,就能碰到长篇累牍涉及垄断的内容。琼·罗宾逊(J.Robinson)是最早提出"垄断理论"的经济学家。这位女性经济学家与凯恩斯并称为最能代表英国剑桥大学经济学系的两大历史人物。要知道剑桥大学经济学系可是马歇尔说服校方设立的欧洲首个经济学系。

经济学教科书的后半部分内容大多从凯恩斯理论展开。如今,凯恩斯的理论在宏观经济学中占有相当大的比重,而他本人还是马歇尔的弟子。由此,不难想象当今美国和西欧以及韩国的经济学课堂里所讲的内容,大部分都是由"马歇尔-凯恩斯-罗宾逊"这三大人物提出的理论构成或从他们的理论基础上发展而来的。因此从某种意义上讲，以三驾马车的原创理论为核心的经济学，就是主流经济学。

虽然在很多时候，马克思经济学的视觉和主流经济学的视觉针锋相对并互不相让，但是把资本主义市场作为主要的研究对象，这一点还是两者的共同点。如果非要找出不同，则马克思除了从经济学的角度考究资本主义之外，还从历史和哲学的观点出发，广泛地从根本上考究了资本主义。当有两种相反的观点围绕同一个对象针尖对麦芒的时候，人们容易将两种观点分成正确的观点和错误的观点。果真如此吗？如果真有意见冲突发生，正确的做法应该是认真倾听双方的意见。

事实上，马克思的《资本论》由厚厚的三大本书构成，容易让有阅读意向的人望而却步。而且，马克思在《资本论》的开头部分把劳动价值论写成了长篇大论。即便是抱着"不读《资本论》枉为知识分子"的想法捧起《资本论》的主流经济学者，也会在读到第一册中间部分的时候失去耐性，合上封面。对于早已习惯供需理论的主流经济学家来讲，马克思的劳动价值论太过荒唐离谱。其实，大多数的主流经济学家很难明白马克思力挺劳动价值论的深意。

马克思不仅是一位经济学家，还是位出色的哲学家。因而，若想正确理解他的经济学理论，需先对他的哲学论文有一些初步的了解。不然，很难弄清马克思在《资本论》中讲述那些"古怪"论点的真正意图。事实上，在经济学的创始人中，大部分学者身兼哲学家和经济学家的双重身份。亚当·斯密如此，约翰·穆勒也是如此。除了经济学领域，他们还在哲学领域留下了辉煌的业绩。马歇尔一有空就读哲学书籍，而他的弟子凯恩斯更是在他的葬礼上悼念"恩师马歇尔是伟大的数学家、历史学家和哲学家"。另外，凯恩斯的阅读兴趣也十分广泛，他和恩师马歇尔一样特别喜欢阅读历史和哲学书籍。

令人遗憾的是，当今的主流经济学家们只是急于用数学性思维考虑经济问题，全然不把哲学思考放在考虑范围之内。结果不难想象，哲学和经济学背道而驰，现代经济学也因不再有哲学的成分在里面，受到了广泛的批评。"在哲学的基础上阐述理论"，这是马克思和亚当·斯密等经济学创始人之间的共同之处，也意味着马克思最忠实地继承了亚当·斯密的本意。从这一点上可以说，马克思才是真正的经济学家。

主流经济学家们总是埋怨从未真正弄懂过马克思主义者，只知道像鹦鹉一样不断地重复马克思的观点。不可否认，马克思主义者也确实有教条主义和自以为是的一面。不过，也有一些学者对主流经济学和马克思经济学皆精通。尤其是罗宾逊对马克思经济学有着很深的理解，并撰写过著名的入门教程。罗宾逊为马克思经济学做出的评价给后人留下了深远的影响。她讲道："与主流经济学不同，马克思的分析方法虽然繁杂却以卓越的现实感和洞察力压倒了主流经济学的精致细腻。"如今，仍有一些有抱负的经济学家引用这条辛辣的批判，催促当今经济学家们早点觉醒。

还有美国的斯威齐和波兰的奥斯卡·兰格对这两种经济学有很深了解。他们在主流经济学上留下了许多研究成果，且认为这两种经济学应该互补。斯威齐更是认为马克思经济学是有关资本主义的经济学，而主流经济学是社会主义的经济学。意思是说，马克思经济学适合了解资本主义的本质，而主流经济学可以解释社会主义经济的构成和运营方法。不管怎样，常识告诉我们，当有两个立场坚定的派系展开激烈争论时，向对双方都有很深了解的人征询意见，总不会有错。凡对这两种经济学都很了解的学者，大多认为两者都各有道理。既然如此，我们是不是该认真倾听这两种经济学的观点呢？唯有这样，我们才可以完整地了解资本主义经济。

## 2. 两种经济学的问题意识和主要关注事项

### 主流经济学的问题意识

人类的烦恼从各种问题开始。了解一个人，最好的方法是弄清"了解对象为何种问题烦恼以及最关注何种事情"。不只是烦恼，学问也是从问题开始的。学问的属性会因关注的问题类型而发生变化。比如，自然科学关注的是自然现象，而社会科学自然以社会现象作为关注重点。

马克思经济学首先在问题意识上就与主流经济学有着很大不同。如果连对方的问题意识都没有弄清，又如何能正确了解对方呢？在为高考烦恼不已的学子心中，某位同学为了成为足球明星整天围着足球转的行为无疑是可笑和无聊的。而在一心只想成为演艺明星的人眼里，窝在房间苦读的考生无疑非常可怜。

正是因为人们没有了解到马克思经济学问题意识和关注事项与主流经济学大相径庭，才会对马克思经济学产生偏见。问题意识和关注事宜的不同，意味着经济学作为一门学问所拥有的目的也不同。那么，两种经济学的问题意识究竟有什么不同呢？首先，主流经济学派认为最根本的问题是：相对于人类永无止境的欲望，可满足其欲望的手段十分有限。也就是说，稀有性和不足性的问题是经济学应关注的最根本问题。同时他们还认为，人类的历史就是人类为了克服"大自然的吝啬"而不断斗争的过程。所以，亚当·斯密把经济学定义为"研究国富的性质和原因的学问"。

"经济学是一门研究人类行为以及如何将有限或者稀缺资源进行合理配置的社会科学。"这是人们在解释（主流）经济学的时候，最常引用的标准定义。

既然稀有性的问题是最根本的问题，又该如何着手解决呢？原则性的答案非常简单，即用最少的付出换取最大的效果，亦即要实现"效率"。那么，效率又是如何达成的呢？主流经济学要求，尽量保障每个人自由行动。换句话讲就是保证人们在市场中自由行动。主流经济学派认为，理性使得人们即便在没有约束的情况下，也能用最小的成本达成各自最大的目标。每个人的理性行为结果，还会在"无形之手"的作用下创造出社会利益。这也是主流经济学向人们传递的核心信息。

## 第五章
### 对马克思的误解与真相

当然，经济活动中将不可避免地发生因个人的随意行为造成环境污染等社会损失的情况。但主流经济学家们却把这些视作偶然现象，认为只要政府略微采取对应措施就能消除问题。但在现实中，随着环境问题越来越严重，越来越多的人群开始质疑主流经济学家们的上述观点。

既然实现效率是主流经济学的主要关注事项，那么与其背道而驰的马克思经济学是不是从不考虑效率问题？并非如此。马克思经济学同样重视效率问题。只是马克思经济学着重强调人际关系对效率的巨大影响。单纯以个人问题为例，假设一个失业者正在寻找新的工作，在他成功找到新工作之前，注定要多跑一些路。那么，这位失业者究竟要跑多少路，才能找到合适的工作呢？毋庸置疑，主流经济学家们肯定会说，这完全取决于失业者的聪明程度和有效支配体力的能力。这句话一点都没有错。动员一切可利用的雇佣信息，有计划地安排行程当然可以在第一时间找到新的工作。可是，就算这个人的效率极高，只要人品方面受人诟病，求职路就会曲折很多。反之，人人都信任他、喜欢他的话，这位失业者就可以用很少的行程换回理想的工作。实现一个目标的时候，根据与周边人际关系的好坏，既有可能100万元搞定，也有可能投入1000万元也完不成任务。此时，人际关系总是优先于效率。

人生在世，并非只有私人问题存在。很多事情是不能仅靠聪明才智和个人能力来解决的。比如城市里的治安状态，又比如洪涝灾害是不能靠一己之力来解决的。这些都需要我们同舟共济，做出集体行为。但凡需要集体行为的情况，对人际关系的依赖更显重要。不言而喻，相互信赖且关系良好的人群可以迅速采取集体行为，而相互猜疑和互感厌烦的人群很难做出像模像样的集体行为。人和人之间的信赖是人际关系之根本。同一个社会问题有可能用10亿元得到解决，也有可能投入100亿元也无济于事，而这往往根据信赖程度的高低而决定。由此可知，人际关系对效率的影响非常深远。

主流经济学过于忽视人际关系对效率的重要影响，正是被马克思经济学派所诟病的。其实不用马克思经济学派特别强调，老百姓在日常生活中也体会到了良好的人际关系在有效解决所面临问题时所起的重要作用。正是因为被主流经济学奉为金科玉律的"效率"以人际关系为基础，所以人们理应在建立好良好的人际关系以后，再去追求效率。同样的道理，为了实现国民经济的整体效率，只有先化解社会矛盾，才能真正地实现整体效率。马克思经济学之所以把关注的重点放在人际关系乃至是集体行为，而非个人行为上，也是这种思维方式使然。

主流经济学以"拥有理性的个人将要付出具体行为"的推论结果作为构建基础，而马克思经济学则以"对人际关系和集体行为的洞察力"作为构建基础。马克思经济学之所以对人际关系和集体行为给予特别的关注，还有一个重要的理由。那就是：任何社会都有派系斗争。每当派系间发生斗争时，诸般不良行为会以集体的名义得到证明。比如，只要是为了党的利益，执政党议员所说的谎话也可以披上正当的外衣，而在黑社会组织中，只要事关帮会利益，杀人行为也可以得到正当化，甚至为帮会利益死去的成员也会受到英雄的般待遇。即便是犯下滔天罪行的主犯，也会在自己的组织内享受英雄般的待遇。

众所周知，第二次世界大战即将结束的时候，对自己的末路有所察觉的日本自杀性突击队，做了垂死挣扎，对联军发动自杀性攻击。当时，众多满炸弹的战斗机装撞击美军军舰，让美军遭受了巨大的损失。美军对这种叫作"神风"的疯狂战术毫无对策，只好做出了"没有巨大牺牲，很难让日本投降"的判断。据传，这也是促使美军向日本本土投掷原子弹的重要动机。谁都知道，仅凭个人的理性是很难理解"神风突击队"的行为的。不过正是这种疯狂的集体行为改变了人类历史。由此，集体意识的恐怖性可见一斑。

就算不是战争等特发事件，一旦发生组织间对立的现象，一些很难用个人理性说明的重大事件就会接踵而至。不过，主流经济学依然在无视这些现象，只把个人行为纳入研究对象。而这就是马克思经济学和主流经济学的差别之所在。有人说历史在黑暗中形成，而马克思却认为历史在各组织之间的矛盾中形成。

## 马克思经济学的问题意识

尽管个人理性是主流经济学的大前提，但除了特殊情况以外，大多数老百姓都懒得计算如何用最少的成本换取最大效果的问题。他们不喜欢深入式地思考，喜欢跟风。老百姓更为关注的是，股市、房价或景气的变化趋势。尤其是2008年全球性经济危机严重拖了经济发展的后腿。"经济何时复苏"的问题已经成了韩国国民，甚至是全世界人民的首要关注点。根据尖端科学家们的研究结果，人类大脑对各种变化十分敏感。马克思也不例外，他的关注重点也在景气变化和社会变化之上。

马克思认为变化是世间万事万物的本质。世上本没有什么东西是恒久不变的。社会也不例外。那么，人类社会将如何变化？推动人类社会发生变化的因素又是什么呢？马克思认为，人类社会并不是随意变化的，自有一定规律可循。那么，是不是找出这条规律，就能更好地理解人类赖以生存的社会，并将之改造成更为宜居的社会呢？这些疑问恰恰就是马克思心中最根本的问题意识。虽然马克思是为了求得这些问题的答案才想到学习经济学的，但他很快发现作为经济学的核心理论即供需理论很难满足自己的好奇心。其实，供需理论只是用来阐述资源有效利用的理论，而非为了阐述和预测人类社会的变化。正因为如此，马克思才会埋头开发人类社会变化的新理论，并通过自己的哲学论文和《资本论》发布其结果。

种种迹象表明，马克思是一位非常乐观的人。他坚信，人类历史尽管多曲折，但最终会朝着美好的方向发展。目的论历史观认为，人类历史朝着特定的目的发展。而马克思恰好也有这种看法。人类经历了原始社会、古代社会、封建社会，然后才发展到了如今的资本主义社会。虽说现在的人类社会主要受资本主义的统治，但资本主义也不可能成为永恒的制度。

那么，资本主义之后的社会又是什么样的呢？根据目的论历史观，我们可以明确一点：资本主义以后的社会，必定是早已克服资本主义的缺陷，且制度上更加优越。

那么，具体会是什么样的社会呢？马克思告诉人们，只要深入研究资本主义的结构，亦即资本主义特有的矛盾和纠纷，必能一窥端倪。马克思之所以如此说，是因为他明白矛盾和纠纷是促发变化的主要因素。换个说法，就是变化来自矛盾和纠纷。比如，爱上一个不该爱的人是一种矛盾，而矛盾会让人纠结。结果，爱上了之后，人的行为会变得手足无措，左右为难。站得远时，会因思念而靠近他；离得近时则因为难过而远离他。传说中，荆棘鸟浑身都是刺，因此雄鸟和雌鸟亲热时会被对方刺伤。于是它们忽远忽近，行为不可捉摸。反观心中净如明镜的人，其行为不会有太多的变化。

纵观韩国或中国的历史，有很多王朝因为内部矛盾爆发而走向灭亡，为新王朝的来临提供了条件。高丽王朝和中国的秦王朝不外乎如此。在马克思看来，资本主义社会和那些古代王朝毫无二致，终究会因内部矛盾爆发而发展成更加美好的社会。我们都知道资本主义社会是已分化成资本家阶级和劳动者阶级的社会。这两个阶级既相互依赖，又相互对立。我们将之概括为矛盾。劳动者不努力工作，资本家就挣不到大量的金钱；而没有资本家的扶持，劳动者就很难维持生计。当对生产结果进行利益分配时，资本家所占的份额越多，劳动者的份额就越少。于是，两者间的矛盾就会因各自的利益发生激烈碰撞。最终，以阶级矛盾的形式爆发。

马克思始终想通过历史脉络观察人类现实，他首先给予关注的就是阶级矛盾。人类社会为什么要分出阶级进行斗争呢？当然，阶级矛盾并不是始终都在起消极作用。就如马克思明确指出的那样，阶级矛盾还可以成为社会发展的原动力。其中的道理就如执政党和在野党之间的合理对峙可以成为政治发展的契机一样。

## 第五章
### 对马克思的误解与真相

一直以来，历史学家们认为党派之争是导致朝鲜王朝或中国宋朝灭亡的根本原因。而根据马克思的思维方式，党派之争并不只具有不好的一面，它对某一阶段的政治发展有很大的帮助。只有在超越那个特定阶段，变质成消耗性党派之争以后，党派之争才会变成政治发展的脚镣，长此以往更是会走上亡国之路。按常理，朝野对立或党派之争肯定是好坏兼半的现象。但在马克思的理论中，不同的时代或阶段都具有非凡的意义。

阶级矛盾亦是如此。仅以资本主义为例，资本家阶级和劳动者阶级同心协力时，就可以通过高效率，带给双方丰富的物质财富。但是到了某一阶段以后，阶级矛盾开始进入消耗战的局面，反而让效率降低。包括劳资纠纷在内的各种矛盾给社会带来的巨大浪费就是很好的例子。启动警力去镇压示威游行的人群，不仅生产效率特低，社会资源的消耗也十分惊人，同时耽误生产导致的损失也很大。

以上种种，又怎能不让马克思关注阶级矛盾的问题呢？

## 资本主义发展的阻碍势力

不过，生产率和效率低下的严重性还在其次，最让马克思感到遗憾的是世人竟然对人类社会最深刻的问题毫无察觉，即在不断激化的阶级矛盾中，资本主义市场间接或直接地对人类本性施加的恶劣影响得到了掩盖或隐蔽。

在资本主义市场上，企业把人类视作单纯的赚钱工具。同时生产率是评价一个人的唯一标准。对企业创收的贡献度越高，评价也越高，反之评价就会很低。拜金主义从此得以扩散。如果按马克思的描述，物神崇拜开始统治资本主义社会。有钱的人被金钱的威力迷得神魂颠倒；而没有钱的人，只能无奈地看着自己的身体和灵魂成为金钱的奴隶。马克思最担心在拜金主义的影响下，不管是有钱人，还是穷人都要失去人类本性。当金钱凌驾于人类之上时，"有钱能使鬼推磨"的思维模式会让人堕落。资本主义市场会让人变得贪得无厌和自私自利。马克思大声质问："就算资本主义为人类社会带来前所未有的物质财富，要是人们变得堕落或失去本性，拥有再多的物质财富又有何用？"

虽然在贫穷和疾病的威胁下，老百姓难以维持生计，人类或许可以为了更高的生产率和丰富的物质忍受非人的待遇，但是在资本主义已步入正轨的国家里，温饱问题基本上已得到解决。马克思想强调的是，在这些国家资本主义的优势正逐步消减。如今，盲目追求生产率或丰富物质的时代已一去不复返。当务之急是，打造一个尊重人格胜过重视金钱、追求人性涵养胜过追求生产率的社会。

然而，马克思却异常严肃地指出，一些势力一直在阻碍着社会发展。这些势力既包括从资本主义制度中获得既得利益的阶级，即资本家阶级。通常在资本家阶级的身边，都有一大群具有保守倾向的专家学者充当代言人。这些人一边嚷嚷着要开发人性涵养或人类潜能，一边不择手段地追求高生产率和丰富物质。他们提出"金钱才是开发人性和潜能的前提条件"，借此隐蔽资本主义市场的力量去压垮人类。所以，从根本上讲这些既得利益阶层就是在阻碍人类建设更加人性化的社会。不得不说，这确实是非常严重的问题。

正因为如此，马克思一直在强调，为了正确理解资本主义并构建更美好的社会，应该准确把握资本主义制度内存在的矛盾，以及因此而派生的阶级矛盾。须知，这种阶级矛盾也是社会变化的主要原因之一。不管是古代社会、封建社会，还是资本主义社会，有社会就会有阶级存在，而有阶级就会有矛盾发生。于是，马克思在著名的《共产党宣言（Communist Manifesto）》中指出人类历史就是阶级矛盾的历史。

## 马克思心中的阶级

也许会有人说，如今社会都已步入民主社会，何来阶级？以他们的观点，既有能力又勤快的人必能取得很高的成就，而无能又懒惰的人注定要挣扎在社会底层。他们认为在民主社会各个阶层间的更替频繁而自由，故

## 第五章
### 对马克思的误解与真相

而阶级的意义就显得并不重要了。在保守主义者或市场主义者那里，人们可是听惯了这样的话语。其实，以往的韩国社会固然是各阶层间更替或地位上升现象频繁的社会，但是促发这些现象的根本原因应该是频繁发生的社会动荡，而非个人的能力。环顾世界，好像没有哪个国家经历过比韩国还要多的动荡。战争、各种政变、高速的工业化和城市化……不一而足。暂且不提其中的原因，一旦发生社会动荡，就会出现很多富人沦为乞丐、穷人一夜暴富的现象，使得社会秩序混乱不堪。

不过，随着社会趋于稳定，阶层间的更替日益减少。这时，地位上升已经变成个别现象，财富和贫穷也已形成世袭，"富者越富，穷者越穷"已成为趋势。早几年，人们还能耳闻某个穷人家的孩子通过苦学考进了名牌大学，最终功成名就了，可如今这样的故事越来越少了。

阶层间更替频繁并不代表没有阶级。真正重要的是意识和态度。韩国的政治圈就是一个活生生的例子。过去数十年间，执政党变成在野党、在野党变成执政党的现象十分常见。就在2008年，韩国朝野又发生了一次在野党变执政党的局面。让人感到惊奇的是，在野党一旦变成执政党，就会照搬前执政党曾经被己方批得体无完肤的"陋习"。就在变身为执政党的前一天，在野党为阻止执政党强行通过有争议法案而占领议事堂，并粗口谩骂总统及其政策。可是轮到自己做执政党以后，全然忘记自己的"斗争史"，看着总统的眼色行事，并经常利用多数党的优势强行通过有争议的法案。可悲的是，这种现象延续了数十年却一直没有发生改变。

反观曾经的执政党，即如今的在野党，也不会好到哪里去。凡是执政党提出的建议，他们一概反对，而且动不动就跑出国会"煽动"舆论。由此可知，在随时发生的朝野更替中，发生变化的只是人，而执政党和在野党的对峙仍然存在。昨日的在野党人士一旦变成执政党员，自然会持有执政党的意识和态度，而反之亦然。正是这些人在搞政治的时候，水火不能相容，不断重复那些老百姓眼中旧态依然的朝野矛盾。

资本主义的阶级矛盾也是如此。地位的上升或下降或许可以改变一个人,却不能完全消除阶级。比如,一个人的身份为劳动者的时候,一会儿骂资本家,一会儿埋怨社会,可一旦赚到钱,当上资本家以后却180°的大转变,带头拥护制度并誓死捍卫既得利益,堂而皇之地骂穷人,说他们之所以贫穷是因为无能和懒惰。关键是这种吝于利益再分配的人为数不少。相反,曾经的资本家破产成为劳动者以后,很快就会要求社会保障,并抵抗既得利益阶层。

由此可知,劳动者阶级固然有自己的意识和态度,资本家阶级更是如此。正是两种截然不同的意识和态度,决定了这两个阶级水火不相容。

## 经济学的目的

既然如此,阶级矛盾和经济学之间又存在什么样的关系呢?剖析阶级矛盾总能发现其中有经济因素的影响。很多离婚夫妇被问及离婚事由的时候,喜欢辩解为性格差异。其实不然,大多数夫妻的真实离婚事由还是金钱问题。何止是夫妻,朋友也是如此。很多至交好友突然在某一天大吵一架后形同陌路,一般都是因为金钱问题。归根结底,激发阶级矛盾的还是经济因素。

历史上,围绕土地、农具、机械、劳动力等生产要素和产品的所有权发生阶级矛盾的现象十分常见。在资本主义制度中,资本家拥有工具、机械、设备等生产因素,雇佣只拥有劳动力的劳动者,去主导整个生产过程。在封建社会,虽然主导生产的是拥有生产手段的直接生产者(比如农民),但直接生产者要为封建领主提供一段时间的义务劳役,作为封建领主对农民提供保护的代价。

于是,马克思一语点穿经济学的主要目的就是找出隐藏在阶级矛盾最底层的经济因素。他认为唯有如此才能正确了解人类历史和人们正在生活中的资本主义社会。

主流经济学家们认为人类的生产率一直在提高,尤其是到了资本主义

## 第五章
## 对马克思的误解与真相

时代以后几乎达到了顶峰。对于这一观点,马克思表示完全认同。在大的范围上,马克思把生产要素分成劳动力和生产手段两种。其中生产手段指的是工具、机械、设备等资产。另外,马克思所指生产率由劳动力和生产手段构成,而事关这两者之所有权的制度,就是生产关系。说起生产关系指的是对生产率的管理以及有关产品分配的各种社会制度,而实际上生产关系就是以有关生产要素的所有权关系作为核心的概念。马克思把整个生产关系称作经济构造或基础。而马克思理论中的生产方式是涵盖生产率和生产关系的综合概念。综上所述,可以说挖掘深藏阶级矛盾底部的经济结构就是经济学的主要目的。

马克思认为,在任何时代、任何社会中,最基本的问题都是关系到生计的问题。只有生计问题得到解决以后,人们才会想起文化、艺术和哲学等"高尚"品位。虽然有一些学者认为上帝的旨意、理念和时代精神等精神领域的力量引导人类历史,但马克思的观点与之正好相反。马克思把社会的法律和政治制度称之为上层建筑,而上层建筑是在基础(经济构造)上得以构建。之后,所谓文化、社会意识之类的精神力量才会与基础相对应地得以确定。也就是说,经济基础决定政治、法律性上层建筑的性质和内容,而上层建筑和社会意识是为了合理化并稳定维持其经济基础得以形成的。比如,封建社会的上层建筑和社会意识能合理化并稳定封建主义的经济构造。同样,资本主义社会的政治构造或法律制度就是为了保护和稳定资本主义经济构造而存在的,而统治资本主义社会的各种理念或哲学等精神力量,则从根本上履行合理化资本主义生产关系的作用。

根据马克思的构思,政治和法律制度、社会意识、文化等只不过是从属于经济构造的现象。说得通俗一些,就是物质性的内容决定精神现象的性质和内容。从这一点上看,马克思可以说是一名十足的唯物论者。如此一来,经济学就显得像是可以透彻了解整个社会的最基本的科学领域。人们也因此批评马克思在阐述人类社会的时候只顾强调经济侧面。

## 3. 经济学属于社会科学吗？

### 主流经济学只具有社会科学的外表

由于主流经济学只研究人类行为，并不考虑自然现象，自然被归类到了社会科学的领域。不过，如今的主流经济学却给人以"只有外表，不具实质"的印象。虽说主流经济学的研究对象是人类行为，不过正如一位新古典经济学派的创始人所讲，主流经济学的世界是可用联立方程进行描述的，"机械呆板的世界"。如同物理学理论中的人类世界由不停移动的原子构成一样，主流经济学里的人类世界是由机器化的人类构成。因此，有些学者称主流经济学为"牛顿物理学的私生子"。所有"机器人"的脑中输入的欲望，控制他们付诸机械化的行动。每一个"机器人"既不需要通过对话说服其他"机器人"，也没有必要进行协商和交流感情。

尽管主流经济学也涉及人际关系，但仅局限在以商品和金钱为媒介的间接人际关系之上，并不能算是直接的、人格化的人际关系。比如在大型超市，买卖商品的人之间无须进行对话和交流。所有商品的信息和价格都清晰地记录在商品包装上。在大型超市里讨价还价毫无用武之地。一切交易都按照机械式的流程进行。买方或卖方也没有必要对对方持有感激之情，因为双方完成了需求交换。

大型超市里买卖商品的交易，和通过自动售货机购买商品的行为并无本质上的差异。就如不能将自动售货机和人类之间的关系看作人际关系一样，大型超市里买卖商品的人之间，也难形成真正的人际关系。除经济学以外的其他社会科学中定义的人际关系，通常是指交流人情及感恩之情，在相互理解和对话的基础上谋求意见统一的直接性、人格性的人际关系（即哈贝马斯提出的交流行为）。因此当"对人类和人际关系的研究"成为社会科学的主要特征时，主流经济学很难被看作真正的社会科学。

主流经济学并不具体涉及消费者和消费者之间，以及企业和企业之间

## 第五章
### 对马克思的误解与真相

直接的相互关系。"每个行为个体在与自身利益关系相关联的资料和信息基础上，做出独立行为"就是主流经济学的一个假设。企业也是一样，主流经济学只把企业看作一个生产单位，并不具体考虑企业内部的人际关系。在主流经济学家眼里，从企业老板到一线工人，都是追求利润的独立个体。在一些经典经济学教科书里，供求理论肯定要占超过一半的篇章，而剩余的部分由1/3的个别消费者形态、1/3的个别企业形态以及1/3的市场上个人行为的结果组成。

社会科学必须要探讨的重要研究对象无疑是人类本身和人类之间的直接关系。可主流经济学即便涉及人类，也只探究浮于表面的人类形态，从不涉及人性或人类内心。主流经济学派认为，由于人类根据自己的欲望进行选择并付诸行动，我们可以仅凭一个人做出的选择，就能判断出其人的喜好和愿望。也正因为如此，主流经济学才会坚持"只看表面足矣，无须深究内在"的基本立场。

这个基本立场无疑是在假设人类表里如一。大致上讲，表里如一的都是动物。因此，主流经济学难免给人以把人当作动物对待的印象。动物可没有察言观色的习惯，只是凭着欲望行事。人类却不一样。在人类社会里，表里不如一的现象可是屡见不鲜。为了让子女多吃一块肉，口是心非地说自己不喜欢吃肉的母亲就是内心和行为不统一的典范。活在社会中，因为脸面和社会规范做出违心行为的现象并不少见。

与他人交往的时候，大多数人希望了解对方的内心，而非表象。只有了解对方的真正想法，才能很好地了解对方并做出合理回应。为什么韩国的年轻人喜欢面食胜过米饭？为什么百姓喜欢公寓胜过独栋住房？为什么国人喜欢大排量轿车胜过微型轿车？或许具有非常重要的社会和经济性意义，但主流经济学觉得完全没有必要了解其原因，且只需知道这些现象的存在，并找出满足这些欲望的方案就可以了。

更有甚者，这些欲望会不会给社会带来消极影响的问题在主流经济学中竟然成了禁忌事项。在环境危机严重威胁到人类生存的时代，环保人士一直在大声呼吁人类应克制开豪华车、住大房子、吃大牛扒的欲望，但主流经济学家们却对这些呼声充耳不闻。简而言之，主流经济学始终把个人的欲望看作从天而降的欲望，且只忙着研究如何才能最大限度地去满足这种欲望。

可以说主流经济学应该定位在自然科学和社会科学的中间。主流经济学派认为人类历史就是人类与吝啬的大自然之间展开的斗争史。因而，主流经济学的核心理论自然以人类和大自然之间的技术性关系为基础。比如，供应和需求是主流经济学的核心概念，而成为供应曲线基础的"生产函数"基本上是反映人类利用大自然能力的概念。再看成为需求曲线基础的"效用"，则是事物满足人类欲望程度的概念。所以，主流经济学是把有关事物和人类之间关系的概念作为基础的理论。从这一点上，也难以把主流经济学看作真正的社会科学。既然这样，在社会问题上主流经济学只能提供参考资料或技术性的回答，无法给出综合性、根本性的解决方案。正因为如此，各所大学要想传授真正属于社会科学领域的经济学，则应摒弃主流经济学，围绕马克思经济学编撰教科书。

## 真正属于社会科学的经济学——马克思经济学

马克思并不认为人类的欲望或人性从天而降，而是在大多数情况下因社会原因形成。尤其是在基本解决温饱问题的资本主义社会更是如此。在资本主义尚未高度发展的穷国，大部分国民为解决基本生计而奔波。此时，对基本生计的欲望属于生理性，与他人毫无关系。比如，饥寒交迫的时候没人会关注他人的情况，只忙于寻找食物和衣服。别人是不是穿了很漂亮的衣服或是不是吃了美味佳肴都与他们毫无关系。

然而，一旦温饱问题基本解决，在经济上出现一定余裕，人们就开始关注别人的生活情况。而后，想比别人过得更好的欲望或不甘落于人后的心态开始作怪，于是"为别人而消费"的生活模式悄然拉开帷幕：女人们对女同学手指上的大克拉钻石艳羡不已，男人们在邻居新买的豪华轿车刺

## 第五章
## 对马克思的误解与真相

激下购车欲高涨。事实上，大部分奢侈品或名牌只是为了满足人们想显摆自己、不落于人后的欲望而存在。也就是说，这些商品是为了满足人类的炫耀欲而诞生的。整容手术则是为了满足"想美过别人"的欲望而得以流行。总之，这些都是在人际关系中形成的欲望，若在旁无他人、独自生活的社会中，这些欲望根本没有理由出现。从这一点上可以说这些欲望的形成具有社会性。

"想过得比别人好"的心情或炫耀欲是多多少少会存在于每个人身上的欲望。然而这种欲望具有易操纵的特性，容易被企业利用成赚钱的手段。仔细观察电视广告就不难发现，超过一半的广告词中暗藏"使用某某商品就能高人一筹"或"不使用某某商品就会成为局外人"之类的暗示。实际上在发达的资本主义国家，奢侈品和名牌商品不仅已泛滥成灾，而且还在继续扩大比重。刺激和膨化人类欲望的各种商业策略和广告手段被发挥到极致，而人气爆棚的经管类大学几乎吸引了所有人才。市场上，企业推出的新款汽车在质量上与旧款型号相比并无明显优势，但高度的商业策略和广告成功激活了人们喜新厌旧的心理。而且在资本主义的特性上，只要人们不断购买新款汽车，经济才能运行得更加顺畅。马克思指出，资本主义只是在不停地刺激和膨化人类欲望，而人们也变得越来越贪婪。

也许会有人说，不断助长人类新欲望的行为并无不妥之处，而主流经济学家们会认为，不停满足人类新欲望，能让人们持续获得幸福感。马克思却对此不以为然。他认为，人类的欲望也要分层次。高层次的欲望得以实现，可给人们带来深长的幸福感，而低层次的欲望得到满足后，只能带来短浅的幸福。在马克思的心中，资本主义制度在刺激和膨化低层次欲望方面，拥有卓越的能力。都说资本主义经济的最大优点是大量生产，但心理学家们的实验结果表明，大量生产的商品只能给人们带来短浅的幸福。奢侈品和名牌商品也是如此。于是，名牌商品制造商们会不断推出新的商品。由此可知，当人们习惯于满足低层次欲望时，会懒得让高层次欲望得到满足。拥有幸福也变得遥不可及。

还有一个问题是，世界上每一个角落都存在着连基本欲求都得不到满足的赤贫者，还有一些人为了满足炫耀欲之类的无聊欲望，肆无忌惮地消耗大量的资源。更糟糕的是为了满足那些炫耀欲而形成的商品生产和消费，不仅让地球资源趋于枯竭，还让环境受到严重污染。简言之，马克思认为在高度发达的资本主义社会有很多人类欲望是在社会和经济性环境下生成的。因此经济学应先从对人类欲望的研究开始入手。很多在主流经济学中被视作常数的现象，在马克思经济学里却作为变数出现。

马克思主张除了人类的欲望之外，人性本身也广受社会的影响。他否认有恒久不变的人性存在。女性中最具变数的是利己心。从马克思严格区分动物和人类并着重强调人格、人性化和人类潜力等可以看出，他把利己心看作与人性化毫不相关的动物性形象。纵观人类历史，不论是原始社会、古代社会还是封建社会，每一个社会都极力压制个人的利己心。然而，资本主义却要利用人类的利己心做促进社会发展的动力。仅凭这一点，资本主义就和过去的人类社会根本不同。

主流经济学通常认为，人类存在利己心是极其自然的现象。人类多多少少都会具有利己心。但是根据马克思的观点，利己心的强弱会根据社会体制发生变化。事实上，资本主义就是主张个人利己行为的社会。在资本主义社会，不按利己心行动的人很难生存下去。比如，异常激烈的职场竞争就是把职场人士变得更具竞争心和利己心的元凶；无限称颂和鼓励利己心的资本主义让人类变得更自私、更贪婪。在这种环境下，人怎么可能不自私呢？全体国民变得贪婪而自私是资本主义经济顺畅运行的前提条件之一。除此之外，人们应始终保持缺憾感。唯有这样，才会让商品更畅销，资本家阶级的既得利益也能得到更好的维持。这就是马克思心目中的资本主义体制。

马克思认为，人性或人际关系深受市场的影响，而这正是马克思理论与主流经济学的最大区别。

# 第五章
## 对马克思的误解与真相

## "无形之手"逻辑 vs "囚徒困境"逻辑

若说把焦点放在个人行为上的主流经济学背后有"无形之手"的原理在起作用,则把焦点放在人际关系和集体行为上的马克思经济学背后,却是有全然不同的理论在提供支持。首先,马克思经济学认为"无形之手"的原理,即个人的利己行为从结果上为社会带来利益的观点是夸夸其谈。

关于这一点,完全没有必要想得过于复杂。从日常生活中就可以信手拈来活生生的例子。比如在路边发生有趣的事件时,人人都踮脚看热闹会导致谁都看不好;在早晨的上班高峰,急于上班的人们个个都闯红灯,大面积的堵车会让每一个人上班迟到;如果只考虑自身利益的渔民,乱捕乱捞江河海水里的鱼虾,最终会因鱼类灭绝而威胁到所有渔民的生计。在我们的周围,人人都有如上为自身利益考虑的利己行为,最终给所有人带来损失的案例不仅非常常见,还呈现出日益增加的趋势。

家庭也是一样。夫妻双方都从自身利益出发、为所欲为的时候,该家庭很快就会破裂,并给所有人带来损失。曾有一段时间,韩国的离婚率上升到世界第一。究其原因,大部分家庭是因为夫妻中的某一方不考虑对方的立场,过分坚持自己的利益而导致婚姻破裂。也就是说,只要夫妻双方各自做出一些让步,就能维持完美的家庭关系,为所有家庭成员带来幸福。

下面还有一个相似的例子。假设有一个村子每年都要遭受洪涝灾害,为了防止洪灾的再次发生,村长召集村民大修防洪堤。现在,我们可以假设如下四种情况:

所有村民齐心协力修防洪堤,共同获得利益;

我一个人偷懒,其他人努力干活的时候,可以获得免费乘车的机会。因此在我的立场上是最好的选择;

我一个人努力工作,而其他人偷懒的时候,我会成为冤大头。因此,这种情况要不得;

所有人都在偷懒,结果又一次迎来洪灾。

估计参加过集体行动的人，都体会过这样的情形。我们把集体行动的过程中有可能发生以上四种情况的状况叫作"囚徒困境"。说起囚徒的困境，最大的特征是"免费乘车的利益"非常大，而"当冤大头"的损失也很大。

在具体情况中，"囚徒困境"的状况究竟按上述四种情况中的哪一项得到落实，就要看当事人的状态。如果面临"囚徒困境"的都是机灵而自私的人，则人人将为了得到免费乘车的利益，而尽一切办法避免当冤大头。于是，所有人都不为别人着想，仅为自身利益考虑并行动时，会因人人想免费乘车而迎来第四种情况，即每个人的利益都受损。反之，所有人都为他人考虑，克制免费乘车的欲望时，迎来的将是第一种情况即共同获利。

一般来讲，在"囚徒困境"的状况中，当事人的心态会在很大程度上左右最后的结局。人人都只为自身利益考虑，做出立即行动的话，结果很难避免所有人的利益都受损害。而这一结论已经通过数学手段得到论证。当然，当事人的人数偏少且几个人之间有长期往来或各自为对方长期考虑，做出相应行动时，也可同心协力为所有人带来利益。然而，社会性的问题大多与多数人的利益相关联。因此在这种状况中极有可能因个人的自私行为招致整体利益受损。

虽然马克思本人并没有使用"囚徒困境"这一专业术语，但是我们可以看出，马克思有关资本主义犀利分析的背后有"囚徒困境"原理存在。就以资本家之间的关系为例，他们之间或许有过对话或接触，也有可能根本不认识对方。如果资本家之间有过对话或接触，则很有可能出现暗箱操作和阴谋诡计。这是资本主义的象征性人物亚当·斯密亲口讲过的话。而暗箱操作和阴谋诡计的结果往往就是亚当·斯密最为担心的垄断现象。不仅是亚当·斯密，马克思也认为垄断是把资本主义引向毁灭的主要因素。

再看资本家之间没有对话和接触的情况。当资本家们各自追求自身利益的时候,他们所做出的个人行为往往会造成所有人的利益都受损。比如,景气繁荣的时候资本家们想尽一切办法增加投资,结果过度投资反而让利润率整体下滑。与此相反,景气变差的时候,资本家们忙于缩减生产规模和解雇劳动者,结果商品购买力的下降会让景气雪上加霜。之所以出现这一结果是因为绝大多数的劳动者收入减少。

不管是哪一种情况,身陷"囚徒困境"以后,资本家们会做出让所有人的利益都受损的最差选择。也就是说,如想克服资本主义矛盾就需要社会成员,特别是资本家和劳动者之间的同心协力。可一旦他们做出自私的行为,必然会陷入"囚徒困境"中,最终导致所有人的利益受损。

第六章
**马克思经济学和主流经济学
对待价格与收入分配的立场**

# 1. 关于价格的理论

## 决定价格的终极主导因素

主流经济学从不刻意区分价值和价格。根据主流经济学的观点，由于商品的价值取决于市场上的买卖价格，价格完全可以反映价值。另据经济学教科书记载，价格在供求曲线达到平衡时形成。其中需求曲线反映相关商品满足人类欲望的程度，而供给曲线反映生产成本。若按主流经济学的观点，人类欲望和生产成本将成为决定价格的因素。

那么在两者间，哪一个是更为重要和具有终极意义的呢？正如前面章节中所讲，古典经济学认为生产成本是终极因素，而新古典派把人类欲望视作终极因素。虽然当今的主流经济学在表面上承认供给和需求决定价格，但在骨子里仍然可以看到初期新古典学派的影响。根据其思维方式，决定商品价格的终极主导因素是满足人类欲望的程度，即让人类感到愉快的程度。在此基础上，主流经济学在评价非市场交易财产的价值时，同样把满足欲望的程度（即支付意愿）作为终极衡量标准。归根结底，商品就是为了满足人类的欲望而存在的。即便生产成本（供给曲线）无任何变化，只要人们的需求旺盛，价格自会水涨船高。相反，就算是呕心沥血之作，只要不受人们关注，价格就有可能跌至0元。

一到酷暑难耐的夏季，老百姓对一些避暑胜地的商人趁机抬高两倍价格的"无耻"行为怨声载道，但主流经济学家们却是一副理所当然的表情，甚至还对那些满脸愤懑的市民循循善诱："若不是访问避暑地的游客表现出支付意愿，价格也不至于疯狂上涨。"

暴雪堵路的时候，大多数人会对五金店老板趁机抬高清雪铲价格的行为大为不满。但主流学家们反而会数落这些人的不是："既然抬高清雪铲价格也不能阻止人们的购买欲，五金店老板何乐而不为？"

对避暑胜地里的商人和五金店老板而言，生产成本全然不在他们的关心范围之内。因为奔波在生意第一线的商人们坚信，人们的支付意愿才是决定价格的终极因素。

主流经济学家们习惯性地主张"市场才是最能满足人类欲望的制度，而这也是市场最大的优点"，并隐晦地告诉我们"商品让人类感到愉悦的功能，才是确定价格的最基本因素"。

市场上形成的价格是反映人类欲望的价格，因此主流经济学家们就有些绝对化市场自然形成价格的倾向。只要有老百姓对价格表示质疑，或者是政府出手规范价格，他们的不满之情就会溢于言表。而且在不满之后，他们甚至搬出"民粹主义"之类的高尚词汇，责难老百姓的无知。

先抛开规范价格这类的副作用不谈，主流经济学家们经常会提到人类的理性。在主流经济学中，价格取决于理性人群在市场上自由交易后的结果。也就是说，价格是协商的产物。主流经济学家，特别是市场主义者或新自由主义者们对政府干涉市场价格的行为表现出强烈的不满。他们认为尊重具有理性的人群自发达成的协议是民主主义社会应尽的义务，故而（政府）干涉市场价格完全有悖于民族主义的原则。不过，他们的态度有些口是心非，一边假设大部分人群具有理性，一边又指责大多数老百姓属于不知市场原理，只知道抱怨的非理性人群。

不过，主流经济学家们神化市场自然价格的态度，与普通大众的情绪有很大的差别。比如，绝大多数国民认为房价高得离谱。他们为什么会这么认为呢？这是因为大多数国民认为合理的价格水准和实际价格之间存在太大的差异。那么，合理的价格又该保持在何种水平线上呢？一般来讲，人们考虑最多的是正常的生产成本。在他们的印象中生产成本越高，商品价值也越高。因此，人们大多可以接受"生产成本过高导致价格上升"的说法。相反，非生产成本原因导致价格过高就很难让人接受。要是让人们知道利润率过高导致价格上涨，更是不能奢望让人接受。这种情况下，挨骂算是轻的了。

"无法容忍暴利"最能代言国民的普遍情绪。所以，企业对公开决定价格过程十分忌讳。难道企业不知道身正不怕影子斜的道理吗？或许人们对避暑胜地在夏季、五金店在暴雪天抬高商品价格的行为深感不满，就是因为他们认为商人们无视正常生产成本，肆意攫取暴利。

## 价格有利于创造宜居社会

普通百姓无法容忍不当价格的情绪是经过数千年人类历史洗礼的情感。而现代经济学的母体，即古典经济学非常真实地反映了普通百姓对价格的情绪。由于马克思的价格理论正是在普通百姓对价格的情绪上发展而来的，因此其原理和古典经济学十分接近。

关于价格问题，马克思在高出主流经济学一个阶段的层面上进行了研究。从结论上讲，价格理论面对的最重要问题是让所有人过上充满尊严的美好生活。那么，人们就要考虑有需求和供应关系决定的市场价格是否有助于实现美好人生的问题。如果市场上由供求关系决定的价格拉大贫富差距，并因此而加剧社会矛盾或给广大百姓带来巨大的挫折感，从而人们很难过上充实的人生，抑或像2008年的美国经济危机一样，弄垮一个国家的经济并进一步威胁到世界经济的稳定。那么，默许价格"任意妄为"的做法是不是应该有所改变呢？马克思认为，受供给和需求关系的影响，在市场上自然形成的价格极有可能在社会上引起不良的结果。

人类的欲望对资本主义市场价格的影响力越来越大，而马克思从未对人类的欲望进行神化或绝对化。因为马克思很清楚，人类欲望像当今很多科学家所证明的那样，不仅轻薄异常，而且很容易受特定人物操纵（参见第三章中列举的事例）。在现代资本主义社会里，努力挣血汗钱的现象几乎已消失。如今，巧妙刺激人类欲望并迎合世人的口味争取利润的风气已蔓延到了整个资本主义社会。既然人类欲望或喜好完全可以被特定人群，尤其是被企业家们所利用和操纵，神化和绝对化人类欲望或喜好的做法算不算是正确的呢？要不要绝对化操纵人类欲望的价格呢？马克思的回答只有一个字：不。

正是从这里开始，主流经济学和马克思经济学从根本上发生了路线分歧。那么，什么样的价格才是帮助所有人过上美好人生的价格呢？这个提问是马克思价格理论的出发点，而我们也要用相同的视角去观察马克思的价格理论（劳动价值理论）。

普通百姓大致认为价格和价值有所不同，而马克思也严格区分了价值和价格。简单来讲，价格是由市场上的供求关系决定的，而价值反映的是人类在制造商品的过程中付出的汗水和努力。根据马克思的描述，价值是根源性和本质性的因素，而价格是价值的表象。也就是说价值相当于本质，而价格相当于表象。有关价格和价值的这种差别，是马克思对古典经济学家们提出的自然价格与市场价格进行深化研究后得出的结论。

提起马克思，大多数经济学家会联想到劳动价值理论。其实，实际提出劳动价值理论的是被如今的主流经济学家们奉为祖师爷的元老级经济大师们。马克思所做的只是在他们提出的劳动价值理论中找出问题、进行修改，并将该理论提升到了一个崭新的高度。事实上，马克思的劳动价值理论不仅存在一些有待解决的部分，还存在不少容易引起误解的部分。

学生：生产商品除了劳动者和机器，还要有电脑和工厂。那么，商品价格单纯取决于劳动者的实际工作时间的说法是不是有问题呢？

马克思：那机器、电脑和工厂是谁制造的呢？是从天上掉下来的吗？难道它们不是人类创造的吗？难道不能算是人类劳动的结晶吗？

学生：假设从事生产的劳动者数量相等，而使用机器和不使用机器时的产量有很大的差距，那么这个差距就是机械对生产的贡献吗？

马克思：你说的和主流经济学家们的想法十分类似。正是因为有这样的想法，人们才会使用"机械生产率"或"劳动生产率"等专业术语。不过，这种专业术语容易让人产生幻觉，认为机器就是生产某种商品的主体。假设各位自己制造榔头和刨子，再用那些工具打造一把椅子并在市场上卖了100块钱。那么，你会如何看这100块钱呢？你会认为这把椅子完全是由你自己打造的，还是你只制造一部分，剩余的由榔头和刨子负责完成的呢？主流经济学容易让人产生榔头和刨子制造商品（而与人类无关）的幻觉。事实上，类似的幻觉已蔓延到了整个社会。把钱借给别人收取利息的时候产生的幻觉，容易让人觉得金钱才是生成利息的主体。而这种思考方式正是对商品的盲目崇拜，即崇拜机器和金钱。正是这种对商品的盲目崇拜助长了"只关注物质财富，轻视人类"的恶劣风气。

学生：如果在计算商品价值的时候，只考虑劳动力对生产做出的贡献。仅对劳动力支付费用的话，还会有人愿意生产机器吗？是不是也要向机器支付一点费用呢？

马克思：也许这种说法在资本主义经济里可以成立。但是请你常识性地考虑一下这个问题。机器终归是人类制造的。那么，只要向制造机器的人支付足够的费用，就会有人继续制造机器。为什么非要给机器本身支付费用呢？当然，使用机器生产商品之后，机器的磨损会让机器寿终正寝。因此，为了购买新的机器，人们要另行准备一些资金。假设人们劳动100个小时制造一部机器，而使用这部机器制造1000辆汽车后，机器的寿命就要到头。由此可以推断出，制造机器的时候投入的100个小时劳动，完全是被用其生产的1000辆汽车消耗掉的。现在，当我们在每辆汽车的价格上追加相当于0.1小时的劳动代价时，卖出1000辆汽车就可以受惠购买一部相同机器的资金。在经济学上，我们使用道具或机器以后，对其磨损部分支付的费用叫作折旧费。

第六章
马克思经济学和主流经济学对待价格与收入分配的立场

## 价格上沾满了人类贪念

说到市场，人们自然会联想起买卖商品的场所。但是主流经济学家们的定义要比世人想的清晰得多，即"市场是围绕价格实现行为调整的场所或方法"，且赋予了价格很大的比重。在主流经济学中，价格占据了市场概念的中枢地位。

纵观整个经济学领域，还没有哪一位经济学家把价格的威力描述得像马克思一样透彻，也未曾见过哪一位学者能将市场的概念阐述得像马克思一样清晰。

比如，房地产涨价潮一浪高过一浪时，不仅普通大众无奈地接受购房梦破灭的现实，政府也只能束手无策地保持观望的态度。再看主流经济学家，则是一副事不关己的样子。油价也是和房地产一样，面对持续上涨的油价，老百姓唯一能做的就是逆来顺受，而政府也比老百姓好不到哪里去，他们只是在仓促间推出节约能源运动、汽车单双号限行等收效甚微的政策。还有一落千丈的股市让大多数人灰心丧气，更有甚者选择自杀的极端方式。遗憾的是即便这样，个人或政府仍然显得无可奈何，而景气过热导致物价飞涨时除了整个国家都乱成一锅粥以外，政府也要匆忙拿出提高利率的方法或通货政策。

从以上多个例子中可以得知，价格可以随意控制一个国家。价格的控制力有些像舞厅里的音响师。如果放的是探戈乐曲，人们就要跳探戈，而换上华尔兹乐曲，大家都会改跳华尔兹。再看市场，一旦价格得以确定，就能掌握所有人的悲欢离合。其实，仅凭价格对日常生活中各个角落的影响力，就能深刻体会到价格的威力。

就算价格体系的影响力肆无忌惮地深入到国家的每一个角落，只要价格定位合理且能够长期地为所有国民带来幸福，就没必要对威风凛凛的价格感到忧心忡忡了。那么，什么样的价格才能算是合理且又能长期为所有国民带来幸福呢？是主流经济学主张的"市场上基于供求关系得以确定的价格"，还是在人类勤奋和汗水的基础上得以确定的价格呢？马克思的劳动价值论发人深省。

首先，让我们先了解生活中的常见价格，即由市场的供求关系决定的价格所扮演的角色。主流经济学告诉人们，价格在有效分配资源的过程中起到信号灯的作用。比如，市场对方便面的需求剧增导致方便面价格急剧上升时，企业会在生产上投入更多的人力和资源，以增加方便面的供应量，而天气寒冷导致对冰激凌的需求开始减少时，大量的人力和资源脱离冰激凌的生产，转入乌冬面的生产当中。虽然价格起主导资源分配的重要作用，但主流经济学家们也承认这一原理并不适用于市场上自然形成的所有价格。比如在垄断市场上形成的价格反映的就是垄断利润。其实主流经济学家们也是对垄断利润持否定态度的。即便如此，主流经济学家们仍然把垄断视作偶然现象或不当一回事儿。

马克思承认，垄断无疑是资本主义经济的一大弊病。但他并不认为价格上存在的问题止于此。如前面所讲，对商品的需求是决定价格的终极因素，充斥经济学教科书的需求曲线只是反映了人类欲望的曲线。比如，有关名牌商品或奢侈品的需求曲线反映的是人类的炫耀欲。因此，在这些商品的价格上沾满了人类的虚荣心。夏季避暑胜地的暴利价格和暴雪天里成倍上涨的雪铲价格，都是利用消费者的弱点挣钱的欲望得到膨胀后形成的价格。而有关房地产的需求曲线中则充满了人们想一夜暴富的欲望。因此，房地产价格沾满了人类的贪念。通常人们把这种现象称作"房地产泡沫"，而经济学家们认为，2008年席卷全球的经济危机就是人类在房地产方面表现出的贪念引发的。

正如上面所讲，在企业谋求利润的商业手段和人类贪念的双重作用下，早已膨胀到极点的价格正在腐蚀一个国家的经济并晃动其根基的时候，还能说这个价格是正确的价格吗？

由劳动价值理论决定价格的经济，不允许企业把人类当作挣钱的工具使用。它是一个按劳索取报酬的经济体系。适用劳动价值理论的经济

## 第六章
### 马克思经济学和主流经济学对待价格与收入分配的立场

体系无疑是最健全的经济体系。须知，经济健康发展是社会健康发展的前提。

马克思把商品的价值分成使用价值和交换价值。简单来讲，某种商品的使用价值指的是该商品的有用性或是该商品给人们带来快乐的能力，而交换价值是把商品拿到市场出售时，可以换取的其他商品数量或货币量。其中使用价值相当于主流经济学所讲的效用，而交换价值是接近于价格的概念。比如，米酒的使用价值是喝了米酒以后，米酒带给我们的快乐程度，而交换价值是把米酒拿到市场出售时可以收到的金额。

在商品的价值中，交换价值和使用价值并不始终保持一致。马克思认为，随着资本主义进入正轨，使用价值和交换价值的差异会变得越来越大。如今，电视节目中经常可以看到揭发不良食品的报道。在老鼠蟑螂满地跑、苍蝇飞来飞去的环境中，大量生产出的鱼饼令人触目惊心和大倒胃口。估计老板或家属从来不吃自家的鱼饼，而在食品厂老板的心中，那些食品的使用价值为0。不过，一旦把那些鱼饼送到市场去卖，可以很快销售一空。故而，在老板的心中，鱼饼的交换价值却是非常高的。还有，有很多人反映一些餐馆对顾客吃剩下的开胃小菜回收利用。可以肯定的是，这些餐馆的老板及家人是绝不会吃那些小菜的。因此在餐馆老板的立场上，客人吃剩下的食物使用价值为0，交换价值很高。

由此可知，市场上不良食品或不良商品大行其道的主要理由是，人们只为赚钱而生产商品。比如，方便面厂商是单纯为了挣钱而生产方便面，并不是为了挣钱和让家人吃到方便面。也就是说，生产商品的时候，人们只考虑商品的交换价值，从不考虑其使用价值。

资本主义市场生产的商品并不是国民真正需要的商品，资本主义市场只生产国民愿意花钱购买的商品。只要可以挣钱，制造假药都有人敢尝试。所以到了这一步，商品的交换价值和使用价值会有翻天覆地的变化。

## 马克思为什么要提出劳动价值论？

一般来讲，主流经济学家们喜欢把马克思渲染成全然不了解供求原理或市场原理的伪经济学家。但事实上，马克思对供求原理的了解非常透彻。马克思经济学家们认为，马克思的劳动价值论是涵盖主流经济学供求理论的综合性理论。马克思在十分了解供求原理的状况下，执意开创劳动价值论另有原因。

正如前一章所讲，马克思的主要关注对象是社会变化的内容及其原因。马克思很清楚主流经济学的供求理论并不适合对人类社会的未来变化、变化原因和创造宜居社会的方法进行解释。于是他开始寻找其他理论，并最终找到了最符合要求的"劳动价值论"。

其实在供求理论中，"有关供求均衡状态的阐述"才是最核心的内容。假设原油价格像2007年那般突然间飞速上涨，就会导致外汇、各种商品、劳动的需求与供给发生波动。假设在激烈的动荡中，会有一大批工厂破产倒闭连带大量工人失业。这个时候，供求波动本身就有可能给老百姓带来巨大的痛苦。然而，主流经济学家们对供求波动本身并不感兴趣，他们只关心波动平息后，各类市场达成供求均衡时的生产情况、汇率以及各种商品的价格。由此可知，主流经济学是注重对"所有波动平息后的结果"进行解释和预测，而对波动过程忽略不计的经济理论。"供求均衡"中的均衡指的是"波动的力量（欲脱离均衡的异动）"不再起作用的状态。这种意义上的均衡正好构成主流经济学的核心概念，而主流经济学理论也因此表现出相当静态的一面。

既然马克思的问题意识和主流经济学不同，把关注的焦点放在社会变化的原因和过程，那么更适合对其进行阐述和理解的理论为什么会是劳动价值论，而非供求理论呢？根据马克思的观点，社会变化的主要原因是矛盾和纠纷，而劳动价值论是可将资本家与劳动者之间的矛盾，进一步讲则是把资本主义的矛盾解释得最为清楚的理论。了解马克思的劳动价值论最

## 第六章
## 马克思经济学和主流经济学对待价格与收入分配的立场

为紧要的是对劳动和劳动力的区分。顾名思义,劳动力是指劳动的能力,而劳动就是执行该劳动能力。就如一名不努力做功课的学生,即便拥有再高的智商和集中力(学习的能力)也无法阻止成绩下降一样,即便拥有非常出色的劳动力,没有劳动就不可能制造出商品。

资本主义的最大特征就是大规模领薪劳动者的存在。仅从字面上就可以知道,领薪劳动者就是单纯为了挣钱而劳动的人。按马克思的定义,在资本主义市场上被商品化的是劳动力而不是劳动。除了打零工的人,几乎所有的劳动者通过成文或不成文的协议接受额定工资并上岗。一旦上岗,劳动时间、工作任务、工作方法等事项的决定权则要归属到经营层的手中。换个说法就是,劳动者把自己的劳动力卖给资本家以后,决定如何使用该劳动力,亦即如何进行劳动的权利完全属于资本家。古代的奴隶社会,人们直接进行人身买卖,而到了资本主义社会,法律严禁人身买卖。资本家和劳动者签订雇用合同时只有劳动的能力,即劳动力才是交易的对象。也就是说,资本家和劳动者进行的是劳动力买卖。

如上经过商品化过程以后,劳动力也会具有交换价值和使用价值。其中交换价值的概念与市场价格非常接近,故而劳动力的交换价值就是工资。另外,劳动力的使用价值因人而异。在劳动者立场上,劳动力的使用价值取决于为自己使用劳动力,即非劳动时体会到的愉悦感或满足感的大小。比如,运动、演奏乐器、读书或用其他方法享受休闲时光时体会到的满足感或愉悦感,就是劳动者心中的劳动力使用价值。既然劳动者放弃这些使用价值,以收取工资的方式将自己的劳动力卖给资本家的行为,意味着从劳动者的立场上评价的劳动力使用价值远低于交换价值(工资)。对于失业劳动者,经济上和心理上的余裕对他们心安理得地享受休闲时光所提供的保障微乎其微。在资本主义国家,没有钱就没有休闲。在饥寒交迫的状态下,劳动者心目中的劳动力价值自然要降到最低点,劳动者也只好以收取工资的方式出售劳动力。

反观购买劳动力的资本家,衡量劳动力使用价值的标准是:"使用相关劳动力创造的生产物价值，即劳动生产物的价值。"资本家之所以购买劳动力是因为劳动力的使用价值大于工资。总之，围绕劳动力的交易，可以得出如下不等式：

  劳动者心中的使用价值＜劳动力的交换价值（＝工资）＜资本家心中的使用价值

  由此可知，劳动者和资本家之间围绕劳动达成的交易，意味着交易双方都在从中获得了利益。马克思在《资本论》中多次明确指出，仅从表象去看，这种交易并不存在不平等交换，但是从内容上这种交易极有可能属于不平等交易。因为资本家有很多选择的余地，而大部分劳动者却毫无选择的余地。毫无疑问，进行讨价还价的时候，选择余地更多的人始终占据主导权。

  资本家心中的劳动力使用价值因劳动力的行使方式（即如何进行劳动）发生变化。比如，12小时的劳动生产量肯定要比6小时的劳动生产量多得多。正如前面所讲，一旦劳动者卖出劳动力，资本家就要全盘决定工作种类、劳动时间、劳动强度等诸多因素。因此，付出一定额度的报酬购买劳动力的资本家，必然要增加劳动量，以期达到生产量极大化的目的。也就是说，购买劳动力以后，资本家为了尽可能地多得剩余价值，将使出浑身解数增加劳动时间和劳动强度。而这难免激起劳动者的抵抗。由此，资本家和劳动者之间的纠纷正式拉开了帷幕。

  与机器不同，人类想通过自己喜欢的方式完成意愿的倾向非常强烈。就算是动物也会抗拒人类的强迫行为。虽然资本家通过合同购买劳动力，但也不能从人类身上完全剥离出劳动力。这么一来，资本家就不可能像操控机械一般，任意拿捏劳动者。强迫劳动者做不愿做的工作，或劳动时间过长都会让劳动者工作起来心不在焉。不言而喻，竭尽全力和心不在焉的工作，其结果截然相反。即便是手眼通天的资本家，也不可能任意控制人们的心态。因此从根本上讲，资本家无法对自己所购买的劳动力行使完全支配权。比方说，商品化的劳动力其实处在资本家和劳动者共同所有的状态。人们通常说权利不可分享，而这种说法似乎也适用在劳动力的支配权上。正是这种围绕劳动力发生的共同所有属性，不断引发资本家和劳动者之间的对立和纠纷。这是资本主义矛盾的一个剖面。马克思指出"权利相等的时候，力量决定一切"。并进一步解释说，任何法律手段都不能让资本家和劳动者使用劳动力的权利保持均衡，且围绕劳动力发生的纠纷只能通过政治和独裁性质的手段去解决。

## 2. 分配的问题

### 主流经济学的立场

资本主义物质丰富，大幅提高人们生活水平是毋庸置疑的事实。但是资本主义社会的贫富差距超乎人们想象，且差距还在继续扩大。为了赤裸裸地展现贫富差距的程度，几位教授以资本主义市场经济的发源地和宗主国——英国为对象进行了有趣的实验。实验之前他们按收入和身高的比例对所有有收入的英国人进行分类，然后再按组进行"阅兵"。比如给收入水平在平均线上的人群，赋予英国人的平均身高；给收入超过平均收入2倍的人群，赋予2倍于英国人平均的身高。以此类推，收入水平在平均收入一半以内的人，其身高要缩水到英国平均身高的一半。完成对身高的调整以后，从个矮的人开始阅兵，并要求所有参与阅兵的人以匀速在1小时以内完成任务。

最后，这次阅兵会以什么样的面貌出现在人们面前呢？最早出现在眼前的都是微小到难以用肉眼观察的人群，再过10分钟后出场的是身高1米左右的矮人，他们的阅兵表演持续40分钟之久。在为时1个小时的阅兵中，连续40分钟观看如同一个模子里出来的矮人们，看似永无尽头的行进队伍，无疑是十分枯燥无味的事情。可事实上，这才是我们社会的现实。因此，主持这次实验的教授把实验命名为"矮人们的行进"。一直持续到48分钟以后，平均身高的队伍才会出现，再到54分钟以后虽然会有身高六尺以上的队伍出现，也只是昙花一现。到了最后的2~3分钟参观者们再也看不到行进队伍的长相了。因为，此时出场的都是身高堪比摩天大楼的巨人，以及头部冲出云霄的超级巨人。

这种"矮人们的行进"并不只适用于英国，凡是发达的资本主义国家都会面临这种现象。都说天才和白痴只有一步之隔。如果事实当真如此，那么这种夸张到难以置信的贫富差距中，一定隐藏着除个人能力以外的其他某种因素。那么在现实中，又该如何阐释并正当化这种资本主义社会中俨然存在的收入和财富分配不均的现象呢？可以说这种正当化操作正是正义论的核心内容。

在资本主义社会，大部分收入来自市场。当收入被分类成工资、利息、租金、利润等类别后，主流经济学派认为，这些收入和其他商品的价格一样由市场的供求均衡决定。在各类收入中，工资是市场对劳动的需求和供给达成均衡时形成的价格，利率是对资金（或者是货币）的需求和供给达成均衡时形成的价格，租金是对土地或建筑物的需求和供给达成均衡时形成的价格。那么，工资、利息、租金、股价等和个人收入有关的变数，和冰激凌、口香糖、牙签等普通商品的价格一样，都是由市场需求和供给决定的价格。事实上在主流经济学中，工资、租金、利息和普通商品的价格都是在同一个原理作用下得以确定的。因此，收入分配的问题理所当然要被价格决定理论替代。

正像前面所讲，市场上的需求和供给是个人参与市场后的盈亏计算结果。因此，资本主义市场上得以确定的所有收入就成为每个人的盈亏计算结果。由此可以得出结论，个人因素导致经济富裕或贫穷。这个结论告诉我们，既有能力又勤快的人可以过富裕惬意的生活，而无能懒惰之辈，只能过贫穷日子。

提高个人收入的方法大致可分为两种，第一种方法就是通过劳动挣钱。

## 第六章
### 马克思经济学和主流经济学对待价格与收入分配的立场

大部分人都是通过就职的方式获取收入。若用主流经济学的术语描述，在企业里就职即意味着劳动供给。劳动供给越多，与之成正比的收入也就越多。

另一种提高收入的方法是，通过储蓄筹集资金并对其进行投资。所有从事劳动的人，都应计划好收入中消费和储蓄的比例。克制大手花钱的欲望（牺牲当前由消费带来的愉悦感），对勤俭节约下来的资金进行储蓄，就能存下一笔巨款。而人们既可以把这笔资金借贷给别人并收取利息提高收入，或投资实体获得利润。另外，可以买入土地或建筑物收取租金，或投资股市获得投机收入。因此，每一个人要对牺牲当前的快乐或痛苦和合理利用巨额资金得到的利益进行比较之后，根据其结果合理决定储蓄额。主流经济学派认为，浪费严重的人一般都是相比于未来更重视现在的人，故而此类人群的储蓄必然要少于其他人，他们自己也很难摆脱贫穷的命运。

总之，主流经济学派认为，个人收入的高低终究是每一个人自发而理性地做出决定后的结果，是属于个人要承担的责任。根据他们的观点，富翁是比别人更加努力或节省、对挣到（或省下）的钱进行合理再投资的人群，而贫穷的人都是喜欢享受余下时间、不屑努力工作的人。他们热衷于享受现在而从不考虑未来。

主流经济学家中具有保守倾向的学者们认为，由于是具有理性的人们商议决定市场收入，在市场上形成的所有收入不仅是个人理性选择的结果，还拥有社会正统性。

主流经济学派还认为，就像水往低处流一样，"自由竞争市场上形成的价格都是自然现象"，这一观点同样适用在工资、利息、地租和股价之上。因此，主流经济学家们解释说，即便市场上形成的工资、利息、地租等加剧贫富差距，也算是极其自然的现象。破坏自然现象将引发各种弊端和一系列的副作用。具有保守倾向的经济学家们认为，对市场上形成的价格斤斤计较的行为是很不自然的行为。所以他们对政府出面帮助穷人的现象表示很不理解，而企业家和富人们却对他们的观点欢呼雀跃。

合理化资本主义社会贫富差距的另一条理论立足于生产率理论。而该理论的形成要追溯到第一代新古典经济学。

第一代新古典经济学认为，工资、地租、利息、利润等市场上形成的所有收入都反映了对生产的贡献度（生产率）。长期以来，学者们一直在怀疑当今（主流）经济学教科书上必不可少的边际生产理论是为了对抗马克思的剩余价值理论和剥削理论，以及亨利·乔治的地租理论而专门创建的理论。对于这些疑问，第一代新古典经济学的标杆人物克拉克（J.B.Clark）坦然承认这是事实。他认为，"土地的生产性证明地租属于正当收入，而非不劳所得；资本的生产性证明资本家收入的合法性。"克拉克觉得市场上形成的各种收入不仅反映对生产的贡献度，还反映对社会的贡献度。因此，完全自由竞争市场（完全竞争市场）上形成的收入在道义上属于正当的收入。事实上，到了如今仍然有很多经济学家按照克拉克的方式，给资本主义市场上形成的所有类型收入赋予道德上的意义。总之，他们的观点就是"所有类型的收入必须由生产贡献度（边际生产）决定"，而这个观点就是"贡献的原则。"

主流经济学派认为，根据生产贡献度，向参与生产的各生产要素支付相应报酬的时候，所有产品销售收入都将支付给生产要素。故而在此时不会形成剩余价值。没有剩余价值就没有剥削，但这并不代表主流经济学把形成剩余价值或剥削的可能性置之于外。

主流经济学派认为，如果在现实中当真存在剩余和剥削，那是因为市场竞争不够自由。于是，主流经济学派坚持"消除市场上的不完全竞争要素即可以让剩余价值的问题和剥削的问题得到解决"的基本立场。

## 马克思的剥削理论

首先，马克思不认为工资、利息、租金和利润等并不是简单地依市场供需原理得到决定。口香糖或牙签的价格可以借助于市场需求-供给机制轻松决定。问题是口香糖或牙签的价格和工资或利息并不在一个层次上，根本没有互比性可言。马克思对工资、利息、租金、利润等直接与个人收

## 第六章
### 马克思经济学和主流经济学对待价格与收入分配的立场

入发生关联的变量,单独进行归类并称之为分配变量。他认为,这些分配变量不仅受到市场供求机制的影响,很多时候还要受到政治性因素的影响。就以工资为例,每年都要发生一次的劳资纠纷,并不只是因为工资。其中还掺杂有劳动者的自尊和工会的组织影响力因素,而从政治家的立场来看,它还关乎选票的问题。因此,即便政治圈也不能坐视不管工资问题。一时间部长、国会议员甚至总统都要为劳资纠纷发表自己的立场。这将直接引起淡水派经济学家们的愤懑,认为工资问题完全脱离方向,不再与劳动者的生产率发生关联。不言而喻,淡水派经济学家们的不满之声,即意味着他们承认决定工资水平的过程不遵循经济学教科书的理论。除了工资,决定利率的过程中也可以看到韩国中央银行等金融政府当局的身影,而这必然导致经济学家们就"政府的利率政策是否正确"问题,争得面红耳赤。

马克思强烈批评了主流经济学仅凭需求-供给机制阐释所有经济现象的单细胞式思维方式。他迫切希望大多数国民能够察觉"既得利益阶层除了把需求-供给机制应用到口香糖、牙签等一般商品的价格之外,还滥用到分配变量之上,企图隐蔽背后的政治阴谋"这一事实。如果说人类的最高目标是人人过得幸福,则分配变量理应超越市场原理,以民主的方式得以解决。这一点对实现最高目标至关重要。

俯瞰人类历史,最耀眼的现象就是"人类生产率的不断提升"。事实上,马克思本人也特别关注这一点。若说原始社会的人们忙于解决生计问题,则以后的社会尤其是资本主义社会更让人类生产率急剧提升。从整体国民经济的层面分析,急剧上升的生产率导致各类商品产量远超基本生计需求。比如,全球粮食产量大幅提高以后,只要能做均匀分配就能保证世界上不再出现饥民。

如今,无须马克思刻意强调,人们也已知道了人类生产率大幅提升的事实。只是,马克思从这明白无误的事实当中,引出了一则极其普遍,却又根本性十足的问题:假如现在的人均生产量和过去自顾忙于生计的时候相比增加了10倍,这意味着现在的人只需付出和过去相等的劳动力,就能获得10倍于以前的生产量。也就是说，付出相当于过去十分之一的劳动力就能获得与过去相等的生产量。换个说法就是，为了解决温饱问题，过去的人们每天都要工作10个小时，而如今仅1个小时的工作，就能满足温饱的需求。

如上所述，生产率的提高为人们提供了很多选择的余地。其中有一个极端的选择就是，所有的人每天只工作1个小时，把剩余的时间用在吃喝玩乐上。问题是如此极端的做法，也能维持与过去相当的生活水准。被称为百兽之王的狮子或老虎就是过的那种每天只捕食一次猎物，剩余时间睡觉或散步的生活。

另一个极端的选择是，每个人都和过去一样努力工作10个小时，把生产量提高10倍。如此一来，生产总量就会远超基本生活水平，而其中的超出部分就是马克思所说的剩余价值。比如，劳动生产率提高10倍以后，不顾1个小时工作就能满足基本生活水平的事实，继续工作10个小时，那么剩余9个小时的时间里生产的价值就称为剩余价值。也就是说，人类生产力的大幅提高，即意味着剩余价值的相应提高。

既然如此，人们就需要在"比过去富裕10倍的生活"和"保持和过去相等的生活水平，为自己争取更多余暇"的两个极端中做出一个选择。当然，这两个极端中还是有无数可供选择的方案。比如，上午上班，下午休息，或周一、周二上班，其他日子作息的作息方案。在这种情况下剩余价值会比过去增加近两倍，因此物质生活水平也会比过去提高两倍。要是觉得这样的生活有太多休息日，则可以选择周一到周三工作，剩下时间休息。届时，随着剩余价值的大幅增加，物质生活水平会比过去提高3~4倍，余暇却会有所减少。

基本解决温饱问题之后，余暇在国民福祉中占据的重要性和物质、经济同样重要。因此，如果政府真正重视国民的幸福，就要在生产率显著提高的时候在全社会的范围内对余暇和劳动时间的比率进行调整。

根据马克思提出的基本要求，人们在处理与国民福祉有关的重要事项

## 第六章 马克思经济学和主流经济学对待价格与收入分配的立场

时,应就"人们应工作几个小时?创造出多少剩余价值?应更加重视哪一类型的生产?如何分配剩余价值?"等问题,在全体国民范围内进行广泛协商。对于马克思的基本要求,估计没有人会提出原则性的反对意见。不过在事实上,对以上所有行使决定权的却是资本家阶层。在国民福祉方面,劳动者享有的只是用劳动换回工资的权利,在工作时间或工作内容等工作条件、劳动成果的价格和利润范围、处理利润的方式等方面毫无发言权可言。假如劳动者就以上内容提出质疑,将会以侵害经营权为由,被公司开除。须知在资本主义社会,企业的经营权属于神圣不可侵犯的存在。这类由资本家单方面决定和推行、理应经过国民协商的重要经济议题的现象,就是马克思所说的剥削。

和古典经济学家一样,马克思也认为任由市场决定下端劳动者工资时,他们的工资水准会长期维持在基本生活费的水平线上。在这里,下端劳动者指的是负责现场生产的劳动者,也就是马克思所讲的直接劳动者(或生产性劳动者)。另外,马克思把指挥和监督直接劳动者的劳动者称为非生产性劳动者。人们常说的"管理层"也属于非生产性劳动者。

管理层的主要作用是为资本家打造可创造最多剩余价值的环境。事实上,管理层的作用会随着劳资纠纷的尖锐化而显得愈发重要。因此,资本家们自愿为他们提供丰厚的报酬,而根据马克思的观点,这一部分的报酬来自资本家自己的利润。也就是说,管理层虽然在本质上属于劳动者,但早已和资本家形成了分享利润的合作关系。

在市场上,直接劳动者的工资长期维持在基本生活费水平线上的最大原因是,资本家阶级刻意让市场保留一定数量的失业者。对于这些经常存在的失业者,马克思称之为产业后备军。正是因为这些产业后备军的存在,劳动者们才会为有限的工作岗位展开竞争。因此,即便工资有了临时性上涨,在长期一定会因竞争原因,回归到基本生活费水准。

马克思所说的基本生活费并不是指勉强糊口的水准,而是保障劳动者维持健康、家庭和人类品位所需的最低生活费。由于不断发展的经济持续提高劳动者的基本生活费水平,劳动者工资也一直在上涨。不过有一条永远不会改变的事实是"资本家单方面地主导劳动条件并借此肆意占有和处置劳动者创造的剩余价值"。这也是马克思使用最频繁的词汇——"剥削"的真正含义。

## 内部成员阶级(资本派系)

就如把劳动者分类成生产性劳动者(体力劳动者)和非生产性劳动者(脑力劳动者),马克思也把资本家分为生产性资本家和非生产性资本家。生产性资本家说的是直接主导剩余价值的创造过程并直接榨取剩余价值的资本家,而所谓的产业资本家就是其中的典型代表。说得简单一点,产业资本家就是直接经营广义制造业(含物流和仓储业)的资本家。马克思认为,只有这种广义的制造业才能创造出剩余价值,也只有这种意义上的制造业才算是生产性的。如今,虽然服务业在韩国经济中所占的比重呈日渐增加的趋势,且这种现象也已得到大多数人的支持。但是也有一些专家对此现象表示忧虑。在这个世界上,如果制造业作为国家的支柱产业而存在,商业或金融业就没有了立足之地。也许,地狭人少,可以仅靠服务业来满足国家发展的需求,如新加坡,但很难想象中国、韩国或日本等国家的经济只依赖服务业。

根据马克思的定义,非生产性资本家包括经营商业的资本家和经营金融业的借贷资本家。在马克思的心中商业或金融业都属于非生产性经济活动。他认为商业只不过是在不改变商品属性的前提下,为商品所有权的转移创造环境并帮助实现已存在的价值。亦即是说,商业只是一个单纯实现交换价值的过程。不过,非生产性并不代表与之关联的对象无足轻重。商业可以在生产者和消费者之间架起一条畅通的沟通纽带并提高资本流通速度,最终大幅拉升一定期间内创造出的剩余价值总额。金融业也是如此,它保障产业资本家获得更加顺畅的资本供应,帮助其创造出更多的剩余价值。归根结底,在资本主义经济领域中,产业资本家是创造和分配剩余价值的第一主体。

关于剩余价值,马克思把其分成绝对剩余价值和相对剩余价值进行区别对待。其中,绝对剩余价值指的是资本家通过延长劳动时间或提高劳动强度等方式追加获得的剩余利润,而相对剩余价值就是资本家通过提高劳动生产率、削减实际工资等手段追加获取的剩余利润。两者中,绝对剩余价值的大小属于产业资本家个体的酌情权,相对剩余价值却不同。因为,剩余价值的大小被不在产业资本家个体管辖范围内的诸多因素所左右,诸如各类研究机构的技术研发、教育机构培养的优秀劳动力、政府对企业经营方面的各种支援等。简而言之,相对剩余价值大多是产业资本家个体在其他团体或部门的帮助下追加获得的部分。因而,产业资本家要割出一部分剩余价值与间接或直接地帮助自己创造相对剩余价值的团体分享。这些有资格分享产业资本家所得剩余价值的人群又叫作内部成员阶级(在资本主义社会被称为资本派系),而商业资本家、地主阶级、借贷资本家等都属于很有实力的资本派系。

马克思在《资本论》中用了很多篇幅,详细地阐述了产业资本家和内部成员阶级对产业资本家占有的剩余价值进行分配的过程。假使需求-供给的原理可以把两者对剩余价值的分配过程进行普遍化,马克思肯定会学习主流经济学简单明了地解释分配形式。也许正因为马克思对此没有信心,才会显得那么"啰嗦"吧。比方说,父亲和儿子合伙做生意挣到钱以后,如何进行分配的问题完全取决于父子俩的关系。因此,很难对其过程进行普遍化。要知道夫妻、父子以及朋友之间等亲密的人际关系中可是有太多难以用供需原理进行说明的部分。想想也不难理解,仅凭供需原理怎么可能解释那么多夫妻间发生的微妙事情?

马克思认为,产业资本家、借贷资本家以及商业资本家之间的关系和共同投资的同业者之间的关系极其相似,以至于无法用一般性的法则对其进行解释。

当然,资本派系之间的讨价还价中必然会有需求-供给原理的参与,但其影响力还是有限的。比如，政府先从资本家处征收税赋，而后把收上来的税金投入到教育当中，培养高生产率劳动者并提供各类公共财货，为产业资本家创造出更多的相对剩余价值创造环境。这时候，仅凭需求-供给理论很难为决定税率提供合理建议。

## 分配正义

主流经济学家们一般都不愿意公开讨论社会正义或分配正义。在这方面，马克思的态度和主流经济学家们很一致。不过，他们不愿公开讨论的理由却大相径庭。

坚信经济学为一门科学的主流经济学家们一向自诩科学家。根据他们的观点，科学要遵守价值中立的原则，而社会正义或分配正义却属于价值判断事项，既已超出科学的范畴，也不再属于科学家所能涉及的范围。

在马克思看来，主流经济学家们佯装科学家的态度十分可憎。作为一门社会科学，经济学以社会现象为研究对象。因此为了做到价值中立，经济学家们应用实事求是的眼光去观察世界并做出客观的判断。不过，正如自然科学家们通过无数实验证明的那样，人们很难做到用客观的眼光去看待世界。有句俗话叫作"狗眼看人低"。虽然听起来不顺耳，但这句话却很形象地告诉人们："眼中看到的世界，会因心中想法而发生变化。"

大凡保守主义者大多表现出重视对体制或既得权力有益的现象，无视不利因素的倾向。他们认为过度在意不利于体制或既得权力的信息，容易引起思维混乱，最好是对其置之不理。与保守主义者相反，具有进步倾向的人却是很容易发现体制的漏洞。

根据科学家们的观点，人们在观察世界的时候通常会在不自觉中受价值观的影响，或以自己为中心剖析世界。可不管如何，既然我们无法规避价值判断，理应坦然对待和探讨其中的对与错才是。毫无疑问，这也是马克思所采取的立场。

事实上，表面上看似支持价值中立的主流经济学家，暗中力挺的却是

## 第六章
### 马克思经济学和主流经济学对待价格与收入分配的立场

"贡献原则",即根据人们对生产的贡献度分配收入的分配正义原则。主流经济学家们坚信,只有确立贡献原则,才能让资本主义市场经济正常运行。按他们的说法,要是人们按照平均主义原则均分收入,将极大地打消人们的工作热情而最终将消除资本主义的活力,并让所有人走向贫穷。

主流经济学家还在贡献原则的基础上更上一层楼,认为市场有非常公正的制度。根据他们的观点,市场对所有人都很公正,从不歧视任何一个人。同一品牌、规格的方便面在江原道的售价不可能比忠清道卖得更贵,而在劳动市场只要能力相当,来自庆尚道的劳动者和来自全罗道的劳动者收到的报酬相等,与他们的长相如何全然无关。经济学者们继续主张,现实生活中之所以存在男尊女卑现象,大多是习惯和偏见使然,与市场扯不上关系。在市场,不管是男还是女,只要能力相等断无受到歧视的可能。不过,主流经济学家们却忽略了市场会彻底排挤无钱的人,以及人们在市场上行使的权力大小和财富呈正比关系的事实。

反观马克思忌讳力挺社会正义或分配正义的主要原因有两条:一则担心给人们留下大肆宣扬正义社会为最理想社会的印象,二则害怕误导人们把正义感缺失当作资本主义唯一的漏洞。

人类社会固然不可成为没有正义的社会,但也不能把正义社会当作终极目标。马克思梦想的是充满人情味,且人人都能实现人生价值的社会。虽说有很多人在呼吁充满正义的社会和人人恪守原则的社会,但这种社会很有可能是枯燥无味和充满压力的社会。

在欧洲,以出口名表而闻名的瑞士人最能恪守原则。即便到了21世纪,罗马教廷卫队仍然由清一色的瑞士佣兵构成。不过,瑞士人却是全欧洲人气最低的人群。听其理由,"过于较真、没有人情味和对别人的错误过于冷酷"所占的比重最大。这种现象并不难理解,在我们的生活中,遇到那些受人价值五万元左右的人情,就急匆匆地回报等值人情的人,任谁也不会产生想与之交朋友的念头。不过,人们倒是不会反对与他们共同创业。

在瑞士,稍有不慎做出违规行为,就会有人向警方告密,而轻微如随地扔垃圾的行为也会很快招来警察或公务员。所以，有瑞士生活经历的人都异口同声地抱怨瑞士是一个刻板无趣到让人喘不过气的国度。怪不得人们都说在瑞士生活过的人，到了德国以后居然能感觉到人情味的存在，到了法国会觉得人生美好，而要是到了意大利就会大呼人间天堂不过如此。

按马克思的思路，强调社会正义并呼吁正义的社会绝对是有问题的社会。这样的社会总是充满糜烂气息和钩心斗角。就如患者多的社会里，医院多、医生多、医科大学人气高涨一样；公民间频繁发生私人纠纷和法律纠纷的国家里，律师多、法官检察官多、法学院人气最高。美国就是此类国家的典型代表。由于动不动就起纠纷、打官司，美国一直以来都是世界上律师最多的国家，也是法学院备受追捧的国家。因此，像美国这样的国家才是迫切需要社会正义和分配正义的国家。在马克思的心中，美国委实算不上是一个好的社会。

那么，美国等社会里为什么会法律纠纷频繁、律师多呢？根据马克思的理论，在这样的社会里，自私而具有强烈物欲、占有欲的人过多。据说，于2008年从美国迅速蔓延到全世界的经济危机，也是因为美国人的贪念所致。事实上，也不用去关注遥不可及的美国。我们只需环顾四周就能发现很多自私、贪婪的人，正与他人争得不亦乐乎。在资本主义社会里，此类人群的存在具有普遍性和必然性。因为，资本主义体制以人类利己心作为社会发展的原动力。所以，这种体制自然要为利己心歌功颂德。不仅如此，早已成为利润之奴隶的资本家为了生产和销售更多的商品，借助广告或层出不穷的商业手段，不停地刺激消费者的物欲和占有欲，创造出大量低级的欲望。而这一切，只能造成人与人之间的纠纷越来越严重。由此可知，资本主义社会才是亟需确立社会正义的社会。

由于对正义有所忌讳，马克思并没有提出有关争议的系统性理论。但这并不意味着马克思毫无正义感和不具备正义原则。他只是零散而小心翼翼地阐述了自己对正义的见解。

种种迹象表明，马克思认为分配正义的原则因社会性质而不同。据马克思的定义，在社会主义阶段里适用的分配正义原则是"各尽所能，按劳分配"，即每个人按劳动的多少来分配。而在共产主义（社会主义的高级阶段）社会里适用的分配正义原则是"各尽其能，按需分配"。也就是说社会发展到共产主义以后，人们按自己的需要进行分配。

提出"按需分配"原则后，马克思成了很多人的嘲笑对象。嘲笑马克思的人们认为，按需分配即意味着社会满足每一个人的所有需求。而面对人们无止境的需求，即便是物质丰富到极点也难满足每一个人的需求。让人感到意外的是，在这些嘲笑马克思的人群中，竟然还有很多在理念上本可以与马克思成为同志的社会主义者。

尽管有的时候，人们偶尔也会对一些理所当然的事情嗤之以鼻，但嘲笑马克思"按需分配原则"的人们却是完全忽略了这一事实，即"按需分配原则从很早开始就在社会底层得到实践，且有很多正常人是在按需分配原则下成长的"。家庭是社会的基础。正常情况下大多数母亲依照按需分配的原则给子女们分派零花钱或物品，而每一个子女分得的零花钱或物品的量并不相等。惯例是需求多的子女多得而需求少的子女少得。虽然所有父母都认为家庭中不存在偏爱某个子女的说法，但身为父母更加关注处于弱势或存在先天不足的子女是不可否认的事实。在一些有残疾儿童的家庭，因父母过分关心身残子女反而让身体健康的子女受到忽视的现象屡见不鲜。那些只宠爱学习成绩好、对家庭有帮助的子女，放弃无能子女的父母算不得是正常的父母，他们必然要遭受社会的谴责。

也许会有人反问，母亲不可能对子女的需求了如指掌。但是母亲的天性使得她们一看子女的眼神，就会明白子女真正需要什么。记得有一位照看植物人儿子达10年之久的母亲，逢人就说自己搞不懂别人为什么要把儿子当作植物人对待。她说自己和儿子仅凭眼光就能交流无数的对话。天下母亲不外乎如此。也许正是这种有着父母般爱心的社会，才是马克思所梦想的理想社会。

学校也是一样。只突出学习成绩的教育，不能成为真正的教育。给予差生以鼓励，帮助他们重拾信心、提高成绩的教育才是真正意义上的好教育。选拔和培养智商高，成绩又好的"优秀儿童"，帮他们找到好的职场，当上成功人士的教育着实称不上是杰出的教育模式。从这一点来看，即便是被誉为"韩国第一名校"的首尔大学也没有什么可以自豪的。不仅是家庭和学校，社区或同学会也会把同情弱者视为天经地义的事情。人们普遍认为，应当把关爱给予需要更多关爱的人。

然而在事实上，按需分配的原则在资本主义社会中越来越难以站稳脚跟。快速发展的生产率固然带来了丰富的物质，但在现实中仅靠男人的一己之力已经很难维持整个家庭的生计问题了。这也是双职工现象日趋增加的根本原因。问题是，一旦投入职场，母亲们就再难像以前那样去细致照顾子女，按需分配的原则也将逐渐失去原有的地位。另外，学校变成竞争社会，而社区和同学会也变得没有斗志。在这些地方，同样没有适用按需分配原则的余地。

一般来讲，按需分配原则的适用余地因社会体制的不同而发生变化，马克思心中让人们变得更加自私、更加贪婪的资本主义社会无疑是最难适用按需分配原则的社会。有道是"争者不足，让者有余"。只要人们变得越来越自私、越来越贪婪的现象得不到遏制，即便资本主义生产力的发展达到顶峰，国民心中依然会产生物质饥渴感，最终让大部分国民陷入各种纠纷和诉讼的旋涡之中。基于这些理由，资本主义社会不得不完全依赖正义、权利之类的法律概念来维护体制。

"正因为资本主义社会的这种结构性问题，人类才需要从根本上着手，立志创造根本不需要正义存在的社会。"——这是马克思意欲传递给我们的核心信息。

第七章
**马克思经济学和主流经济学对景气循环理论和经济增长的看法**

# 1. 景气循环和经济危机

## 需求-供给理论困扰主流经济学的视角

当经济不景气的时候,电视或报纸等媒体上充斥着经济衰退、萧条、危机等各种专业术语,但很少有人能够梳理明白其中的区别。为此,享有极高声誉的美国前总统里根,在一次访谈节目中做出了十分明快的解答:

> 记者:如何解释经济衰退?
> 里根:意味着您的朋友成为失业者。
> 记者:那经济萧条呢?
> 里根:您的邻居成了失业者。
> 记者:经济危机呢?
> 里根:哦,这回该由您来做失业者了。

2008年,一场由美国引起的经济大萧条席卷了整个世界,韩国经济也不可避免地受到了重创,经济呈负增长。一旦发生大批企业连锁倒闭、国民生产总值减少、失业率大幅升高等现象时,人们就会认定经济危机到来了。当景气跌至低谷、经济萧条达到顶峰的时候,有些人甚至还对资本主义的存活深表忧虑。

谈及经济危机,人们最常听到的术语不外乎是生产总值、就业、物价和货币供应量等。在经济学里,这些经济变量被统称为宏观经济变量。

随着人们日益关注经济增长和金融问题,宏观经济学作为一门单独的

## 第七章
## 马克思经济学和主流经济学对景气循环理论和经济增长的看法

经济学科目也受到了越来越多的关注。不过,主流经济学的宏观经济学教科书还是没能躲开被需求曲线和供给曲线填满的命运。就如卖糖葫芦的小贩喋喋不休地讲述糖葫芦的价格和产量,主流经济学家们也是照搬需求-供给框架阐述生产总值、就业、物价、货币供应量、利率等变量的形成和变动原理。当这些宏观经济变量发生剧变时,必然会发生经济危机。而在事实上,经济学教科书中很难看到有关经济危机的描述。主流经济学家们坚信,只要资本主义市场运行顺畅,就绝不可能发生经济危机。

"企业生产的商品能畅销"是保证资本主义市场运行顺畅的最根本而重要的条件。否则,不仅工作岗位不能增加,收入也不能增加。只要商品滞销导致库存增加,企业家们就会对生产失去兴趣,并开始缩小生产规模。一旦这种现象长期持续下去,就会波及整个经济领域并发展成经济危机。

"千里之堤,溃于蚁穴",一点都没有错。一旦少数企业家缩减产量的做法波及整个经济领域,就会瞬间引发众多银行和企业连锁倒闭的恶果。事实上,在人类发展史中,已多次发生过这种危机状况。

大多数人对某种商品产生强烈的购买欲望时,该商品就会成为畅销商品。也就是说,人们商品需求旺盛是保证商品畅销的前提条件。在经济学里,总需求是指一个国家或地区对所有商品的需求总量。在整个经济领域中,主要需求者由消费者、企业、政府以及外国消费者构成。消费者购买消费品,而企业购买工具、机械、设备等生产必需品(生产资料)。在经济学中,企业的购买行为被称为投资。因此,总需求也是消费者支出、企业投资、政府支出以及净出口的总和。

就像糖葫芦价格上涨会导致对糖葫芦需求下降一样,总需求也因物价水平发生变动。物价上涨时人的购买欲必然下降,导致总需求减少。反之,物价下跌会令总需求增加。总需求曲线就是表示总需求和物价之间关系的曲线。

若从企业的立场考虑,物价上涨即意味着生产的商品价格上涨,利润增加。因此,一旦物价上涨,企业必然会增加产量。在经济学里,一个国家或地区内的企业生产的商品总量叫作总供给。就如方便面价格上涨会增加方便面产量一样，物价上涨带动总供给增加，反之总供给会减少。因而总供给曲线拥有着与单件商品的供给曲线类似的特性。正如单件商品的供给曲线反映生产率一样，总供给曲线同样反映生产率。如原油价格或工资上涨时，总供给曲线也会向上移动。

图7-1是宏观经济学教科书中最常见的总需求曲线和总供给曲线图。如同单件商品，当总需求和总供给在总需求曲线和总供给曲线的交点上达成均衡时，将形成均衡物价水平并相应地决定国民经济整体的均衡产量（均衡国民收入）。假设一个国家的总需求曲线和总供给曲线与图7-1相同，则与两个曲线的交点$E$相对应的均衡物价水平和国民生产总值分别为$P$和$Y$。只要均衡生产总值得以确定，与之对应的总就业率也随即得到确定。至于这种就业率到底算不算是充分就业，主流经济学的观点也分歧颇多。特别是淡水派经济学家和咸水派经济学家一直就此问题争论不休。

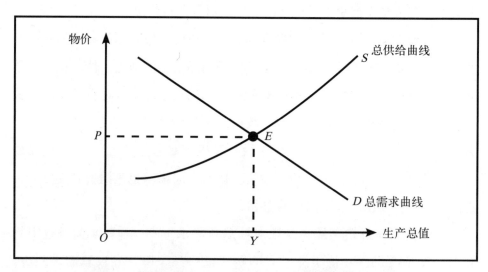

图7-1 国民生产总值（国民收入）和物价水平关系图

经济的流动性，使得总需求和总供给之间很难保持长期均衡的状态。比如，当消费者的喜好、企业家的投资信心、政府开支或出口等足以改变总需求的干扰因素发生变化时，总需求曲线就会像图7-2所示向上或向下移动并打破原有均衡，形成新的均衡。

反之，当出现原油价格上涨、工会发起强硬的薪资斗争、开发节约生产成本的新技术等足以改变生产成本的干扰因素时，总供给曲线会像图7-3所示，向上或向下移动并打破原有均衡，形成新的均衡。若是这些干扰因素的影响力小还好一些，可是偶尔也会引起巨大的经济波动。这时，总供给曲线将大幅向上移动或总需求曲线大跨度向左移动，使得生产总值或就业率急剧减少，最终引发经济危机。

比如在20世纪70年代初发生的石油危机中，原油价格暴涨使得总供给曲线大幅向上移动。假设在图7-3中，油价暴涨之前的总供给曲线为$AS$、油价暴涨后的总供给曲线为$AS'$，则油价暴涨以后新的均衡点应为$E'$。结果，国民生产总值剧减到$Y'$而物价涨到$P'$。于是，就业率大幅减少以及国民收入剧减等因素最终触发了全球经济危机。

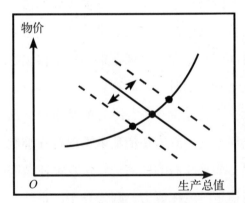

图7-2 总需求曲线的移动

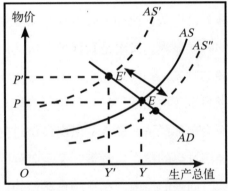

图7-3 总供给曲线的移动

可即便这样，还是有许多主流经济学家主张，自由放任就可以让经济危机通过市场自行消除。生产总值的急剧减少导致原油需求降低，而原油价格的上涨会促进各种节能方式和新技术的出现。结果，能源需求逐渐减少，从而导致原油价格下跌。国民经济自然而然就会回归到原先的均衡状态，即$E$的附近。

淡水派经济学家们坚信，即便韩国经济遭受到原油价格暴涨等外部冲击，反应迅速的市场完全可以缓解冲击带来的影响。

既然如此，只要人们耐心等待1~3年的时间，就能看到经济危机在市场上自行消失了。但是，国民和政治家们好像没有那么多耐性，都齐声抱怨生活的艰辛和政府的无能。面对他们的责难，政府只好赶紧表态，推出一些扶持经济的政策。"增加政府开支，促使总需求曲线向右移动"是众多扶持政策中最为常见的一种。问题是，政府采取行动的过程过于漫长：分析形势用去好几个月、筹划对策花去好几个月、执行对策又浪费数个月。如果制定好的扶持政策需要获得国会认可，更是雪上加霜。就算能在短期内得到解决，即经济扶持政策在第一时间内得到执行，但是想看到具体实效还要等上很长一段时间。比如，要想看到汇率降低的效果，人们最少要等待1年的时间。

正是因为政策实施过程过于漫长，政府轻率做出的救市行为容易成为马后炮，反而起反作用。然而，政府的政策一旦付诸实施就像离弦的箭一样万难回头。比如，政府如果采取扶持经济的政策，其效果应在景气最差的时候显现。可要是扶持效果因为时间差的原因，显现在市场逐渐恢复好转的时候，则政策的实施无异于火上加油。届时，瞬间蔓延开的火势会点燃整个经济领域，导致经济过热现象。也就是说，不合时宜的救市行为反而会破坏经济。那么，出现经济过热现象后，政府在慌乱中采取旨在抑制经济过热的稳定化政策，又会怎样呢？如果政府的经济稳定化政策还是因为时间差的原因，在市场自然地趋向稳定时发挥效力，则无异于向市场泼冷水。届时，原本要平缓软着陆的经济将重重地摔落下来，导致经济衰退和经济危机。

在经济学里，人们把经济时冷时热的现象称为"景气循环"。淡水派经济学家们指出，自然因素和政府的错误介入是触发景气循环和经济危机的主要原因。也就是说，形成景气循环的是市场的外部因素，而非内部原因。主流经济学家们普遍认为，只要政府足够重视市场原理，并在此基础上实施合理的救市政策，资本主义经济体系内就不会出现剧烈的景气循环或经济危机。这种共识，尤其凸显在2008年全球性金融风暴发生之前。

## 马克思的立场：成功因素即为失败原因

马克思认为，政府的合理应对充其量也是治标不治本的临时政策。根据他的观点，不根除资本主义体制，是很难避开资本主义景气循环或经济危机的。这是因为推动资本主义经济走向成功的因素在有时候反而会变成引发经济危机的因素。亦即，成功因素即为失败原因。个人也是一样，成功容易让人骄傲，而陶醉于成功的人很快就会品尝到失败的苦果。

从以上观点可以得知，马克思立足人人皆知的常识性道理之上阐释了经济危机。从某种意义上讲，马克思经济学中有关国民生产总值、就业、物价、利率等宏观经济理论，在内容上要比主流经济学复杂得多。这是因为，马克思的宏观经济学包含着主流经济学未曾公开和着重涉及的两个重要变量，即反映利益分配两极化变量和一个经济体系内积累的资本总量。

在国民收入方面，主流经济学从不刻意区分劳动者获得的分配额（工资总额）和资本家获得的分配额，而马克思却对两者进行了明确区分。

在总需求中占比重最大的都是消费者的支出（消费支出）。对于此，主流经济学的观点略显简单，认为国民整体收入水平越高，消费支出的规模也会越大，而马克思对主流经济学派的观点不以为然。马克思把关注的重点放在了劳动者的总收入（工资总额）和资本家的总收入以各不相同的方式影响消费支出的现象上。若对此用数学知识进行解释，则是主流经济学把消费支出规模视作一个变量，即国民收入函数，而马克思却把其分成两个变量，即工资总额和资本家阶层的总收入函数。其中，工资总额指的是直接劳动者（下端劳动者）的工资总和，不包括管理层等非生产性劳动者的工资。

马克思之所以明确区分各阶层的收入分配，是为了把当时流行在社会主义者中间的消费不足理论纳入自己的理论体系当中。消费不足理论将普通百姓（下端劳动者）的贫穷化视作经济萧条的元凶。这条理论认为，属于月光族的劳动者阶层是整体国民中人数最多的群体，而这一阶层的消费支出自然成了支撑总需求的重要力量。因此，囊中羞涩的劳动者不仅让企业生产的商品滞销，最终还会引发经济萧条。那么又该如何解决这一矛盾呢？支持消费不足理论的学者认为，劳动者阶层的消费倾向要明显高于富人。只有让富人积极参与到下端劳动者的收入再分配中，才能增加整个经济领域的消费支出，并最终预防经济萧条。事实上，在主流经济学家中，也有不少学者发表过与消费不足理论类似的观点。

马克思在一定程度上认可了消费不足理论的影响力，但同时也认为该理论把现实看得过于简单。根据他的观点，除了资本家的消费支出以外，投资支出也对经济施加了莫大的影响力。因此，不能仅拿劳动者和资本家的消费倾向做对比。一般来讲，在谈及整个经济领域的问题（宏观经济问题）时，主流经济学家们首先从有关普通百姓的消费倾向或消费函数开始长篇大论，而马克思先对资本家的支出倾向及其对经济影响力做出详细的解释。

资本家的投资性支出也是总需求的重要构成部分。一个资本家的投资决定，意味着该资本家要购买其他资本家所生产的工具、机械、设备等生产资料。因此，资本家越是积极投资，总需求、就业率和收入越会相应增加。但是，资本家们不可能长期地保持较高的投资积极性。他们只在可预见利润的时候才会进行投资。

和亚当·斯密、李嘉图等经济学元老一样，马克思也着重强调"资本家的利润才是推动资本主义经济的原动力"的观点。资本主义的生产目的就是利润。没有利润做保障就没有资本家的投资，而投资减少必然会造成生产和就业率的降低，最终让资本主义经济陷入全面瘫痪的状态。

假如有一位资本家预测到以后的生意越来越不好做，那么他就会中断投资并减少生产。结果，原先出售生产资料给他的其他特定资本家们也要面对商品滞销的现实。对于他们来讲，库存增加即意味着收入减少，而收入减少又会迫使投资终止。最后，商品滞销带来的连锁反应将一层层地扩散到整个经济领域，引发经济萧条和经济危机。

通过上述理论和其他各种理论，马克思全面否定了主张"供给创造需求"的萨伊定律。

## 2．马克思的景气循环和经济危机理论

### 机械化和批量生产以及资本的规模扩张

当然，资本家们也有面对高利润率备感欢欣鼓舞的时候。届时，随着投资和生产剧增，经济发展将迎来一个小高潮。从此以后，经济萧条和繁荣将不断地交叉更替。然而，大多数主流经济学家认为，只要政府通过合理的政策进行谨慎干预，就能大幅削减经济繁荣和萧条的程度，最终促使经济在长时间内保持稳定发展的趋势。

事实上在第二次世界大战结束以后，以美国为首的西方发达国家迎来了长达30年之久的经济稳定发展期。这一结果不仅让众多主流经济学家找回了对经济学的信心，还树立了他们的自信和自豪感。

然而，马克思却猛烈抨击了这些主流经济学家们表现出来的安逸态度和自信感。因为他们忽略了资本积累量（一个经济体系积累的生产资料总量）对经济的影响，而马克思则犀利地指出了这一点。马克思认为，机械化批量生产是资本主义生产的最大特征。他发现在资本主义经济中，劳动者对工具、机械和装备等生产资料的占有量（劳动者人均装备率）一直在增加，于是他便将其视作机械化程度的指标，即"资本的有机构成"。不管怎样，马克思认为，在工业革命以后的资本主义经济中，最引人注目的现象就是资本的有机构成在逐步提高。

就如生产某种商品的时候，持续增加劳动者数量会导致人均生产率一般，不断增加生产资料总量也会逐步降低生产率。若按主流经济学的说法，则是资本的生产率（资本的边际产量）持续减少。资本的生产率降低即意

味着利润的减少。由于资本的有机构成逐步提高代表着一个经济体系内积累的生产资料总量不断增加，而且整体经济的总体利润率也会不断下降。

其实，亚当·斯密也曾指出，"在资本主义经济里，远期利润率会逐年递减"，而李嘉图更是逻辑分明地阐述了利润率会不断下降的理由，亦即经济的外部因素（如缺少肥沃土地等），而马克思则认为是经济性因素导致利润率下降。由此可以看出，这两位大师的观点存在着根本差异。

由于马克思在《资本论》中对利润率下降的问题解释得十分零散，招致了一些经济学家们的不满。解释显得凌乱无章，极有可能是因为马克思认为利润率下降的趋势是在多种因素的综合作用下形成的。在众多影响因素中，马克思最关注且用最多篇幅进行阐述的便是，劳动者的人均生产资料占有量即资本的有机构成不断提高的现象。

如前面所讲，促使资本的有机构成不断提高的最大因素是生产机械化。从资本家个体的立场上去看，能为自己提高利润率的生产机械化是极富诱惑的备选方案。首先，机械化实现批量生产，而批量生产以提高市场占有率的方式提高利润率或增加利润总额。另外，批量生产体系可以实现主流经济学家们一直在强调的规模经济（规模越大，单位生产成本越低的现象），从而达到降低生产成本的目的。因此，机械化是资本家个体压制竞争企业，提高市场统治力的有效手段。

资本家个体偏爱机械化的另一个重要原因是，通过机械化可以裁掉那些难缠的劳动者。对于每一位资本家来讲，恃才傲物的熟练工人或提出涨薪要求的强硬派劳动者都是让他们备感头痛的。要是能用机械替代这些劳动者，不仅资本家的心情愉悦了，还能获得更多的利润。尤其是在景气好的时候，资本家们更是为了实现机械化忙得不亦乐乎。其因有二：一是经济繁荣带来的高额利润，能让资本家们不再捉襟见肘；二是看到企业面临用工难的问题，劳动者们要求涨薪的态度变得十分坚决。

种种原因使得资本家们不顾一切地实施生产机械化，并忙于进行资本扩张。他们从来都只顾个人利益，从不考虑自身行为对整体经济的影响。

结果，资本家个体间充满竞争性的机械化与资本扩张的行为，在大幅增加整体经济积累的生产资料总量的同时，还会导致设备过剩和积累过剩的问题。其中积累过剩又会成为促使整体经济平均利润率下降的决定性因素。而整体利润率的下降即意味着资本主义经济失去活力。

也就是说，那些只关心个人利润率的资本家，其急功近利的短视行为，是让整体经济平均利润率下降的决定性因素。"盲目积累导致资本过剩，结果整个资本家阶级陷入困境，而资本主义经济像是坐了滑梯般深深陷入危机深渊中"，这就是所谓"资本的有机构成提高理论"意欲传递的核心信息。这种理论之所以在马克思的经济危机理论中占据中心地位，是因为它最能清晰地展现资本主义内部的矛盾，即资本家个体追求高利润率的过程会给整个资本家阶级带来"整体利润率下降"的沉重负担。

## 呈几何级数增加的生产力和呈等差级数扩大的市场

虽然"资本的有机构成提高理论"是马克思经济危机理论的核心。但马克思却不认为仅仅一项因素就可以导致资本主义经济危机。马克思及其追随者还对前面提过的消费不足理论进行大力宣传。在资本主义经济中，被誉为"价值实现受挫"的理论认为，"与呈几何级数增加的生产力相比，市场呈等差级数扩大"。而这句由恩格斯在《资本论》第一卷序中记下的话，已经成了马克思主义者们信奉的至理名言。

就如保守主义者们宣扬的那样，资本主义的最大优势是高度发展的生产力。相信也没有人会对这一点表示质疑，而马克思本人也高度评价了资本主义的这一优势。然而，市场上滞销的商品即便产量再高、质量再好，也不会具有任何价值。滞销意味着不能用商品交换货币，而马克思把这种现象定义为"价值实现受挫"。资本家追求金钱是天经地义的事情，只为挣钱而进行生产也是资本主义的特征。商品价值不能在市场上得到实现，意味着资本家挣不到钱，即不能获取充足的利润。

虽然马克思和凯恩斯都认为生产和需求之间的差距是引起资本主义经

济萧条的主要原因，但在解释这种差距的时候出现了很大的分歧。凯恩斯认为，出现差距完全是因为有效需求的不足，而马克思在强调需求和供给都有问题的同时，把重点放在了供给（即高生产力的侧面）之上。"资本主义企业的生产力过高，导致市场需求跟不上节拍，即涌进市场的商品量远超市场可以消化掉的量"，这就是马克思心中的资本主义痼疾。

"如果某种商品因这类痼疾，不能在市场上实现价值，则整体利润率必然会下降"，这是价值实现受挫理论的核心内容。

为了追求更多的利润，资本家们一边开发优质商品，一边启用可让消费者动心的高难度商业手段。不过，这些手段也有其局限性。即便动用高超的商业技巧，说服顾客打开钱夹，只要里面是空的，一切努力都将付之东流。正如我们在过去数年间所体会的那样，经济一直稳步增长，且势头良好的出口贸易为国家带来了大量贸易顺差。但普通市民感受到的景气却只能用"寒冷"两字形容。这一切要归咎于收入分配的两极化（导致普通市民日趋贫穷化，只有富翁阶层在过着纸迷金醉的日子）。总体来讲，唯有劳动者阶层的腰包鼓鼓，才能帮助市场消化企业生产的商品。但在现实中，贫富差距越来越大，劳动者阶层也变得更穷，最终必然导致市场面临无法赶上资本主义生产力发展速度的棘手问题。

不可否认，除了普通市民的消费支出，资本家的支出也属于总需求的重要组成部分。资本家的投资支出足够充分，则相继扩大的总需求会刺激生产和就业。问题是，从长远来看资本家的投资支出还会提高企业生产力。也就是说，资本家的投资支出起到扩大总需求以及提高生产力的双重作用。因此，资本家的投资支出引起的生产力提高率超过总需求时，资本主义经济将很难摆脱价值实现受挫的恶果。

## 利润受挤压理论

在《资本论》中，马克思针对景气循环做出了详尽的说明，其中不乏一些仿佛是预测2008年全球性经济危机的针对性言论。比如，每当经济从繁荣期过渡到萧条期的时候，总会发生投机行为猖獗以及工资水平急剧上升等现象。事实上，在2008年的金融风暴发生之前，美国国内的房地产投机已达到巅峰，而从房地产投机中派生的金融商品的投机也十分泛滥。

在经济繁荣期内，各企业都要面临用人难的问题。虽然实现机械化以后，资本家能够有效应对工资上涨的压力，但机械化的过程需要太多的时间。因此，每当需求增加时，资本家们都要无奈地找来更多的劳动者。问题是，只知道追求自身利益的资本家个体间为了聘用更多的劳动者展开竞争时，必然会急剧提高工资水平。就像资本家个体看不到自己所推行的机械化给整体经济带来的恶劣影响一样，他们同样看不到与其他资本家展开"招工竞争"给整个资本家阶层带来的坏影响。既然工资水平上升不可避免，那么经济转入萧条期后已上涨的工资会不会大幅回落呢？绝不会的。就像凯恩斯等许多主流经济学家所讲，涨过一次的工资重新回落的可能性几乎为零。也就是说，工资具有刚性。当工资水平超过劳动生产率得到全面提升，且继续保持该水平的时候，资本家本人获得的利润会减少。用一句话概述，就是工资的上升挤压了利润空间。其结果，经济开始停滞不前，严重时还会发展成经济危机。这也是从马克思的观点发展而来的"利润受挤压理论"。也可以说，这条理论是为了回应资本的有机构成提高理论和价值实现受挫理论而准备的。

就如前面所讲，资本的有机构成提高，意味着劳动者的人均装备率得到提升，并最终表现为生产率的整体上升。再看生产率的上升，意味着利润（剩余价值）的增加。因此我们不能肯定，资本有机构成的提高一定会让整体利润率下降。其实，正是这类批判给资本的有机构成提高理论留下了瑕疵。面对这种批评，支持利润受挤压理论的学者反驳说："即便生产率得到提高，只要工资上涨的速度超过生产率，就无法避免利润率减少的局面出现。"

在过去的很长一段时间内，主流经济学家们认为，真正充当经济发展绊脚石的是工资上涨过快，而非生产率。即便是从统计分析的角度去看，这些主张也是具有一定根据的。

价值实现受挫理论也是在批判中露出了缺点，它在有意无意间以劳动者阶层的贫穷化作为前提。可在事实上，众多资料显示资本主义经济的工资水平一直在提高，很难说劳动者阶层趋向贫穷化。正因为这样，价值实现受挫理论被人们批评为缺乏现实性。

不过，支持利润受挤压理论的学者们却批评他们在误导百姓。他们认为，工资水平的提升并不代表所有劳动者从中受惠。尤其是在企业决策层和管理专家们的待遇得到大幅提高的前提下，若把他们的薪酬也算到劳动者工资范畴，则毫无疑问资本主义经济的工资水平有了急速增长。当然在名义上，决策层和管理专家们完全可以算得上是劳动者。马克思就称之为"非生产性劳动者"。然而在实质上，他们都是资本家阶层的一个分支。因此，是否把他们的薪酬放在劳动者工资的范畴之内，一向都是十分棘手的问题。一般来讲，利润受挤压理论把决策层和管理专家们的薪酬也算在劳动者工资的范畴。

然而统计资料显示，在过去的数十年间，高级管理层的工资上涨速度快得令人目瞪口呆。在美国，这种现象尤其严重。比如在1976年，首席执行官的平均薪酬是普通职员的36倍，而到1993年却达到了普通职员的131倍。有趣的是，首席执行官薪酬涨速过快的问题遭到舆论的一致声讨，并有一部分经济学家也加入到声讨队伍中。为了平息舆论，政府采取了公开薪酬的措施，却带来了有违初衷的反效果。事实上，2007年的首席执行官平均薪酬超过了普通职员的369倍之多。对于这种怪现象，心理学家们的解释是："薪酬公开以后，人们的这种与他人攀比的心理就愈加明显，致使涨薪要求越来越强烈。"

尽管高级管理层的薪酬高得让普通百姓瞠目结舌，但是公司经营失败时，却没有任何措施可以有效惩罚这些高薪管理层。比如在2009年，众多美国公司纷纷倒闭，而每家公司的高级管理层兀自领取高额年薪和奖金，这不仅激怒了公众舆论，还惊动了当时的美国总统。一个不需要经营者对

# 第七章
## 马克思经济学和主流经济学对景气循环理论和经济增长的看法

失败负任何责任的企业,是很难逃避亏损的厄运的。因此,自然会有一些经济学家对经营层薪酬激增的现象表示忧虑,认为这种现象会减弱资本主义经济的活力。

马克思认为,在资本主义经济里,经营层突然成为受关注的对象或高额薪酬的主角,出现这一现象实属必然。在竞争日益激烈且劳资纠纷越来越多的大背景下,资本家们只好请专业管理人员做自己的挡箭牌,并为其支付高额薪酬,以做交换代价。一旦包括管理层在内的非生产性劳动者的工资增加,资本家所得的纯利润就会减少。因此,把包括管理层在内的非生产性劳动者的薪酬归属到工资的范畴之内时,利润受挤压理论将具备充分的说服力。

然而,马克思所说的工资主要是指下端劳动者(生产性劳动者)的工资。这里面并不包括管理层的工资。事实上,有研究报告指出:"与资本家阶层或管理层的收入增长趋势相比,下端劳动者的经济地位要相对落后得多。"只要这份资料真实可靠,以劳动者贫穷化为前提的价值实现受挫理论,自然也具备真实性。

不管如何,虽然有不少马克思经济学大师支持利润受挤压理论,但这条理论也难免有一些不足之处。即便工资在不断地上涨,真正可以起到挤压利润空间作用的工资暴涨现象,并不属于常态,且只局限于经济繁荣期。

马克思的整体利润率低下理论以及经济危机理论旨在阐述资本主义经济的长期趋势,而非单单为了阐释经济繁荣期或萧条期。由此可知,利润受挤压理论也许适合解释某个特定时期内利润率低下的趋势,却不足以解释马克思指出的长期性利润率下降趋势。

总的来讲,这种下降的趋势是由上述三大因素(资本的有机构成提高理论、价值实现受挫理论以及利润受挤压理论)综合作用下发生的现象。只不过,资本的有机构成提高理论是把关注焦点放在资本主义生产过程的理论,价值实现受挫理论是把关注焦点放在商品流通过程的理论,而利润受挤压理论是把关注焦点放在利益分配之上的理论。由此可知,资本主义经济在生产、交换和分配的全过程中都隐藏有招致经济危机的危险因素。

当然，资本家阶层也不可能坐视不管整体利润率低下的趋势。特别是代言资本家阶层利益的政府，更是会主动实施各种政策。根据马克思的观点，资本主义社会的政府只能算是代言和维护资本家利益的委员会。因此，政府介入经济将不可避免。当资本家的自我努力和政府的扶持政策开始拉升利润率的时候，经济会迎来景气上升的局面。但这只能算是暂时的现象。因为，在资本主义的根本矛盾尚未得到解决时，一旦资本家的自我努力和政府政策失去效力，景气会立即转入持续下降的局面。所以，马克思认为，资本家的自我努力和政府的扶持政策只能暂时对长期性利润率低下的趋势起反作用。也可以说，这只能算是资本家阶层和政府为了改善资本主义体制而做出的努力。令人遗憾的是，只要资本主义的根本矛盾得不到解决，那些努力就根本无法阻止整体利润率低下的趋势。

所以，从短期和中期趋向线来看，资本主义经济有涨有跌。但在长期性方面，资本主义经济就像坐滑梯一样，顺着下降曲线缓慢坠落。资本主义经济的坠落并不是没有翅膀式的高空直坠，而是赖以上升的"翅膀"只能发挥临时性效果，而非长期性。

## 3. 两大经济学派对经济增长的看法

### 关于经济增长，两大经济学派最常提出的一些问题

关于经济增长，主流经济学最常提出的问题不外乎如下几条：一、关于经济增长原动力的提问以及有些国家的经济增长为什么总是比其他国家更快；二、关于经济增长稳定性的问题；三、经济增长的果实是否均匀地分配到国民手中？四、经济在长期内能否保持持续增长的势头等。后来马克思又在这四个提问的基础上追加了一个，就是："经济增长能否真正为

## 第七章
### 马克思经济学和主流经济学对景气循环理论和经济增长的看法

国民带来幸福？"

也许对于普通百姓来讲，由马克思追加的最后一道提问最具实际意义。可即便如此，主流经济学家们不仅完全无视这个提问，更是认为这种想法愚不可及。要知道，"经济增长带动收入水平提高，当然会让幸福紧随其后"之类的固定观念，已牢牢刻在主流经济学家们的脑海中。

但是，马克思却认为人类尚未解决温饱问题的时候，经济增长带动收入水平提高的现象必然会给人们带来巨大的幸福感，可一旦解决了温饱问题，收入水平的提升再也不能为人们创造巨大的幸福感。

就如在前面的章节中多次讲述的那样，当今有很多学者在众多科学证据的支持下，大谈特谈"幸福悖论"。可一旦想起马克思早在一个世纪之前，就已提出与幸福悖论相似理论的事实，令我们在惊讶之余，又难免为他的天才思维深深折服。

根据马克思的观点，资本主义为人类带来了丰富的物资并帮助解决了大部分人的温饱问题。但是在同时，资本主义增进人类幸福的余力和名分也在逐渐消退。即便如此，既得利益阶层仍然在动用一切手段，企图干扰这合乎情理的规律。这也是马克思想向世人传递的重要信息。

就算第五条提问是马克思单方面提出的，我们可以先置之不理，那么主流经济学家和马克思对其余四个提问的见解又有什么不同呢？首先，主流经济学派认为，企业的投资行为即为经济增长的核心原动力。他们认为企业家的投资越多，经济增长越快。说得再详细一些，即劳动者的人均生产资料占有量（资本-劳动比率）是左右经济增长的主要原因。由于资本-劳动比率的增加会提高人均收入水平，投资活跃度高的国家其经济增长速度要比投资活动相对平缓的国家快很多。对于这一点，马克思持有与主流经济学家们类似的观点。故而，关于第一个提问，主流经济学和马克思经济学之间并不存在特别大的意见分歧。

至于有关经济增长稳定性的问题，主流经济学之间已经形成了某种共识。即，只要包括工资和利率在内的主要价格保持灵活变动，资本主义经济就可以毫无波折地实现平稳增长。假若价格在失业者过多或景气变差的时候立即做出工资水平下降、市场利率回落等灵活反应时,来自外部的任何冲击都不能阻挡经济稳定增长的趋势。只不过对于实际情况中价格的灵活度应如何确定的问题,主流经济学内部也存在意见分歧。就如前面所讲,马克思从根本上认为资本主义经济的增长注定是一个不稳定的过程。因为围绕资本主义内在矛盾发生的作用和反作用,一直在不断重复。

关于第三条分配问题,主流经济学家们大体上要给出积极的回答。他们认为从长期的眼光来看,经济增长具有提高国民整体生活水平的倾向。一些具有保守倾向的经济学家们总喜欢发表"如果从物质层面考虑的话,资本主义社会的劳动者过的是比任何一位中世纪国王都要丰饶的生活"之类的言论。

当然在经济增长的各个阶段,难免会发生一些贫富差距加大的现象。就如韩国经济表现的那样,在经济增长的初期阶段,优秀人才或资源必然会流向增长极,而经济实力发生倾斜注定会导致贫富差距加大。然而主流经济学家们并不十分担心这种现象,他们认为经济增长持续到一定程度以后,会像从天而下的雨水浸润每一片土地,让经济增长带来的各种实惠从上至下地渗透到每一个阶层,最终达到减少贫富差距的目的。这种被称为"落水效果"的理论,是主流经济学家们最喜欢应用的理论。

关于分配问题,马克思零零散散地发布了不少的见解。可以看出,马克思坚信,资本主义经济增长的果实不可能均匀分配到国民手中。他认为和其他阶层相比,劳动者阶层有相对贫穷的趋势,而随着资本家之间异常惨烈的竞争让"胜者尽食"现象迅速蔓延,一方面让为数众多的中小资本家沦落成劳动者,另一方面加剧资本的垄断化。就如前面所讲,我们应该对马克思没有刻意强调的贫富差距给予应有的关注。因为,揪住贫富差距不放,极有可能误导人们以为,贫富差距的扩大就是涉及资本主义切身利益的根本问题。

# 第七章
马克思经济学和主流经济学对景气循环理论和经济增长的看法

## 束缚经济发展的制度

针对四个提问的回答中,最为奇特的应该是马克思对第四个提问做出的回答。经济发展到如今,不只是发达国家,就连韩国也已进入低增长时代。在这样的大背景下,资本主义经济是否能够一直保持增长势头?暂且不管正确与否,主流经济学家们极富逻辑性地对其他三个提问做出了回应。但是面对第四个提问,他们却犹豫不决。事实上,即便是被当今主流学家奉为祖师爷的亚当·斯密或李嘉图,也对资本主义经济的持续增长持有怀疑态度。

然而,马克思后期的主流经济学家们的态度却转变得极其乐观。他们认为,人类特有的理性和这些具有理性的人们进行活动的市场是解决社会问题的最有效手段。因此,只要资本主义市场依然在运行,经济就可以无限增长。有些学者甚至还认为资本主义是人类可达到的最高阶段。这些来自主流经济学家的乐观主张,全部来自对资本主义市场的牢固信赖。因此,他们的观点与其说是具有逻辑性,不如说是一种希望。

与之相反,马克思的观点显得充满逻辑性、历史性和现实性。仅从结果上看,人类的生产力一直没有停止过上升的步伐。就像主流经济学家们主张的那样,人类生产力仿佛是从资本主义时代开始才有了蓬勃发展。马克思认为,正因为拥有追求更美好生活的渴望和能力,人类的生产力才会表现出不断上升的趋势。遗憾的是趋势终归是趋势,并不代表实际。纵观人类漫长的历史,生产力大幅提高时既有经济持续增长的案例,也有全然没有增长的情况。甚至在有的时候,经济还有所退步。那么,在何种情况下人类的生产力会提高,经济也会持续增长呢?当然是制度的支持最为重要。马克思也着重强调:只有当合理的制度做后盾时,人类的生产力才会提高。事实上,只有完备各种有效支持生产的制度,才有可能在最大限度上实现生产力和经济的持续增长。而这已经成了众所皆知的常识。如果这些制度中存在错误,则生产力不升反降,且极有可能阻碍经济增长。如上,

"判断经济增长可持续与否的时候，先与制度和体制相联系，再从历史的角度进行审视"，是马克思经济学与主流经济学之间最大的不同之处。

在所有相关制度中，最为重要的是以所有权制度为核心的生产关系。前面已经讲过，生产关系是从历史的各个阶段演变而来的。包括古代在内，封建社会和资本主义社会时代均有占据统治地位的生产关系。根据马克思的定义，统治西方封建主义的生产关系是生产者直接占有所有生产手段的制度，而统治资本主义的生产关系是资本家占有所有生产手段、劳动者向资本家出售劳动力的制度。

在任何时代、任何社会里，人类都会表现出想最大限度地应用自己所拥有生产力的倾向。一旦生产关系发生变化，生产力的应用程度亦会发生变化。所有制度中，固然有很好地支持生产力应用的制度，也有支持力度不尽人意的制度。能够找到最大限度地应用生产力的生产关系最好，但为了达到这一目的，也有必要响应不断在提高的生产力，适当改变生产关系。问题是制度并不容易改变。尤其是生产关系并不具备可伸缩性。因为，非但是生产关系，任何制度一旦稳定下来，就会立即形成围绕那些制度的利害关系。

比如，一旦从制度上确定国会议员的人数，就很难再对其进行削减，而一旦确定小选区制，就很难再将其改换成大选区制。还有，实施地方议会议员的年薪制度以后，就不能再指望以后能废除该制度。这是因为从既定制度中得到实惠的团体在顽强地拒绝改变制度，而这种利害关系正是令制度僵化的元凶。

从历史来看，生产关系在有些时期会不遗余力地增进生产力，而在另一些时期生产关系反而又阻碍生产力的发展。为了适应不断发展的生产力，生产关系也应保持不停变化的态势。不过因为从现有制度中受到实惠的阶层坚守早已跟不上时代的生产关系，生产关系最终难免阻碍生产力的发展。关于不适应时代的生产关系束缚生产力发展的现象，马克思用"枷锁"一词进行表达。当生产关系变成束缚生产力的枷锁之后，一旦两者间发生脱

## 第七章 马克思经济学和主流经济学对景气循环理论和经济增长的看法

节,就会有要求引入新生产关系的阶层登上舞台。也就是说,将出现要求制度改革的新兴势力。

翻开历史书,最常见的是众多王朝的兴衰史,而在各个王朝的兴衰过程中起到推动作用的正是生产力和生产关系之间的作用力。一般来讲,颠覆旧体制后全新登场的王朝会在要求引入新生产关系的新兴势力支持下果断推行改革。不用问,这种改革的核心内容必然是打破旧制度,以及引入可以最大限度地应用当前社会生产力的各类新制度。然后刚刚登上历史舞台的新兴王朝通过教育和宣传手段,面向国民大肆宣扬新制度的正当性,争取国民的支持。随着新制度趋于稳定,新兴王朝领导的社会进入快速发展的轨道,出现生产和人口的增加、经济富裕以及文化繁荣。问题是随着时间的流逝,原本清新的制度变得有些僵化,不仅无法跟上生产力的发展步伐,反而会变成"枷锁"。

即便如此,既得利益阶层仍然要凝聚成保守势力,拥护和坚守陈旧制度。正是因为这些保守势力的抵抗,无法进行改革的王朝才会缓步走向没落之路。这是任谁都无法避免的历史法则。

马克思把这种法则应用到了体制的变化之上。比如,封建主即将走向灭亡的时候,从封建主的生产关系变成束缚生产力的"枷锁"那一刻开始,主张打破"枷锁"的资本家阶级就会粉墨登场。而这支新兴阶层强烈要求引入(对生产力的应用程度远高于先前生产关系的)资本主义生产关系。资本家阶级成功引入新的制度以后注定要掌握生产力统治权,并会在进步势力的支持下呼吁驱逐旧体制。届时,他们将努力宣传新生产关系的全新道德标准、全新理念、全新法律以及全新的政治制度。借用马克思的描述,就是传播全新的意识形态。事实上,亚当·斯密和大卫·李嘉图等主流经济学的创始人,就是在资本主义兴起的时候创造和传播新意识形态的主角。

随着用新意识形态武装自己的新兴阶层不断壮大,新旧体制之间的摩擦和矛盾也无限增大,社会上的不安情绪达到高潮并最终引发体制危机。根据马克思的分析,封建主义正是在上述过程中崩溃的。或许说"发展性解体"较之"崩溃"更符合马克思的逻辑。马克思断言，资本主义也将按照那种必然法则得到解体并发展到更加优越的体制。

可以说，所有大范围的政治性、思想性纠纷都是旧统治阶层和新兴阶层间围绕生产形式发生的具体冲突。如此看来，阶级斗争就是让生产关系合理适应生产力的顺应机制。

正如前面所讲，生产关系是上层建筑的基础。根据马克思的观点，当前的统治性生产关系之所以得到认可，是因为这种生产关系起到促进生产力应用和发展的作用。而当前的统治性上层建筑之所以得到认可，是因为这种结构起到稳定经济结构（基础）的作用。那么从历史来看，束缚生产力发展的生产关系（即枷锁）存在的理由又是什么呢？是因为可通过当前的上层建筑行使影响力的阶层想坚守与生产关系密切关联的既得利益。因此，即便旧的生产关系已失去历史责任，也不会立即退出舞台。

"资本主义通过高生产力创造出丰富物资"是人们一致认可的资本主义的最大优点。问题是人均国民收入达到2万~3万美元以后，仅靠物质上的富足很难再把国民幸福指数提高到更高一个阶段，而资本主义的最大优点也将逐步褪色。即便如此，从资本主义体制中捞取巨大实惠的保守阶层仍顽强否认物质财富已不足以提高国民的幸福指数，并寻找一切机会宣传物质财富的必要性。

马克思认为，正是这些势力成为资本主义解体的根本障碍。

第八章
**凯恩斯的复活**

# 1. 凯恩斯革命

## 无足轻重的经济学和举足轻重的经济学

上了点年纪的人最喜欢说自己走过的人生充满波折与坎坷。其实，没有谁刚生下来就能过上平静如湖水般的人生。即便湖水也不可能常年平静如镜。狂风暴雨都可能在湖面上荡起巨浪。经济也是如此。除了平静和稳定之外，时不时出现的繁荣和萧条也会引发整体经济的波动，而经济波动除了引发政治动荡之外，还容易引起国家内乱。因此，只要是对经济感兴趣的人，就会想弄清楚经济时好时坏的真正原因。

既然如此，专门研究经济的经济学家们就有义务解释人们的好奇心。按常理来说，经济理论应该是分成了经济平稳期的理论和经济波动期的理论。奇怪的是，过去的主流经济学以及在当今经济学领域占主导地位的淡水经济学理论涉及的都是有关经济平稳期的理论，很少涉及有关波动期的理论。为什么会这样呢？因为主流经济学就是为研究平静如湖水的状态而生的。从专业的角度来讲，主流经济学主要研究均衡状态（需求和供给形成均衡的状态）。

按主流经济学家们的思维逻辑，凡波动期通常都是临时性的。只要保持观望态度就能让一切变成过去。因此，经济学这门科学，完全没有必要把一切压在那些临时性的现象上。如果你非要问他们，20世纪30年代的经济大恐慌为什么会持续10年之久。他们铁定会说那是几十年才会出现一两次的特别现象。不过在历史上，持续2~3年或以上的经济萧条不胜枚举。

# 第八章
## 凯恩斯的复活

试问经济学大师们，对于度日如年的失业者来说，2~3年的时间到底意味着什么呢？

向老百姓讲述平稳期经济的理论让人感觉其无足轻重。事实上，老百姓真没必要知道经济保持平稳的原因。只要能够平平淡淡地过日子，他们就会感到满足。可是一旦经济进入波动期，老百姓就会备感紧张。因为在危急状况下，他们极有可能在一夜之间迎来失业后无家可归的悲惨命运。在波动期，虽然人人都有危机意识，但仅靠个人之力很难有所作为。想想也是，一个人怎可以抵挡得住突如其来的经济危机和股市、房价的暴跌呢？于是，人们只能期望政府主动出击，妥善应对波动期。遗憾的是，经济学家们却对百姓的愿望置若罔闻，口中还念念有词："只要有足够的耐心就能让一切成为过去。"这着实让老百姓郁闷不已。

万幸的是，世界大萧条以后横空出世的一位经济学怪胎，痛快淋漓地帮老百姓打破了郁闷心情。他就是来自英国的伟大经济学家凯恩斯（J.M.kegnes，1883—1946）。如果从200年经济学历史中选出两位最杰出的经济学家，亚当·斯密和凯恩斯是不二之选。凯恩斯提出的关于波动期的经济理论为平静的经济学界掀起了一场风暴，而人们把这场风暴称为"凯恩斯革命"。

凯恩斯经济理论不仅为多个国家的经济政策带来了巨大的影响，还为整顿经济秩序做出了极大的贡献。虽然凯恩斯是一位英国人，但积极接受他的理论并传播全世界的国家却是美国。美国著名的哈佛大学曾经是向美国全境传播凯恩斯理论的大本营。

凯恩斯强调，政府应在解决失业的过程中发挥积极的作用。而到了1946年，美国政府采纳凯恩斯的观点，制定了《劳动就业法（The Employment Act）》。这部法令规定，实现充分就业是国家的主人。美国前总统尼克松曾经说过"我们都是凯恩斯主义者"，至今仍得到广泛引用。人们通常把第二次世界大战后期至20世纪60年代末这段时期称为"凯恩斯时代"。毋庸置疑，凯恩斯经济理论是风靡了全球一个时代的伟大理论。

到了20世纪80年代初，全球刮起的新自由主义旋风，让人们逐渐忘却了凯恩斯的存在。未曾想，到了2008年经济危机席卷全球以后，凯恩斯又成了很多人经常谈论的对象。在经济学界，重新评价凯恩斯的现象越来越多，更有一些学者认为学界对凯恩斯的了解出现了很多偏差。经济学界认为，信奉凯恩斯经济理论的学者对凯恩斯经济理论的了解也是知之甚少。

## 懂得提出应对之策的当代最杰出辩论家

凯恩斯于1936年撰写的代表作《就业、利息和货币通论》被广泛引用。因此，即便简称为《通论》，经济学家们也知道其所指。淡水派经济学家对凯恩斯的印象不怎么好，甚至有些学者找碴说《通论》的书名本身就很有问题。他们认为，凯恩斯的经济理论是主要涉及有关波动期的特殊理论，并不属于针对普通状况的一般性理论。因此，并不适合用《通论》这种称呼。如果这些经济学家仔细研读凯恩斯的经济理论，就不会为了找碴而提出如此不堪的借口。根据凯恩斯的观点，即便是在经济平稳期，也难免招致波动期的因素隐藏其中。因此，凯恩斯明确指出，与其面对突然爆发的重大事件惊慌失措，不如在平常时段里倍加小心，提前准备好应对措施。可问题是，大多数经济学家们把凯恩斯的警告当成了耳边风。凯恩斯的经济理论之所以被误解为特殊理论而非"通论"，很有可能是因为凯恩斯有关"平常时期"的观点与淡水经济学派的主张间并无太大差异。凯恩斯在理论中明确指出，"通过稳定的货币供给，保持物价稳定"是政府在平稳期理应发挥的重要作用。

凯恩斯并不是那种站在象牙塔顶上不问世事的高傲学者。在这一点上，他与李嘉图有相似之处。和李嘉图一样，凯恩斯也是通过生意赚到了很多财富，也积累了从公务员到大学教授的各种职场经验。不过，这两位经济学巨头之间也存在很大的不同。如果说李嘉图是卓越的理论家，凯恩斯则是十足的现实主义者。虽然凯恩斯被誉"最富有的经济学家"，但在巨额财富的背后他也多次品尝过失败的苦酒。特别是大恐慌来临之前，在股市上惨遭滑铁卢的凯恩斯为了还清债务，甚至拍卖了自己珍藏多年的艺术品。正是这种历尽风霜的投资家、实干家以及行政专家的现场经验，帮助凯恩斯提高了经济理论的整体水平，而提升后的凯恩斯理论水平又反过来帮助了凯恩斯的事业。也就是说，在凯恩斯的经济学中，理论和现实已经形成了良性循环。就如当今投资大鳄乔治·索罗斯或沃伦·巴菲特一样，作为当时的成功投资家，凯恩斯也拥有了向企业家们发出强硬声音的资格。

不管是凯恩斯生活过的时代还是现在，从不缺少批评资本主义或恶意诋毁资本主义的人士。但凯恩斯不是那种只懂得唇枪舌剑的说客。他是一名懂得提出解决方案的当代最杰出辩论家。如果说马克思提出的解决方案过于理想化，那么凯恩斯提出的则是现实性十足。事实上，这也是凯恩斯深受人们认可的关键之所在。其实在很多时候，凯恩斯的经济理论就是因为贴近现实而备受欢迎，与逻辑的细致程度无关。

如今在各领域中，拥有社会意识的经济学家是为了在失业等热点问题上发出自己的声音而接受凯恩斯的经济理论；企业家是为了阻挡蠢蠢欲动的社会主义思潮、右翼政治家是为了减免税负或增加国防预算、左翼政治家是为了争取更多的社会福利而支持凯恩斯的经济理论。

## 埋头苦学不见得是好本事

凯恩斯出身于英国的名门望族。他的父亲是比较有名的经济学家，而母亲是政治家。凯恩斯和穆勒有两个共同点：都有一个大师级别的经济学家父亲，以及对父亲坚持的学术路线完全否定。穆勒的父亲是当代最杰出的经济学家李嘉图的朋友，而凯恩斯的父亲是近代经济学创始人马歇尔的朋友。

从高中开始，凯恩斯就在数学上展露才华。进入剑桥大学以后，他的第一个专业就是数学。在学习数学知识的过程中，凯恩斯就对概率表现出极大的兴趣并撰写过一本有关概率的书。凯恩斯可以借助自己的数学头脑轻松地应付各类统计资料。尽管如此，他却非常严厉地批评一些经济学家们的所为，即利用数学和统计手段在经济数据上做手脚。统计只不过是获取现实体会的工具。凯恩斯本人也非常清楚"拷打"统计资料，就能得到任何自己想要的"自白"。不然他也不会提出警告，道德标准不完备的人手中的统计资料极有可能成为歪曲现实的危险玩具。

凯恩斯和他的老师马歇尔有共同之处：既精通数学，又对经济学过分依赖数学的现象表示警惕。他经常强调，经济学应该由普通人也能轻松看懂的内容构成，而所使用的语言应该是简单又格调较高的语言。让我们感到遗憾的是，如今很多经济学家完全忽略马歇尔和凯恩斯发出的这些警告。

凯恩斯和经济学的不解之缘始于马歇尔的一场经济学讲座。据说马歇尔对凯恩斯的称赞，大大鼓舞了他钻研经济学的勇气。实际上除了经济学，凯恩斯在哲学、文学、喜剧和美术等多个方面都有很深的造诣。这位多才多艺的经济学大师甚至还对舞蹈表现出了很大的兴趣，而这个兴趣又帮助已过不惑之年的凯恩斯与一位俄罗斯芭蕾舞演员喜结良缘。

小时候的凯恩斯非常贪玩。对此，曾经有一位学者不无讥讽地说过："如此贪玩不好学的人，竟然成了一名世界性的经济学家，着实是前无古人后无来者啊。"这句话仿佛是在嘲笑凯恩斯是个轻佻的学者。假设这句话说得没错，那么完全可以认为凯恩斯通过最少的努力换回了最大的效果。我们都知道，经济学的终极目标就是"用最少的努力换取最大的效果"。不论是从巨额财富的角度，还是从亲身实践经济学最终目标的角度考虑，凯恩斯都无愧于"真正的经济学家"的称号。

凯恩斯的成功传递给我们的重要信息是"埋头苦学不见得是好本事"，重要的是具有正确的问题意识，懂得钻研什么和如何钻研。从古到今，众多的经济学家们夜以继日地待在研究室里钻研学问，可为何唯独喜欢玩乐的凯恩斯至今还发挥着影响力呢？这是因为他拥有伟大的问题意识和高水平的人文知识，以及对现实的卓越洞察力。

有不少人在批评凯恩斯是社会主义者。事实上，他远远谈不上是社会主义者。首先，凯恩斯猛烈抨击共产主义。他认为，资本主义才是人类的最佳选择，即便它拥有很多的缺点。凯恩斯把资本主义市场比喻成一个淘气的孩子。放手不去管他，他就会为所欲为，并极易闯出大祸。要是这个孩子具有很高的创造力，后果更是不堪设想。

同样，如果对资本主义市场置之不理，就会像1930年世界大恐慌和2008年世界经济危机表现得那样，容易走向极端。不然极端保守的美国前总统布什，也不会说出"纽约金融家早已乱醉如泥"之类的惊人话语。

就如父母细微照顾下的孩子，最能把自己的创造力发挥到极致一样，资本主义市场也只能在政府的控制下实现高度生产性。而这也是凯恩斯对资本主义市场的基本观点。

## 2. 经济学中理应被打破的四大陈规旧习

### 经济学的目的及与其相关的固定观念

凯恩斯经济理论经常出现在教科书中，其核心观点一般可以概括成如下两点：一、即使经济维持在均衡状态，也难以避免长期性失业现象的出现；二、政府主动有效地介入，是从剧烈波动的景气循环中实现稳定经济和充分就业的必需条件。

然而仅凭上述两则观点，很难给凯恩斯的经济理论冠上"革命"之名。此外还有凯恩斯推崇备至的经济学家马尔萨斯，也曾提出过类似观点。提起凯恩斯在学术上的伟大成就，人们都会联想到由他创建的宏观经济学新领域。但是仅凭这一项，凯恩斯只能被誉为"开拓者"，而无法享受革命家的待遇。如果想揭示凯恩斯的革命家本质，就要从"凯恩斯的理论从根本上颠覆了经济学的固有观念"开始着手。因为，凯恩斯彻底打破了经济学家们坚信不疑的四大陈规旧习，并在此基础上创建了属于自己的经济理论（即宏观经济学）。

凯恩斯打破的第一个固有观念与经济学的目的有关。打开经济学教科书，第一眼看到的通常都是"人类的无限欲望"和"有限的手段"。即相对于人类的无限欲望，可满足其欲望的自然资源十分有限，导致人类始终摆脱不了资源不足和稀少性的问题。实际上所有的教科书对经济学的定义都是千篇一律，即："研究人类在面对稀少性难题时，如何做出选择的学问。"关于稀少性难题，甚至还有学者称之为"人类的宿命"。既然如此，可以认为经济学就是研究人类宿命的永恒学问。也许，这就是社会科学家们为什么经常指责经济学家们在学术上表现得过于傲慢的原因。后来，凯恩斯严重打击了经济学家们的这种盲目自信。

首先凯恩斯认为，"人类欲望无限"的说法有很大的水分。人类的欲望有很多种。有些欲望无限，而有些欲望相当有限。比如，解决饥饿的欲望就十分有限，饥肠辘辘的人，吃下两三碗米饭之后，就不会再有想吃饭的欲望了。关于吃饱的问题，绝大多数人的欲望都满足于一日三餐。即便某个人的工资连涨三倍，他也不会把一日三餐改成一天九顿饭。由此可知，就基本生计而言，人类的欲望通常都是有限的。

那么，什么样的欲望才属于人类无限的欲望呢？人类的炫耀欲和夸耀欲就属于无限的欲望，而奢侈源自想夸耀和炫耀的欲望。故而，人们对奢侈的欲望也是无限的。在任何社会里，大多数国民的温饱问题在某种程度上得到解决以后，发展最快的产业必定是奢侈品产业。在众多欲望中，凯恩斯特别关注的对象是人类对金钱的欲望。因为，人类对金钱的欲望也是无限的欲望。关于这一点会在后面的章节中进行详细的阐述。

即便一些经济学家认为"稀少性难题或不足的问题是人类的永恒宿命"的说法没有错，但这种现象会因实际状况不同而发生变化。如果人类像经济学定义的那样，始终面临不足的问题，只要有收入，他们就会立即购买商品，企图消除不足。届时，任何商品一经问世就会被抢购一空。市场上也不会出现需求不足导致商品滞销的现象。事实上，三四十年前的韩国就曾经历过类似的情况。那个时候物资极度缺乏，使得所有商品无论是质量欠佳或不合格的，都成为了畅销商品。

# 第八章
# 凯恩斯的复活

商品的畅销不仅让企业家们挣到大钱，还会提升劳动者的工资，而劳动者的工资上涨带来的直接后果就是老百姓腰包变鼓。于是，原先一直处在不足状态的老百姓，一旦有了钱就会蜂拥到市场大肆购买商品。即，由于大量生产会大大提高百姓收入，消费也会相应增长，最终会像古典经济学家们主张的那样，出现供给创造需求的现象（萨伊法则成立）。可以说三四十年前的韩国社会，就完全适用于萨伊法则。

如上，在所有商品都脱销，萨伊法则得以成立的环境中，"如何生产更多优质商品"是人们要解决的唯一经济难题。因为那些供不应求的商品，会满足人类更多的欲望。此时，需求不足的问题就根本不存在。因此，经济学只需考虑"为了最大限度满足人类欲望，该生产什么和如何生产"的问题即可。简言之，经济学家们只需研究如何提高生产效即可。而根据亚当·斯密的观点，自由竞争市场是保证生产效最为行之有效的制度。

然而进入20世纪90年代以后，韩国的市场也像发达国家一样，开始大量出现优质商品。如今，市场上充斥着各类优质商品，制作精良已不再是商品畅销的保障。如电视机、冰箱、洗衣机、吸尘器等家电的质量几乎达到了上限，但还没有哪一款商品出现脱销现象。不然，那些家电厂商也不可能投入巨额费用请明星拍摄广告。

对于企业家来讲，除了商品质量之外，说服消费者打开钱包的营销手段也成了企业经营的核心。专门研究营销手段的经管类大学成了最受欢迎的大学之一。

社会发展到现在，商品的质量、营销手段、消费者的财富都已经提升到了一个全新的高度。可即便如此，一旦听到景气变差、房价暴跌或武装挑衅等传言，消费者就会毫不犹豫地收回钱包。除了消费者，生意人也会在第一时间内中断投资。届时，库存增加、各类店铺连锁倒闭。人们宁愿在家中和银行里存放大量资金也不愿意进行消费。事实上，这种现象十分常见，以致很多人在怀疑人类欲望是不是真的像经济学教科书所讲的那样无限。尤其是在发达国家，这种现象更是频繁发生。于是，凯恩斯大声质问:"市场上各类商品泛滥成灾,但手头异常宽裕的消费者却毫无购买欲望。在这种状况下,还有谁敢继续提出不足或稀少性难题之类的借口?"

个人紧缩银袋的状态若长期持续会导致经济萧条,并进一步引发经济危机。在发达国家,经济危机爆发得十分频繁,且每次都要持续2~3年之久。即便是这样,经济学家们仍然坚守"经济学研究稀少性难题"的固定观念。这就很难指望主流经济学家们开发出完美应对波动期的经济理论。因此,即便是在经济大恐慌等波动期,经济学家们依然向政府提交只适合在稀少性时期采用的无聊对策。

于是凯恩斯大声疾呼:"经济大恐慌是富足危机而非贫困危机。"

## 全面研究货币的首位经济学家

虽然经济学家们一直在强调经济学是研究稀少性难题的学问,但老百姓们却固执地认为经济学是事关挣钱的科学。同时,他们还认为经济学家们的挣钱手腕一定很厉害。可是,那些经济学家的夫人们却十分明白,经济学是一门与挣钱毫不相干的学问。只要谈及金钱方面的话题,除了极端保守的经济学家以外,大多数经济学家在夫人面前挺不起腰杆。事实上,在凯恩斯之前的经济学理论中,很少能看到"货币"两个字。否则凯恩斯也不可能得到"全面研究货币的首位经济学家"的称号。

我们已经从第二章中了解到,经济学的创始人亚当·斯密就对同等对待财富和货币的重商主义不屑一顾。说起货币,只不过是市场交换媒介的一种手段。如果离开交换功能,"钱"也就是一张纸片,毫无用处可言。根据亚当·斯密的观点,人们拼命挣钱的目的只有一个,就是为了"花"。人们渴望钱,是因为花钱可以买到好吃的食物、漂亮的衣服和豪华的汽车,而不是因为他们喜欢钱本身。因为喜欢钱币堆满保险柜的感觉而拼命挣钱的人,无疑是十分愚蠢的人。

奇怪的是,亚当·斯密的后人在接受他的货币观方面表现得异常积极。结果,轻视货币威力的思维方式成了经济学界的古老传统。货币保有量和

# 第八章
## 凯恩斯的复活

一个国家的富裕程度毫无关联。要是大量的货币能让一个国家变得富裕，政府何苦要想尽一切方法找财路呢？大量印制钞票岂不方便许多？事情远没有那么简单。市面上流通的货币过多只能抬高物价，对国家富裕毫无帮助（货币数量论）。如果通货量增加两倍，物价也会上涨两倍。也就是说，货币只不过是罩在实物经济上的一层面纱（货币面纱论）。既然如此，我们若想看清经济的实际动态，就要揭开货币的神秘面纱。因而，货币很容易给人以阻碍人们分析经济的印象。不管如何，给人留下不良印象的货币面纱论和货币数量论，支配了凯恩斯之前的主流经济学很长一段时间。即便是如今，淡水派经济学家们仍然对这两个理论深信不疑。"货币不影响实物经济"的想法已经成了固定观念。

由于货币自身不具备有用性，我们可以假设人们挣到钱以后想尽一切办法花掉手中的钞票。市场上所有商品也会被人们抢购一空。至此，需求不足的问题不复存在，而需求和供给会在市场的所有领域达成完美均衡。

凯恩斯的登场彻底颠覆了经济学家们有关货币的传统观念。他认为货币并不只拥有方便市场交换的功能。比如秋收后的果农不会愚蠢到把所有水果放入仓库，以每个月卖出一部分的方式换取生活费。任谁都知道，长期存放的水果容易腐烂。因此，果农会一次性售出所有水果，把换回来的钞票存入银行。如此一来，果农不仅可以定期取出生活费用，还可以在下一次秋收之前，从容地支付子女学费或婚礼费用等。这时候，货币可以起到长期保持水果经济价值的作用。为此，人们认为货币具有价值储藏功能。

一般来讲，人类可以轻松列举出种种理由来粉饰对金钱的欲望超过日常所需量的现象。为了从容应对突发事件或抢在第一时间对房地产、股票进行投资，大多数人选择将多余的钱币放入保险柜或存入银行。即便是在景气严重下跌或物价持续滑落的时期，人们也对消费支出心存顾忌，紧缩银袋。借用凯恩斯的描述："人类像是热爱货币自身一般，紧紧抱着数量远超日常所需的钞票不放。"对于人们对货币自身的迷恋，凯恩斯用"热恋金钱"进行描述。凯恩斯把资本主义经济动不动就发生波动的原因归咎为人类对货币的迷恋情绪，并为此进行了说明（关于这一点，作者会在后面的章节中进行更加详细的阐述），而凯恩斯本人也因此被誉为"将货币的概念纳入经济学核心研究课题之列的首位经济学家"。

如今的实验经济学或行为经济学提供的大量证据表明，日常生活中确实存在凯恩斯指出的"人类热恋金钱"的现象。金钱除了以消费的形式间接给人带来幸福感之外，还可以直接让我们感到愉悦。比如，举凡在股市中获大利的人，都会忘形地欢呼雀跃。那么，人们如此高兴的理由是什么呢？按经济学家们的说法，是因为可以吃到更多的烤肉、可以买到更多的时装、可以喝到更多的酒。可事实上，真正因为这些琐碎的理由欢呼雀跃的人能有几个？神经科学家们的研究结果表明，对于这些人来讲，将一笔巨款收入囊中的行为本身就是最大的喜悦。相反，即便从不为温饱问题担忧的人，如果在股市上失利也会表现得伤心欲绝。试问，如果只是消费减少的问题，投资失败的冲击能有多大呢？

在巴甫洛夫的条件反射实验中，只要铃声一响，实验狗就会做出流口水的反应。其实，人类也是如此。只要看到大量钱币，人的心情就会变得愉悦。既然人们如此强烈地迷恋金钱，自然也会对钱币流出钱包的现象深恶痛绝。也就是说，花钱会给人带来心理压力。有些企业就是把人的这种心理巧妙利用到赚钱的手段上，在各行各业中这种例子有很多。比如在赌场上，人们押注的时候用的是筹码而非现金。因为，用筹码押注时的心理压力，要比用现金押注轻松得多，赌徒们的胆子也会随之壮大。

有研究表明，人们在使用信用卡的时候买到的商品，要比使用现金时多得多，而那些百货商场就很好地把握住了人的这种心理。在美国，已经有研究报告称，信用卡得到普及是美国人的储蓄率降低到零的主要原因。

此外，旅行社也很好地利用了人们更喜欢在旅行之前一次性结清所有经费的特点。在旅行过程中，用现金支付机票、住宿、餐饮、交通和购物等费用的做法不仅十分烦琐，还会在付现金时给人带来不小的压力。所以，一次性付清所有经费就可以轻轻松松地享受旅行。

# 第八章
## 凯恩斯的复活

## 台风过后一切将归于平稳,大可不必杞人忧天?

一旦世界上发生不利于经济的事件,诸如中东原油价格暴涨、美国金融风暴和朝鲜的军事挑衅等,韩国经济就要迎来"寒冬"。但等过了一段时间以后,经济又会若无其事地回归平稳。古典经济学坚信,市场上存在着一股让市场迅速适应外力,帮助其回归平稳状态的力量,即自动调节能力。在这里,平稳状态指的是需求和供给在所有市场领域中达成均衡并实现充分就业的状态。再看如今的淡水派经济学家,不仅对这种自动调节能力深信不疑,还痴迷于其神秘力量而不能自拔。"坚决信奉资本主义市场的自动调节机能",是淡水经济学派的注册商标,也是他们心中根深蒂固的固定观念。

凯恩斯从来没有相信过资本主义市场的自动调节机能。在长达10年之久的经济大恐慌中,凯恩斯深深地体会到了这一点。在对市场的自动调节功能进行认真思考以后,凯恩斯发现,人们迷恋货币的行为和有关货币的错觉,是阻碍市场自动调节机能发挥效力的根本原因。这一发现在凯恩斯市场理论中占据了非常重要的地位。因此会在后面的章节中进行更加详细的描述。凯恩斯认为,即使市场拥有自动调节机能,发挥功能的过程也将十分缓慢。同时每一次经济萧条或许会在2~3年之后才过去。可要是所有问题在我们死去以后才得到解决,就没有任何实际意义了。于是,凯恩斯的这句名言"长期而言,我们都死了"便诞生了。

凯恩斯认为,市场的自动调节机能在缓慢运行的过程中,会产生各种摩擦音、呻吟以及发作性痉挛。然而,古典经济学家或淡水派经济学家们却对这再也明显不过的阵痛视若无睹。对他们而言,回归平稳的力量,比打破平稳状态的瞬间力量更具吸引力。

经济建筑在狂风暴雨中摇摇欲坠的时候,向国民大声疾呼"台风过去以后,一切都将归于平稳"的经济学家无疑都是过分安逸和毫无用处的人。

凯恩斯衷心希望经济学者能够成为像牙科医生一样有用于社会的人。

## 经济学家们对不现实假设的坚持

每当有经济学家提出新的观点时，人们会理所当然地认为那些主张是随时都可以成立的法则。这是因为，经济学家们说得太理直气壮了。事实上，经济学家们的所有观点，只能在某种特殊状况下才能成立。因为，这些观点本来就是以"人类行为具有理性，企业追求利润最大化，消费者追求效用最大化，消费者和企业在完全自由竞争的市场上进行交易"等特殊假设作为成立前提的。

在推出这些奇怪异常的假设以后，经济学家们再通过数学手段去分析"在具体状况中人们该如何行动才算合理"的问题。比如，方便面价格上涨时，具有理性的人该采取什么样的行动；原油价格上涨的时候，具有理性的人群和企业又该如何行动；而汇率居高不下时，具有理性的企业和个人又应如何行动；等等，将数学手段推导出的结果进行整理后得出的理论就是经济理论。

事实上，被经济学家们用作理论前提的那些基本假设太不现实。因此，认为经济学脱离现实的批评一直持续到现在。对众多的企业进行过现场调查的经济学家们认为，"企业追求利润"的假设很不现实。据他们的观点，大部分的企业只知道想方设法多卖商品，并不知道利润为何物。而且就算知道，也不懂得如何计算。

可是普通大众并不知道经济学是由那些奇怪而不现实的假设构成的。因为，经济学家们从来不讲假设，只对结果进行宣扬。所以，凡是得悉真相的人都很难掩饰惊讶的表情。他们会想，既然经济学以荒谬的假设作前提，那么借此推导出的理论肯定也是荒谬的理论。但经济学家们全然不顾众多批评，依然我行我素地坚持那些不现实的假设。这是为什么呢？

当然，经济学家们并不认为那些假设是荒谬的。理由很简单，因为那些假设全部都是由经济学家们在日常体验基础上收集整理的。他们同样不

# 第八章
## 凯恩斯的复活

放弃"企业追求利润"的假设,并为此找出的借口是"不为利润最大化付出努力的企业,最终会在市场竞争中淘汰出局"。

虽然在现实中,众多忌讳竞争的企业为了达到躲避竞争和挣钱的目的,动员一切阴谋诡计并不断进行暗箱操作,但从没有得到过任何一位经济学家的证实。即使企业的不公正行为被揭发,经济学家们也会说那是琐事。不过从历史上看,市场上的不公正行为通常会引发经济萧条或经济危机,这一事实却始终被经济学家们忽视。

面对质疑,经济学家们强辩说:"就算假设有荒谬之处,也不能断定由此而来的理论同样荒谬。"按他们的说法,假设只是为了导出理论而存在的"引桥"。这与利用手压井压出地下水时,得事先倒入"引水"的道理一样。他们主张,从结果上看重要的是通过假设得到的理论是否现实,而非假设自身的现实性。因此,不管假设有多么荒谬,只要最后得到的理论能很好地反映人类现实就没有任何问题。

当然,经济学家们也承认有一部分经济学基本假设非常不现实。比如,世上本就不可能存在经济学假设的完全自由竞争市场(完全竞争市场)。这类假设和人类现实有很大的差距。而按照他们的想法,完全竞争市场是人类理应追求的理想状态。经济学就是在那种理想的状态下研究理性的消费者和企业应如何行动的问题。由此,经济学教科书中记载的各类主张就成了帮助人类把现实升级到理想状态的指针。

基于以上种种原因,"不必太在意假设的不现实性"已成了经济学家们的基本观点和某种意义上的固定观念。

然而,凯恩斯却十分不满经济学家们的这种态度。他对经济学阐述和预测人类现实的能力深表怀疑。就如在前面的章节里多次分析的那样,经济学未能对现实生活中的很多问题给出正确的解释和预测,如1930年的经济大恐慌和2008年的世界经济危机。即使经济学对现实世界进行说明,也只局限在一些琐碎的事情上,并没有涉及真正重要的问题。

那么,经济学既然不能很好地解释现实,为什么预测也糟糕透顶呢?

一言以概之，就是因为"经济学在研究没有现实性的内容"。比如，假定人们像经济学假设的那样具有理性，且市场上存在完全自由的竞争，那么景气变差的时候劳动者就会毫无怨言地接受削减工资的安排，而劳动市场上的工资水平也会随之下降。同时，由于企业忌讳投资，金融市场的利率也会下跌。因此，经济学家们主张，如果经济学的假设合理，景气变差的时候市场上的工资和利率就会自动下滑，景气也会在短时间内得到回复。包括工资和利率在内的价格因素也会根据现实需求快速上下浮动，即意味着市场的自动调节机能运行正常。当然，凯恩斯并不反对"市场自动调节机能运行正常时，可以把景气循环或经济危机的影响控制在最小范围内"的主张。

可在现实中，市场的自动调节机能运行得并不顺畅。实际情况是包括工资和利率在内的价格因素并不按需求做出快速反应。比如，能有多少劳动者和工会因为景气变差而毫无怨言地接受削减工资的安排呢？工资只能涨不能跌几乎已成了惯例。

这么一来，揭开工资和利率不受控的原因就成了重中之重。可是顽固不化的经济学家们仍然认为，工资和利率在内的所有价格因素会根据现实需求自由自在地上下浮动。在这种情形下，又怎能奢望经济学理论准确解释失业率升高和经济萧条的原因呢？当然，耐心等上2~3年或者是4~5年，也许可以看到景气随着市场上工资和利率的下降得到恢复的局面。还是那句话，待人已死去或大多数人成为废人以后，景气恢复得再好，又有什么用呢？

另外，一些经济学家把完全自由竞争市场视作理想状态的意识行为也存在很大问题。凯恩斯指责经济学家们的这种肤浅的意识。完全自由竞争市场可以为人类带来的实惠，不外乎是资源的有效利用，以及由此而来的高生产力。

凯恩斯指责经济学家们对效率和生产力过分执着，以致忽略了本应给予关注的价值。假定为了资源的有效利用，承认人类需要完全的自由竞争市场。那么，人们又该如何缩小理想的市场状态和现实之间的缝隙呢？淡水派经济学家们主张，通过缓解各种规范和刺激市场活动的方式将现实状况升级到理想状态。但是凯恩斯学派却认为应该由政府出面填平缝隙。

在凯恩斯的心中，现有经济学的最大问题是过于小看了货币的威力。在他看来，经济学以货币数量论和货币面纱论作为基础，无异于做出否认货币存在的假设。凯恩斯始终在强调货币的威力比想象的要大得多。

假设没有货币状况的经济学理论，究竟能不能如实地阐述人类现实，并做出准确预测呢？这就是凯恩斯面向经济学家们提出的最基本问题。

## 3. 不确定性

### 风险和不确定性

谈及凯恩斯的经济理论之前，我们有必要回想一下凯恩斯的经历：专修过数学，早年就已经出版过以概率为主题的书籍。"将不确定性问题当作理论出发点"是区分凯恩斯经济理论和现有经济学的根本特征之一。如此一说，也许会有人提出异议，经济学也在研究很多不确定性问题。

作者可以断言，凡是发表这类言论的人，肯定混淆了"风险"和"不确定性"的概念。事实上很多人对这两者分辨不清。可要是想准确理解凯恩斯的经济理论，对两者进行准确区分就显得尤为重要了。一般来讲，专家口中的"风险"是指不幸事件发生的概率已被人知悉的情况，而对事情发生的概率一无所知的就是不确定性了。比如，交通事故死亡率和受伤率等早已被人们熟知，交通事故就属于风险。出了交通事故以外，火灾、疾病、被盗等事件的发生概率也已被确认。如今，打开电视就能看到，各家保险公司专门为这些风险设计推出的保险商品广告。站在个人的立场来看，加入保险是合理应对此类风险的最佳方案。

虽说生活处处有风险，但是连发生概率都无法掌握的不确定性也很多。

如今，地球变暖已成为全球关注的热点，但是随之而来的灾难却是充满了不确定性，人们只是忙于胡猜乱想，始终无法在全球范围内建立起行之有效的应对机制。

此外，诸如朝鲜和韩国何时能统一、谁能当上下届总统、日本和中国的政治将发生何种变化等问题也充满不确定性。由于不确定性的概率含糊不清，保险公司的保险商品也不愿意涉及不确定性的问题。

虽然在理论上风险和不确定性的界限十分明晰，但在现实中却很难分清。因此，人们只能用某件事情的不确定程度进行表述。凯恩斯认为，事关经济的很多主要变量具有不确定性。比如，经济学家们很难对景气的走向做出明确的判断。

在众多经济变量中，凯恩斯最关注的是企业的投资。因为，企业投资是拉动一国经济的"牵引车"，也是景气循环的核心变量。经济学教科书指出，投资收益率是企业投资活动中最核心的考虑事项。问题是投资收益率受不确定性的影响力最大。朝鲜的无理挑衅、美国的经济流向、中国的未来、日本的国际地位、中东事态等都对投资收益率施加了较深影响。

再看国内，下一届政府的构成、缓解调控、消费者的兴趣走向等皆能对投资收益率起决定性影响。但没有人能就这些现象给出明确的回答。从长期考虑，年轻人的影响力无疑会变得越来越大，问题是韩国年轻人的兴趣变化多端，怎能不让企业家们深感郁闷和头痛？

不过在数学和统计学以及电脑技术高度发展的今天，大多数经济学家不太愿意承认凯恩斯指出的那些不确定性因素。甚至连凯恩斯学派也因为疏忽凯恩斯的不确定性观点而受到了指责。经济学家们如此轻视不确定性自然有其理由。他们坚信，综合分析过去的取向和现在的状况，就能相当准确地预测未来。正是经济学家们的这种态度，便有了"未来是过去和现在的投影"的印象。

当然，在预测的过程中肯定也会发生错误。有幸的是人类懂得如何从失败中吸取教训。于是，出现了一批从过去的失败中找出原因并大大提升

## 第八章
### 凯恩斯的复活

了准确度的预测理论。经济学家们对迄今存留的经济理论充满自信。因为在理论的新陈代谢过程中，确认已失败的理论早已被人们所淘汰和丢弃。

不过一场突如其来的大事件，即2008年席卷全球的美国金融风暴不仅让经济学家们的自信心受到了毁灭性的打击，还让他们因此大丢脸面。众所周知，围绕房地产行业大肆开发和流通的各种金融商品（所谓的金融衍生品）是让美国金融市场土崩瓦解的直接原因。而这些金融衍生品就是在金融专家们开发的风险管理理论基础上打造而成的。

归根结底，金融专家们被自己的诡计欺骗了。他们不顾消费者对金融机构的信任或房地产投机者的心中充斥着不确定性，只凭迄今为止的统计资料开发出了针对金融商品的风险管理理论。而参与开发这些理论的专家中除了美国赫赫有名的金融奇才外，竟然还有曾获得诺贝尔经济学奖的经济学权威。这些无限信赖淡水经济学的专家对"未来是现在和过去的投影"的观点深信不疑，因此把保险公司都置之不理的不确定事项强行纳入风险的范畴后，开发出了风险管理理论。尽管如此，由于在开发过程中充分应用高等数学和统计学以及电脑技术，该理论在表面上显得尤其精巧和完美。巧的是专家们刚刚提出理论的时候，众多华尔街金融公司也在寻找新的"猎物"。于是，贪财无厌的金融公司如获至宝般地利用风险管理理论盲目开发各种金融衍生品进行交易，并从中赚取了不少利润。

然而好景不长，随着房价暴跌，经过精细计算的各种金融衍生品在一夜之间成了一堆废纸。原因很简单，所有金融商品都是以房价持续上升为前提开发的。到了2008年，随着一批曾经叱咤江湖的金融巨头纷纷倒闭，美国金融市场也迎来了土崩瓦解的命运。

其实在2008年的金融风暴之前，美国的金融制度是美国金融专家们最引以为自豪的事情。20世纪90年代，日本金融界在房地产泡沫破裂引发的经济危机中飘摇欲坠时，自负的美国金融家们甚至还强行推销美国式金融制度给日本。

仔细分析美国金融专家们推崇备至的风险管理理论变成笑料的原因，

以及让他们引以为豪的金融市场在一夜之间土崩瓦解的原因，就可以发现经济学家们把不确定性充作单纯风险的做法，即知性的傲慢导致了这一结果。也就是说，这是经济学家们无视凯恩斯警告带来的恶果。当然，我们不能一味地指责经济学家，金融公司的管理层也难辞其咎。尽管为了公共利益，他们有义务管理好风险，但在众多的金融公司高层中，对金融专家们的风险管理理论有透彻了解的人屈指可数。他们不但对这个理论深信不疑，还说服其他人相信该理论。

## 想挣钱就要和经济学教科书背道而驰

假如所有人都能像经济学家们主张的那样，准确地预测未来并做出合理应对，那么经济萧条或经济危机就将不复存在。凯恩斯却尖锐地指出，这类假设只存在于教科书之中。他认为，经济学之所以长期地"胡说八道"是因为总是在考虑远离现实的问题。

若想预测未来的经济利益和损失，就要面对众多概率都模糊不清的不确定性因素。比如以现在的条件，几乎不可能收集到有助于预测今后十年内铁路、中国航线以及首尔市内高层建筑收益率的信息或资料。在这种充满不确定性的状况中，企业家们还要做出经济上的重要抉择。在概率模糊的状况下，只为算出概率而费尽心机，只能迎来毫无作为的结果。

就算在高等数学和统计学，以及电脑技术的帮助下可以对经济变量进行概率计算，活跃在生意第一线的大多数企业家们却对此视若无睹。在他们的眼中，计算概率就是浪费时间的行为。

为韩国百姓所熟知的美国人杰克·韦尔奇（J.F.Welch）被誉为"世界第一CEO"。不过，韦尔奇本人不仅对概率、统计分析等"数字游戏"不以为然，还特别强调："对于经营而言，那些都是无足轻重的。"

被誉为"金融奇才"的索罗斯（G.Soros）也和韦尔奇一样，对概率之类的手段嗤之以鼻。如此看来，举凡成功的企业家大多属于从不迷恋概率

# 第八章
## 凯恩斯的复活

的"大方"人士。

先不管现实如何，从理论的角度假设人们按淡水派经济学家们的主张，计算较为精确的概率，并以此进行彻底的盈亏计算的话，金融市场上就不会有索罗斯或巴菲特们的身影了。假如有一个人通过低买高卖的手法在股市上获得巨额利润，则卖给他股票的人无疑是亲手甩掉挣钱机会的大笨蛋。如果按照经济学教科书里的说法，这些人本应在较早的时候自然淘汰才对。可为什么金融市场上始终流传着人们发财或亏损的故事呢？归根结底是因为，超出概率计算范围的因素过多或者大多数人缺乏理性，不足以进行概率计算。正是因为这样，金融市场上才总是充斥着有悖于经济学教科书教导的行为。

市场上的金融巨鳄们正是逆向利用那些不理性的行为赚取巨额利润的人群。在金融市场上，甚至还流行"想挣钱，就要与常识背道而驰"的说法。举凡获得成功的金融巨鳄，大多是打破常规的人。他们最常用的赚钱手法是低价买入被低估的股票后，再以高价卖出。

每次提及股票市场的时候，经济学家们总要理直气壮地说股市行情可以准确地反映股票的现在和未来的价值。问题是，巴菲特在过去的40年间赚到天文数字般的利润证明，金融市场上遍地都是价值被低估的股票。而且，整个金融市场上像巴菲特一样获得巨额利润的不在少数。虽然在金融市场上流血泪的人永远多于笑逐颜开的人，但这并不是重点。重要的是市场上悲喜交加的事实很好地证明了金融市场的实际运行轨迹和经济学教科书并不相同。

考虑到计算股市或房地产市场概率的难度，也许可以理解人们无视概率的行为。但是根据行为经济学家们的研究结果，有很多人在概率比较清楚的状况下，也不按概率采取行动。这就使得日常生活中经常出现一些从经济学角度来看完全不具理性的奇怪行为。比如，很多人热衷购买彩票的行为就很愚蠢。因为从诞生的那一刻起，彩票就被设计成中头奖概率接近于零。因此，除了极个别的幸运儿之外，绝大多数人只能迎来只有投入没有回报的结果。引用经济学的说法,就是预期利润远远低于彩票价格。因此,买彩票的行为绝对是不理性的行为。

很多人在购买彩票的时候会表现出很强的冒险精神,而在另一些时候,同样一批人却近乎愚蠢地逃避冒险。一位获得过诺贝尔经济学奖的美国经济学大师曾经跟同事们玩过抛硬币游戏。根据规则,如果是硬币正面朝上,这位大师将赢得15万(韩元),反之要输掉10万(韩元)。从经济学角度进行盈亏计算的话,这绝对是有利可图的游戏。虽然输赢的概率是一半一半,但获得的利润却比亏损大一些。所以,只要是具有理性的人应该爽快地参与游戏才对。可实验结果表明,大多数人会婉拒玩游戏的邀请。只有赢得比赛后的利润超过亏损2倍以上时,这些人才会痛快地接受邀请。之所以会发生这样的现象,是因为人们对亏损的敏感程度,远高于利润的缘故。说得再仔细一些,就是:由于亏损引起的不满程度比利润引起的满足程度更能影响人的心态,人们自然会表现出尽可能回避具有亏损可能性的冒险。

曾经有两位心理学家对人类在这种不确定状况(更准确一点,就是危险的状况)中的奇怪行为表示过关注。后来,他们根据自己的研究结果发展出了所谓的"前景理论(Prospect Theory)",并因此获得了诺贝尔经济学奖。当时两位心理学家获得连经济学家们都极难获得的诺贝尔经济学奖,着实让很多人目瞪口呆。如果用一句话描述这两位心理学家的获奖理论,就是:在不确定状况下,很多人做出的行为和经济学教科书背道而驰。

关于前景理论,有一个很好的例子:2010年南非世界杯小组赛中,韩国足球队和传统强队阿根廷和希腊分在一组。仅从数学角度来看,小组赛中韩国国家队两战全胜的可能性远低于战胜其中一支球队。如果有人无视这种现实,非要说战胜两支强队的概率要高于战胜其中一支球队,则人人都会感觉奇怪。在经济心理学中,人们把这类错误想法叫作合取谬误,而在现实中有很多与合取谬误有关的案例。

其中，最有名的例子是所谓的"琳达谬误"。实验中首先向参与实验者介绍一位年轻、坦率、性格开朗和善于计算的女性琳达，然后问参与者琳达的身份最有可能是以下哪种：银行女职员；热衷女权运动的银行女职员；家庭主妇。最后的实验结果表明，大多数参与者选择琳达可能是热衷女权运动的银行女职员。选择这一答案的人群中，不仅包括普通百姓，还有不少学历很高的人。当实验组织者反问参与者，"琳达既是女权主义者，又是银行女职员的概率是不是要低于只是一名银行女职员的概率"，这些参与者才会表现出一副恍然大悟的表情。

第九章
# 凯恩斯的教训

# 1. 现实和理论的差异

## 野性的冲动

凯恩斯从来都不认为未来只是过去和现在的投影。在众多不确定性的干扰下，现实中市场的运行轨迹和教科书截然不同。在经济学教科书里，企业家习惯把不确定性因素简化成风险，而忙碌在生产第一线上的企业家们反而会把一切假想成不确定性因素，再付出相应的行动。那么在不确定性状况下，企业家们是如何行动的呢？根据凯恩斯的观察，生产第一线上的企业家主要是靠直觉和一时意气行动，连凯恩斯本人也毫无例外。

对于凯恩斯的上述主张，多数企业家的行为研究报告为其提供了理论依据。据称，被誉为投资奇才的乔治·索罗斯和沃伦·巴菲特等人也坦承在有些时候仅凭直觉做出重要的经营决策。

在初期著作中，凯恩斯曾把概率定义为"变化无常"，而到了撰写《通论》的时候，对概率的描述又变成了"野性的冲动"。凯恩斯认为，人们抛开一切流动性和不确定性而断然做出的决定，只能算是野性的冲动。

凯恩斯所说的野性的冲动是非常广泛而模糊不清的概念。现在看来，凯恩斯似乎是把不遵循经济学教科书教导的行为，全部纳入到野性冲动范畴之内。即，一个人既不以盈亏计算为基础，也不按理性行动时，其行为与行动方式无关，但被凯恩斯视作野性的冲动。比如，感觉到时机成熟时，成功的企业家会本能地抓住成功机会并付诸行动，而企业家们的这种自信或信心，正是凯恩斯最为关注的野性冲动。自信心是人们对自我的信任达到较高程度时感受到的情感。如果问及他们产生信心或自信的原因，大多数人只是迷茫地回答说是因为自己的信念，很少能给出具体而系统的回答。

人们对金融机构或制度的认可和信赖，也是野性冲动的一种。一般来讲银行的生意完全建立在顾客的信赖之上。因此，只要银行做出哪怕是一点点让顾客产生怀疑的异常行为，就有可能引发挤兑潮。届时，除了当事银行面临破产倒闭的风险以外，其他银行的业务也深受其害。那么，顾客的怀疑是不是来自确凿的统计性、科学性根据呢？也不尽然，顾客的怀疑大多来自说不清道不明的直觉。尽管如此，当顾客的怀疑口传口地传出去以后，极有可能形成几乎可以颠覆国家经济的巨大破坏力。

人们关于正义感和公正性的看法也是为人类现实带来巨大影响的野性冲动的一种。在前面的章节中已经讲过，在劳动现场决定工资的时候，公正性将成为非常重要的考虑事项。绝大多数劳动者认为工资待遇不公正的企业很难继续存活下去。问题是这些劳动者或雇主主张的"公正的工资待遇"并不具有牢靠的科学依据，他们只是在人云亦云地坚持自己的主张。

人人都能感觉到公正性的工资，才是公正的工资。若想做到这一点，首先要给予重视的是"感觉"，然后才是理性与否的问题。比如，雇主给人以诚实和极富人情味的印象时，即便雇主提出的条件看似有些不合理，劳动者也不会太在意。相反，面对印象卑劣的雇主，即便其提出的方案十分合理，劳动者也会表示拒绝。

无主见、随大流式的冲动，也是凯恩斯所关注的野性冲动中的一种。如果有人在剧场或百货商场大喊一声"着火了"，必定会让很多人慌不择路。这就是野性冲动驱使下采取的行动。不过，切不可把这种行动视作非理性行为。因为在这种危机状况下，悠悠闲闲地查看失火情况并算计最有力的应对方案，无疑是自寻死路。

经济学把这种忽略自己的行为，跟从大多数人行动的行为叫作"羊群行为（herding）"。而这种现象经常在各类市场上出现，即便是最需要冷静的股市或房地产市场也毫不例外。特别是股价或房价发生巨变的时候，羊群行为更是严重。在金融市场上活跃了一辈子的乔治·索罗斯指出，金融市场上反复出现的股价暴涨和暴跌现象与羊群行为有着相当大的关系。根据索罗斯的观点，金融市场上盛行的错误计算方式之间发生的相互协同作用，会引发股价连续上涨或跌落。也就是说，羊群行为会引发股价偏离均衡状态的惯性作用。

日常生活中可以看到很多人无所顾忌地按照习惯或惯例行动。严格来讲这也是羊群行为的一种。每当发生红白喜事的时候，大多数人都按照惯例表示问候并随礼。至于随礼的金额，好像没有人进行过认真计算，只是盲目随大流。问其原因，回答也是模糊不清。

很多时候，企业家们也按照惯例或习惯行事。面临变化多端且充满不确定性因素的状况而不得不做出抉择时，除了少数能力特别出色的人凭直觉行动以外，普通大众还是会按照周边熟人的意见或规劝行事。人们通常认为，多数人掌握的信息肯定要比少数人多，且多数人的想法比少数人的想法正确性也高。从广义上讲，遵循惯例或习惯的行为，就是听从周边熟人劝告的结果。惯例和习惯中蕴含着人类在长时间内学习和掌握的智慧。因此，管理和习惯自有其合理之处。凯恩斯认为，很多人在预测未来的时候会遵循惯例或习惯。不管怎样，遵循惯例或习惯也可以算是不确定性的自然应对方案之一。

除了以上种种，有些学者还把错觉引发的行为纳入野性冲动的范畴。行为经济学家们已通过实验证明，人们对名义价值和实际价值（实际购买力）的分辨能力并不是很强。假如物价上升幅度为10%时工资涨7%或没有通货膨胀的时候削减工资3%，都能让实际购买力减少3%。如果劳动者具有理性，则应用相同的态度对待这两种状况。可事实上，劳动者的反映截然不同。没有人对工资上涨7%表示不满，几乎所有人对削减工资3%的做法表示强烈不满。经济学家把这种过度追求名义价值导致忽略实际价值的现象，叫作货币幻觉。从经济学的角度来看，货币幻觉不仅是愚蠢而非理性的现象，也是情绪性十足的现象。一般来讲，即使通货膨胀很严重，工资上涨率也很难与物价上涨率成正比。凯恩斯认为，货币幻觉正是引发这种奇怪现象的主要原因之一。

在过去很长一段时间内，经济学家们误以为货币幻觉泛滥成灾，而到了现代仍然有一些大名鼎鼎的经济学家坚信人类普遍具有货币幻觉。然而，对人类理性充满自信的当代经济学家，尤其是淡水派经济学家们不太愿意认可货币幻觉。他们认为人类即便拥有货币幻觉，也只能算是临时性的现象。让我们感到意外的是，认真验证货币幻觉的研究并不是很多。就算有，也只是为了证明"现实中正在蔓延货币幻觉"的事实。

## 野性冲动的魔力

通过上一章节可以得知，野性冲动是包括自信心（对自己的信赖）、对制度的信赖、对待公正性和正义感的国民意识、想随大流的冲动、货币幻觉等诸多概念。

就如凯恩斯描述的那样，野性冲动就像是反复无常的女性，表现得阴晴不定。事实上，野性冲动随着社会氛围的变化产生大的起伏，这种历史性事件的案例并不少见。

就以韩国为例，韩国前总统朴正熙可谓是成功唤起国民野性冲动的杰出政治家。20世纪60年代初的韩国可是比非洲的加纳还要贫穷得多。在人类历史上，除了韩国以外，很难再找出在那么短的时间内摆脱贫困并急速发展成世界十大经济强国的国家。从这点上可以说韩国是非常神奇的国家。

那么，韩国又是如何创造那些奇迹的呢？可以肯定的是，仅凭经济学教科书里的"理性手段"绝不可能创造那些奇迹。为了创造奇迹，人们必须动员超过理性的非常手段，而"充分调动人们的积极性"算是行之有效的手段之一。虽然这个方法难度很大，但朴正熙却是凭借杰出的领袖魅力，做到了这一点。为了刷新社会氛围，他提出"通过努力过上幸福日子""我们可以做到""我们能行"等口号并以此创作了《新村之歌》，充分调动了全体国民的自信心和积极性。结果，全体国民团结一致，最终创造了"汉江的奇迹"。现在看来，当时涌现的一批充满自信心和挑战性的企业家和他们所创建企业的成功故事，成了韩国经济最主要的刺激素。假定这些人在当时进行理性思考并付诸行动，则很有可能在小五金店或米铺里虚度光阴。

由此看来，朴正熙可以算得上是一位伟大的领导人。因为他不仅成功煽动企业家们的野性冲动，还为企业家们创造了可以摆脱理性思考的约束并展开挑战性经营活动的社会条件。从某种角度上讲，朴正熙就是一位充满野性冲动的人物，他为了建设京釜高速公路，倾注了大量的心血。就在公路建设之前，美国一家著名的研究机构做出结论，该项事业不具可行性。从理性的角度来看，美国人做出如此结论相当正常。不过，朴正熙并没有理会美国人，仅凭野性冲动强制推行了京釜高速的建设。此外，社会的整体野性冲动也被他成功点燃，以致京釜高速项目成功转变成了一项经济效益极高的事业。假如美国的那家研究机构在得出结论之前了解到韩国前总统朴正熙拥有大大煽动国民野性冲动的能力，就不会做出京釜高速不具可行性的结论了。

据说，日军出身的朴正熙曾经渴望在韩国重现日本的明治维新。在日本的近代化过程中，著名的启蒙思想家福泽谕吉曾号召国民"学习西方发达国家，实现日本近代化"。他在帮助日本国民树立梦想的同时，也大大鼓舞了日本人的自信心和自尊心。如今，福泽谕吉被誉为"现代日本精神的奠基人"。

曾经发展成为世界最大汽车制造厂商的丰田汽车公司，也是在福泽谕吉打造的社会氛围中迅速发展和壮大的。丰田汽车刚刚成立的时候，日本尚属于汽车产业的处女之地。因此，很多人认为在日本制造汽车是轻率冒险的行为。根据当时的社会氛围，如果丰田汽车公司的创业者们一味地选择理性思维和行动，就只能满足于当一辈子纺织公司的老板。不过，丰田汽车公司的创始人、管理层以及劳动者都把一切心思投放到汽车制造上，从未有其他心思。结果，在信心十足的创始人与绝对忠诚的劳动者通力合作下，丰田公司创造了一次次奇迹，而这一切完全要归功于跳出理性思考的框架，服从野性冲动的结果。长期以来，日本社会形成了在一家企业"从一而终"的就业观。因此，劳动者通常具有把公司的成功视作个人成功的倾向，而公司也对劳动者照顾得细微入至。这也是日本的工会活动不如其他国家活跃的根本原因。

此外，墨西哥经济于20世纪70年代达到顶点，也要归功于一位政治家的野性冲动。当时的墨西哥总统何塞·洛佩兹·波蒂略在当选之前撰写了一部墨西哥神话小说，为全体墨西哥国民带来了自信和梦想。小说中，墨西哥神话里的英雄羽蛇神在一个重要的转折时代复活，让墨西哥走上了国富民强之路。正巧，波蒂略的小说开始受人关注的时候，墨西哥发现了大油田，波蒂略总统的小说更加受到追捧，全体国民的乐观态度和自信也随即达到了顶点。很快，全体国民的乐观和自信心演变成了经济的繁荣。在波蒂略的6年执政期里，墨西哥的国民生产总值增加了55%之多。

虽然在特定社会氛围下野性的冲动通常会呈急速上升趋势，但在有时候也会出现急速跌落的现象。有的时候，很难用经济学理论进行解释的琐碎事件在浇灭企业家信心的同时，还会挑起国民对政府的不信任。凯恩斯之所以着力强调不确定性和野性冲动，是因为这两种因素属于阐释严重经济危机或景气循环的重要钥匙。

凯恩斯认为，人们对不确定性的感觉像橡皮筋一样具有伸缩性。有的时候人们因对未来的乐观前景而兴奋不已，有的时候人们又因悲观和心灰意冷而变得意志消沉。还有，人们对制度的信赖感也变化无常。人们对不公正行为的愤愤不平燃得快灭得也快。当然在很多时候，野性冲动的诸多因素会起到协同作用。比如，企业的腐败丑闻传扬出去以后，国民对企业的信赖度将在人们的愤怒情绪中急速下降。又如国民，特别是企业家对经济的信心达到顶峰时经济会繁荣，而信心低落时经济也会停滞不前。

简言之，在不确定的状况下，不管是普通大众还是企业家都会自然而然地依野性冲动而行动，而这种冲动实在是变化多端，极易让经济从一个极端快速走向另一个极端。"野性冲动是引发经济动荡的主要原因"，这是凯恩斯经济理论意欲传递的核心信息。

## 野性冲动和景气循环

历史上有很多关于有名的经济萧条或经济危机的研究报告，对其细致分析后，我们可以清晰地体会到野性冲动的威力。首先，不景气或经济萧条的始发点毫不例外都是个人信心的崩溃以及企业家信心的丧失。19世纪90年代，在西方发达国家发生的长期经济萧条是从大规模挤兑潮开始的。为了应对和平息一浪高过一浪的挤兑潮，银行通过回收企业贷款的方式筹集急需资金。其结果，短期利率暴涨导致众多企业连锁破产。最终，股票市场的崩溃正式拉开了经济萧条的大帷幕。

然而，在分析人们不再信赖银行的原因以及经济萧条的根源时，专家们众说纷纭。可就在19世纪90年代的经济萧条以后，经济学界拿出了很多原因分析报告，并制定了一些预防性措施。其中最引人注目的是美国政府为防止大规模挤兑潮而建立的中央银行制度。这就是如今鼎鼎大名的美国联邦储备系统，简称美联储。

遗憾的是，在20世纪30年代世界经济大恐慌来临之前，被人们寄予厚望的中央银行也没能合理应对空前严重的经济过热现象。从表面上看，当时的经济并没有表现出特别异常的征兆。比如，虽然股价和房价暴涨，但消费者物价却相对保持稳定；经济稳步增长，且在总体和谐的氛围中社会活动也保持了旺盛的活动。此时的人们并没有感觉到蛰伏在经济过热背

## 第九章
## 凯恩斯的教训

后的野性冲动,在整个经济领域里蠢蠢欲动。在整个社会充满乐观情绪的大背景下,有关经济繁荣的话题也悄然流传开来。人们对两三年后到来的空前经济大恐慌毫无察觉,反倒对股票市场或房地产市场的信心空前膨胀,以致持有不同意见的人们都找不到提出质问或发表悲观论的地方。在一片叫好声中,市场上很快掀起了股票和房地产投机热潮。进入此种局面以后,虽然政府当局也十分清楚股市过热现象已持续了好几年,但他们实在是没有胆量去实施任何规范股市的政策。

股市的变化总是给人以突如其来的感觉。因为以美国为首的世界股市在一夜之间全部由牛市转入了熊市。以美国为例,1929年—1932年间股市跌幅超过90%,直接酿成了两位证券大鳄从纽约帝国大厦跳楼轻生的悲剧。随着股市一落千丈,物价也跌至低谷,直接影响到了企业效益。人们对企业的信心直线下滑,而极度悲观的经济预测给整个社会带来了严重的负担。吓破胆的银行守着巨额现金拒绝贷款,而低得离谱的利率也无法说服早已丧失信心的企业进行新的投资,最终引发了一场失业潮。

1930年美国失业率上升到10%,到了1933年暴升到了25.6%,直到1937年4月份才下降到10%以下。德国的失业率在1929年10月达到了10%,在1930年10月达到了33.7%的高峰,直到1935年6月才下降到10%以下。前所未有的经济大萧条,并没有局限在北美和欧洲大陆。比如在澳大利亚,1928年12月失业率超过了10%,1931年9月份达到了28.3%的最高峰,直到1937年1月份才跌至10%。结果,全球性的失业浪潮让人们对资本主义体制备感不安。

如果按经济学教科书中所讲的,这种时候应出现工资自动回落的现象。但事实却与人们的期望大相径庭。虽然工资水平在经济萧条日益加重的大背景下也大幅下调过,但下降幅度远不及物价下降幅度。因而可以说,实际工资水平并没有得到下调。事实上有很多研究报告证明,当时的货币幻觉蔓延现象已十分严重。

和19世纪90年代的经济衰退一样，20世纪30年代的经济大萧条也出现了各方为劳资关系不公正而争论不休的现象。雪上加霜的是，到了后期这种劳资纠纷又演变成了全球性的劳动运动。众所周知，经济大萧条的时代，也是共产主义的全盛期。

在上述诸多野性冲动的综合作用下，世界各国经济在长达十几年的时间里，愣是没有驶出"萧条"的隧道。

大多数经济学家对"大规模经济萧条源自股市崩溃"的观点表示认可，但对于19世纪90年代的长期经济衰退或20世纪30年代的经济大恐慌时，股市骤然暴跌的原因，尚没有拿出合理答案。不过，关注野性冲动的科学家们还是提供了一些线索，其一就是各行各业的贪污腐败。就如凯恩斯所强调的，经济衰退或经济危机一般萌芽在爆发之前的繁荣期或经济过热时期。这两个时期都拥有一个共同特点，即贪污腐败横行。比如在市场上，账面上做手脚夸大股票或债券的价格然后转手倒卖、贪污公司财物、骗卖亏损企业等多种欺骗手段泛滥成灾。盲目投资的现象也十分盛行。由于经济正处在繁荣时期，企业家们也显得信心十足，总喜欢做一些挑战性的投资。

日常消耗品如冰激凌、方便面等可以比较准确地反映其价值，但股票、债券等金融商品的价格却不能做到这一点。因为金融商品对未来的很多不确定因素很敏感，人们很难从本质上弄清金融商品的真实价值。比如，人们常说"美国经济打喷嚏，韩国经济就感冒"。既然如此，又有谁能够保证那些脆弱的价格会反映真实的价值呢？谁又能知道美国经济何时打喷嚏？

虽然股价或债券价格基本上反映公司的价值或生产性，但公司价值完全可以因账目的制定方式不同而发生变化。企业完全可以按照自己的意愿让夸大价值的欺骗性金融商品得到流通。一般消费品或家电商品发生不良情况的时候，很容易保护消费者的利益，但金融商品却是不太好保护消费者利益。企业和金融市场的健全性和透明性之所以深受重视，也是为了保

# 第九章
## 凯恩斯的教训

护消费者的利益。

凡经济繁荣期或经济过热时期，财务造假的现象增多，且不良金融商品的流通相对变得容易。归根结底，有关未来的乐观情绪、个人的自信心等令人浮躁的因素为不良金融商品提供了流通环境。然而，经济学家们对财务造假或交易不良金融商品的现象视若无睹，即便承认有那种现象，也会认为那只不过是昙花一现。因为根据经济学家们的观点，只要企业继续做出不正当的行为，听到传闻的人群自然会远离这家公司，而该企业也只好关门倒闭。也就是说，以行不正之风为能事的企业注定要遭受被淘汰的命运。基于以上理由，人们很难见到具体涉及各行各业不正之风的经济学教科书。

可是关注野性冲动的学者根据研究结果指出，各行各业的贪污腐败行为不仅不会自然地被淘汰，更会在经济繁荣期来临的时候达到顶峰。

就如经济学家们所讲，被发现有不正当行为的企业只有破产倒闭的路可走。唯有如此，一切才会归于平静。经济学家们从不考虑，企业丑闻除了会点燃国民对企业和制度的不信任感，还会把整体经济推向经济萧条和危机的深渊。

可是在现实中，由贪污腐败的丑闻激发的不信任感具有非常强大的破坏力。为此，关注野性冲动的经济学家们早已准备了许多证据证明了与贪污腐败或盲目投资有关联的大型丑闻能引发经济萧条或经济危机。

其中，最具代表性的例子就是著名的美国安然（Enron）破产丑闻。这家公司通过财务造假和建立影子公司，犯下了诸多违法行为，最终未能逃脱破产倒闭的后果。

问题是安然公司的破产并不是结局，而只是一个开头。当人们听说安然公司的违法行为只不过是冰山一角，其他公司销售的金融商品也属于"假货"之后，国民对企业的信赖一夜间土崩瓦解，股市崩溃和经济萧条也随之登场。结果到了2001年的上半年，长期维持在4%左右的经济增长率竟然下跌至0.8%。最后，安然公司的丑闻突然成了招致21世纪初经济萧条的导火线。

再往前追溯10年，20世纪90年代初发生的经济萧条也是因企业的贪污腐败引起的。当时，围绕公营企业发生的财务造假、高层人士的贪污、恶意收购等各种违法行为泛滥成灾，经济学家们通常认为恶意收购并不能带来巨额利润，但是会像流星般登场的所谓"垃圾债券的皇帝"，却把这类经济学常理搞得一文不值。

# 2.2008年世界经济危机和野性的冲动

## 低层次的投机热潮

可以说2008年发端于美国的世界经济危机，早在2000年前就已显露出了端倪。因各行各业的腐败堕落引起的20世纪90年代和21世纪初的股市大崩盘，将国民对企业和股市的不信任推向了高潮。在不能再指望股市的状况下，富人们自然要找到应对方案，而市场上最吸引他们眼光的就是房地产。他们认为在有些时候，股票和债券顶多是张纸片，而看得见摸得着的住房能带来踏实的感觉。尤其重要的是，在政府的干预下利率已经跌到了最低谷。在21世纪初，被经济萧条逼得焦头烂额的美国布什政府，强行下调了利率，使得于2000年上半年仍保持在6%水平线上的利率，到了2002年11月跌到了0.75%。就如我们在韩国国内多次体会过的那样，利率下调即意味着房价的上升。

随着房价持续上升，美国国内出现了很难用经济学理论进行解释的奇怪现象。原来是1990年日本房地产泡沫破灭以前，长期支配过日本社会的房地产神话在美国得到了重现，而用一句话概括这个神话就是"房价永不会跌"。

神话的重现意味着美国人开始相信类似于韩国"江南区（首尔）房价

## 第九章
## 凯恩斯的教训

不败"的房地产神话。当房价上涨的趋势持续了好几年的时候,人们会莫名地陷入"会继续涨价"的幻觉中。虽然行为经济学家们解释说,在人类的头脑结构特性上,此类幻觉的出现属于极其自然的现象。但经济学理论很难对其进行合理解释,这是不可争辩的事实。以美国为例,在过去的很长时间内除了特定地区的房价保持迅猛的上升势头之外,大部分地区的房价都是保持了缓慢上升的趋势。而且有不少地区甚至还出现了房价下降的现象。问题是人们的行动像是突然忘记了房价的正常走势。事实上没有炒房热,就不会有房地产神话存在。

有一些观点认为,人们把房地产视作绝佳的投资项目,其背后货币幻觉起了推波助澜的作用。一般来讲,人们只记得购房时的房价,并拿这个价格与当前的房价进行比较。这时,心中就会产生房价一直在上升的幻觉。他们并不知道自己忽略了房价在上升期间,物价或其他商品价格也一直在上涨。比方说,有的人面带欣喜,逢人便说"30年前我花9000万韩元购买的房子,现在可以卖5亿韩元",其实他根本没有考虑到30年间物价也上涨了5倍。在房地产投机热潮来临之前的美国,如果考虑过物价上升率,就很难找到把房地产列入优秀的投资项目之列的合理根据。

遗憾的是,对房地产神话深信不疑的美国人,经常把经济学家们的警告当成耳边风。当有人问及他们自信心的由来时,他们会堂而皇之地说:"土地资源有限、人口在增长,而且经济活动量也在增加。因此实在是找不到房价上不去的理由。"仔细品味一下,就能发现他们的观点不无道理。但是当时的社会氛围却是对这些主张视若无睹。

到了2000年以后,随着房价持续上升和房地产神话的传播,将房地产项目视作优秀投资对象的心态开始在美国人的心中找到了位置。有关房地产投资的图书开始热销,大量与房地产投资有关的报道也开始见诸报端。于是,一场美国历史上最大的房地产投机热潮席卷了美国全境,而刚刚转入繁荣期的美国经济更是对投机热潮起了推波助澜的作用。每当这种时候,最常见的现象是人人都在希望和自信心的驱使下变得心情浮躁且兴奋不已。从2000年初到2006年初，短短6年的时间里美国的房价上升了2/3。而这一现象又驱使人们争先恐后地抢购房地产。

从整个现象中，我们可以看到野性冲动之典型，即房地产市场上会蔓延羊群行为。根据经济学理论，投资者进行投资的时候，会先分析政府政策在内的所有情报，然后再根据分析结果预测未来并通过理性的计算过程决定投资与否。因别人投资而无条件跟风投资的行为，绝不是理性的行为。因而，经济学教科书中也不可能写入不具理性的羊群行为。

可事实上，针对市场上的房地产投资形态进行调查分析，其结果出乎意料，有不少投资家甚至是专家，在粗略估算的基础上对房地产市场进行评估和投资。他们最常用的判断依据是记忆中对最近数年房价走势的印象、其他投资家的动向以及自己的直觉。只要认定最近几年的房价一直在保持上升势头，很多人就会对房价继续走高充满信心，并开始关注房地产市场。再加上一些人通过房地产投资大获成功的故事广为流传，参与房地产投资的队伍不断壮大。在房地产市场上，一些人的成功神话或成功故事比理性的盈亏计算更具威力。

曾经在韩国和日本多次出现过的羊群行为终于在美国得到了重现。

## 高层次的投机热潮

不过，21世纪初的美国投机热潮，并不只有羊群行为在起作用。从这一点上，美国的投机热潮与日韩的投机热潮并不在一个水平线上。让人惊讶的是在美国，各类金融机构不仅参与到房地产投资的热潮中，还把房地产投资的规模提升了一个档次。因此，谈及发端于美国的世界经济危机时，有必要对一般的投机热潮和高水平的投机热潮进行区分。

掀起房地产投机热潮之前，"把意欲购买的房子抵押给金融机构以后，用抵押而来的贷款购入房子并逐年还清本金和利息"，是美国老百姓购买房子的典型做法。一开始，美国推出这种房屋抵押贷款的制度，其初衷是为了帮助第二次世界大战结束后从国外回国的退伍军人。结果随着时间的推移，这个制度慢慢演变成了方便老百姓购房的制度。在这种最典型的房屋抵押贷款制度中，提供贷款的金融机构一直保留房屋所有权，直到购房者还清所有债务为止。如果在还款期间发生债务人无法偿还债务的现象，则提供贷款的金融机构就可以通过出售抵押物的方式回收贷款。

进入21世纪，在居高不下的房价刺激下，本从善意出发的房屋抵押贷款制度开始变味。自从房地产成为首选投资对象以后，不仅想贷款买房的人数急剧增加，中介商（所谓抵押贷款中介商）数量也急速攀升。这些为贷款购房者提供服务的中介商把贷款申请人介绍给金融机构（所谓抵押贷款公司）后，从中赚取手续费。

随着房价持续上升，申请房屋抵押贷款的人群会急速扩大。届时，房屋抵押贷款的规模会越来越大，而借款人的信用等级将越来越低。这种专为低信用等级人群提供的抵押贷款就是于2009年开始频频出现在舆论媒体上，为我们熟悉得不能再熟悉的"次级抵押贷款"。可以说次级抵押贷款对抵押贷款公司和中介商双方皆有利可图。由于利率稍高于普通人群，为低信用度人群提供贷款的抵押贷款公司自然要获得更高的利润，而中介商得到的手续费也会水涨船高。

虽然起初次级抵押贷款只适用相对偏低的固定利率，但是在2~3年以后抵押贷款公司会把固定利率改成浮动利率，要求借款人支付更多的利息。遗憾的是广大老百姓要么不懂得其中的奥妙，要么根本不在乎利率问题。

正规来讲，为了达到提前过滤破产风险的目的，中介商有义务准确掌握顾客的信用度，并将必要资料提供给抵押贷款公司。可是在实际操作中，中介商却完全忽略了这一环节。因为，抵押贷款公司为了招揽顾客，照单全收中介商介绍而来的借款人，全然不顾借款人的信用等级。在过去，贷款只发放给那些金融机构认定有能力偿还贷款的人群。但是投资热潮的到来，却让所有惯例或规则成了一纸废文。结果，乘虚而入的中介商便用虚增贷款申请人的收入或虚构申请资格等不正当手段申请抵押贷款，而这种现象与日俱增。当"人人都想轻松赚钱"的氛围得以扩散之后，各种腐败也开始在社会上大行其道。

向低信用人群发放贷款的做法，从根本上讲具有高度风险。事实上此类贷款引起的破产事件（债务不履行）也不在少数。由于日益担忧借款人对债务不履行，抵押贷款公司想出了一招"妙计"。他们决定对自己持有的抵押物进行证券化之后，将证券转卖给其他金融机构。根据协议，购入此类证券的公司将替代原先的抵押贷款公司，直接向债务人行使权利。后来，专家将此类证券命名为抵押支持债券（MBS：Mortgage Backed Securities）。毫无疑问，随同抵押支持债券交易而来的还有信用担保公司的担保书。可问题是，这些信用担保也没有（或者是觉得没有必要）对借款人不履行债务的可能性进行调查。因为在房地产价格持续上升的环境下，任何人都不会去考虑借款人会不会破产。

抵押支持债券的发行，为美国金融市场提供了脱胎换骨的契机。如果说过去是由提供贷款的金融机构长期持有担保抵押的住房，如今则是提供贷款的机构和持有抵押物的机构互不相同，且债务人和债权人之间的关系也变缓和了许多。其实，即便制售证券也不可能消除原本就存在的债务不履行风险。所谓证券，只能起到将风险转移给他人的作用，而其中的风险度，视借款人的信用程度高低而不同。发放给信用度极差人群的贷款虽然要冒很大的风险，但是其收益率也很高。与之相反，借款人的信用度越高，金融机构的收益率就越低。

当抵押支持债券按风险度和收益率的高低区分成很多类型以后，金融机构又想出一招"妙计"，采取均匀混合了各类抵押支持债券的策略。就像混装销售肉鸡的各个部位，就比单卖鸡脯肉、鸡腿、鸡翅获得的利润更多，大量购入各类抵押支持债券的金融机构（以超大型投资银行为主）为了降低风险和提高收益率，均匀混合和重新包装证券，并给这些间接证券冠上"基金"之名，大量出售给普通个人。

因为有信用评价机构为这些间接证券提供担保，其他金融机构或普

## 第九章
### 凯恩斯的教训

通个人可以安心购买那些间接证券。然而，被委以重任的信用评价机构也采取了不负责任的态度。由于他们把近期的房价走向作为预测破产可能性的标准，间接证券无疑会在信用评价中得到高分。话又说回来，即便信用评价机构认为应把房价下跌的可能性纳入考虑范围，也不会将这种想法表露出来。在整个社会都在利用投机热潮赚钱的状况下，主要收入来源为服务费的信用担保公司或信用评价公司，断无给投机热潮泼冷水的道理。

对抵押支持债券进行再加工和重新包装后衍生的间接金融商品，通常被称为担保债权凭证（CDO:Collateral Debt Obligation），而抵押支持债券和担保债券凭证被统称为金融衍生品。这种再加工后重新包装证券的方法，只是通过风险分散来达到降低证券平均风险度的目的，并不能从根本上消除风险。所以，就算有人想对自己所购入的金融衍生品进行风险评估，也会面临无从下手的尴尬情况。因为，金融衍生品是对多种抵押支持债券进行重新包装后得到的衍生商品。为特定金融衍生品提供保证的抵押物也会有很多，而非只有一两件。所以，购买金融衍生品的人，连购买的商品内容都弄不清楚。又从何谈起评估风险度的事宜呢？于是，普通个人只能相信金融机构，而金融机构又只能依赖于信用评价机构。尽管在后来，事实已证明个人对金融机构，以及金融机构对信用机构的盲目信任纯属错误，但金融机构或购买基金的个人投资者却在错误的信任基础上，短期内获得了巨大的实惠。

除了金融机构和个人投资者之外，住房所有者也从中分得了很大一份"蛋糕"。房价持续上涨必然会拉高住房的抵押价值。因而，即便是已办理抵押贷款的人们也获得了就房子的差价申请追加贷款的机会。于是在美国房地产市场进入长期繁荣期，且房价持续上涨期间，众多已获得住房抵押贷款的人士纷纷申请追加贷款，过上了既买新车又买新家电的奢华日子。

## 泡沫的破灭

有道是好景不长，靠举债过好日子的美国人很快遭遇了寒冬。美联储前主席格林斯潘发出了"非理性繁荣"的警告，却让房价上升到了极限。2005年美国房地产景气终于达到了顶峰。在此之后等待人们的必然是漫长的下坡路。虽然包括格林斯潘在内的部分金融专家预测房地产泡沫可能破裂，但早已被房地产"欣欣向荣"的景气深深迷惑的金融人士们把格林斯潘的警告当成了耳边风。要知道他们对忠实于市场原理的美国金融制度深信不疑，且在18年前还大肆讥讽过日本金融的崩溃。

房地产市场刚刚显露出过热的迹象，美国政府就很快介入市场，手法与日本应对房地产泡沫破灭时如出一辙。2004年6月以来，美国联邦储备委员会连续17次提高利率，将原本维持在1%水平线上的利率一路拉升到2006年末的5.25%。可以说21世纪初的美国金融政策始终处在水深火热之中。

一旦房价随着利率上涨转入下降轨道，一切都会往不同于迄今的方向发展。所有不利因素也将被不断地放大。首先，已获得房屋抵押贷款的人们，特别是获得次级抵押贷款的人们会在高利率的重压下，陷入债务不履行的深渊。低信用等级的人群履行债务的能力本就很差，而且从低水平的固定利率起步的次级抵押贷款会在2年之后变成较高的浮动利率。因此，利率上涨肯定加重债务人的资金负担。如果在高利率的基础上再加上房价下跌的不利因素，借款人就要面对房屋抵押价值减少引起的超额抵押状态，即要偿还的贷款余额超过房价的现象。有研究报告指出，截止2007年，身陷超额抵押状态的债务人数量已达到900多万。

随着房价泡沫的破灭，为数众多的次级抵押贷款获得者陷入了无法继续偿还贷款的状况，并由此正式引发了发端于美国的世界经济危机。一时间美国各地掀起了扣押房产的热潮。

2005年2月席卷墨西哥沿岸的卡特里娜飓风让30万人失去了生活的家

## 第九章
## 凯恩斯的教训

园。但与2006年的扣押房屋相比，所谓最具灾难性的飓风卡特里娜飓风也只能算是小儿科。要知道在那一年全美国至少有200万人没有了房子。雪上加霜的是，那些被扣押的空房子极容易成为犯罪的温床。因此一幢被扣押的房屋很快会令所在街区的所有房屋跌价。

美国的房价下跌现象持续了很长一段时间。2007年3月至2008年3月的1年时间里，美国的现房价格下跌幅度竟然达到了7%~15%。房价急剧下跌意味着房屋抵押价值的迅速滑落，因此金融机构回收贷款的可能性也大幅下降。尤其是被扣押房屋的出售价格普遍低于市场价格30%，使得回收贷款难上加难。毫无疑问，贷款回收难度增加，意味着以房屋抵押贷款为基础的债券或证券大幅亏损。特别是那些对同一个抵押物提供追加贷款的银行在巨额亏损的压力下将首先破产倒闭。

2008年世界经济危机和从前的萧条一样，都是过度自信和信赖突然转变成过度不信和丧失自信的结果。在整个过程中发挥最大作用的是被表现为"房价永不会跌"的神话。每当发生严重的景气循环时，必然会反复出现有关野性冲动的类似故事。从某一角度来看，假设人类行为具有理性，那么，没有野性冲动的经济学自然也就无法合理解释世界经济危机发生的原因。

分析2008年世界经济危机时，一些金融学家们认为，没有管理好金融衍生品的风险是引发经济危机的罪魁祸首。根据这些金融专家的观点，如果金融机构更好地管理和分散风险，就可以预防世界经济危机。比如在以后的日子里，开发出更加出色的风险预测和风险管理对策，再把其应用到金融机构，允许创造出更多更好的应对风险的好市场。他们认为，与其无条件地调控金融衍生品，不如鼓励金融机构开发出优良金融衍生品，从而更有效地分散风险。亦即，以提高金融市场活跃度的方式，达到减少风险的目的。其道理与"若不想让自行车倾倒，就不能停止踩踏的动作"是一样的。相信"各类金融衍生品的风险分散功能，可以有效缓解风险对经济的冲击"是这些金融学家的逻辑得以成立的基础。

要是凯恩斯仍然在世，肯定会完全否定金融专家们的上述逻辑。因为他们的逻辑完全忽略了2008年世界经济危机所展现给我们的事实是，被分散风险的相互协同作用反而可能增大整体风险。如果再做更深入的分析，就能发现"不能对风险和不确定性做出正确区分"才是根本问题。金融衍生品是由太多的不确定性问题所包围的商品，而不是像人们所想的那样，单纯由风险组成。也就是说，金融市场除了风险问题之外，还要面对众多的不确定性问题。如果将那些不确定性问题交由金融机构处理，极有可能因金融机构的野性冲动，引起整个金融市场的动荡不安。

凯恩斯认为，国家应起到从变化无常的野性冲动中，保护经济的作用。也许他是想敦促政府加强对金融机构的监管，以达到合理调控变化无常的野性冲动的目的。比如，禁止公共性较强的金融机构（如接受个人储蓄的银行）经营金融衍生品、规定贷款上限、限制交易规模、强化信用担保机构或信用评级机构的责任等措施，皆能合理调控野性冲动。

当然，对金融机构的活动进行调控并不等于无条件地限制其活动。凯恩斯的主张自有其原则，那就是严格区分风险和不确定性之后，风险交给市场（即企业自行承担风险并对其结果负责），而政府从公益角度出发，尽量弱化不确定性引来的各种不利因素。

# 3. 凯恩斯的政治哲学

## 不确定性和工资

正如前面所讲，野性冲动揭示了诸多资本主义经济中存在的问题。但是，我们切不可忘记，凯恩斯所说的"野性冲动"只不过是与他一直在强调的"不确定性"相对应的观点。通常，凯恩斯是因其在宏观经济学上的伟大贡献被人们所熟知的。但是，甚至连经济学家们也不太清楚他的这一宏伟理论，其实是在野性冲动的基础（再进一步讲就是在不确定性的基础

## 第九章
## 凯恩斯的教训

上得以构建的。

在过去，凯恩斯学派认为工资和利率的刚性是引发不景气或经济萧条的元凶，并进一步解释说，即便是工资或利率的刚性也是因为不确定性而产生的。首先以工资刚性为例，虽然经济学家们总是在强调劳动市场的灵活性，但是真要做到这一点着实不太容易。仅以经济不景气为由，不分青红皂白地解雇劳动者或削减工资，必然会遭到劳动者的顽强抵抗。而在景气好转的时候，因同行间的竞争过于激烈，很多企业要面对用工难的问题。因此，根据景气情况灵活调节雇用数量和工资，不仅可行性很低，真正操作起来还会浪费大量的时间和金钱。

景气随时变换，且任谁都无法预测其未来的变化。因此从长期来看，在某种程度上保持稳定的雇佣水平，对劳动者和雇主都有利。特别是在经济不景气的时候，大幅削减工资或大量解雇劳动者的做法会招致长期的利益损失。对这个道理，大多数现场经营者都有过切身的体会。因而，面对解雇和削减工资的问题，明智的企业家都会表现得犹豫不决。根据凯恩斯的观点，雇佣合同制度是缓解不确定性的影响，维持雇佣稳定的权宜之计。

劳资双方签订雇佣合同之后，劳动者会根据合同规定领取工资。从理论上讲，合同工资应与物价联动，即物价的涨跌与工资涨跌成正比。然而在现实中，几乎不存在工资与物价挂钩的雇佣合同，而这一调查结果也让经济学家们吃惊不已。就算工资与物价挂钩，也和真正的一对一联动相差甚远。当雇佣合同不能准确地反映物价浮动的时候，工资必定会表现得刚性十足。

凯恩斯还认为，即便工资随着经济状况的变化较为顺畅地上涨下跌，也不值得大力宣扬。假设在经济不景气的时候，工资也相应下降。那么，工资下降就意味着劳动者收入的减少。在每一个国家的国民构成中，劳动者的比重最大，而大部分国民收入的减少将导致国民开支减少。景气欠佳的时候，真正能让经济复苏的唯有市场上畅销的商品。因而，大部分国民紧缩银袋的做法，很难期望经济会复苏。

## 不确定性和货币依赖现象

凯恩斯认为，尽管资本主义社会属于资本比较丰足的社会，市场利率却始终超过合理水准，且从来都不会跌破特定底线。也就是说，市场利率水平一般会保持在资本的实用性或生产性（资本对生产的贡献度）之上，而市场利率超过合理水准意味着生产和雇佣的规模会缩小。在解释市场利率保持高水平的原因和利率不具伸缩性的原因时，凯恩斯提出了货币依赖现象。

凯恩斯认为，引发货币依赖现象的主要原因依然是人们对未来的不安心理。他认为货币并不像古典学派经济学家们所想的那样，只具备方便市场交易的功能。凯恩斯心目中的货币是有效应对未来不确定性因素的现实手段。在这个世上，无人能准确预测下岗时间、患病时间和遭遇事故的时间。因此，每个人都难免有不安心理存在。

"尽可能多地持有现金"是有效应对未来不确定性的良策之一。要是人类具有预测未来的能力，倒是不用准备巨额现金。比如，被医生告知只剩一年寿命的癌症患者，肯定不会产生把钱存入银行或购买新房产的想法。患者唯一会想到的是如何回收一切可回收的资金，并在去世之前畅快淋漓地将其花完。正因为未来充满不确定性，人们才会为了筹集数量上远超日常交易量的货币而竭尽全力。因此，凯恩斯强调，货币就是连接现在和未来的微妙手段，而在活力十足的资本主义社会里，不确定性因素更是有增加的趋势。以前，人们在同一家公司里工作到退休的现象非常常见，但如今随着企业内部的竞争趋于白热化，凡是已过不惑之年的职场人都心怀忐忑地迎接每一天，唯恐提前下岗的厄运降临到自己的身上。在竞争白热化的环境中，破产企业和繁荣企业随时在转换角色。因此，如今想找一个可以"托付终身"的扎实企业犹如大海捞针。在过去，一次婚姻通常能维持终身，可现在的婚姻随时都有可能破裂。以前的老人可以享受儿孙环绕膝

## 第九章
### 凯恩斯的教训

下的晚年生活，而如今子女们都疲于应付生活压力，很难再和老人们共享天伦之乐。于是，如今的老人们都双手攥紧现金，至死不放。正是因为与上述种种现象类似的不确定因素呈不断增加的趋势，资本主义社会的人们才觉得有必要储备大量现金，防患于未然。

在资本主义社会，金钱的威力显得尤其强大。这是个用金钱来衡量一切的社会，只要有钱，购买权利和名誉也不在话下。在这样一个大环境中，切身体会到金钱威力的人们，自然会表现出夸大金钱实用性的倾向。也就是说，现代人对货币价值的评价远远超过购买力的现象已十分普遍。于是，"钱越多越好"之类的思维模式逐渐成为支配资本主义社会的主流思维。

凯恩斯认为，资本主义社会的货币依赖现象无极限。除了人们对未来不确定性因素的恐惧日益剧增，货币还是满足人们炫富欲和虚荣心的最佳手段，而人类的此类欲望恰好也无限大。凯恩斯把人类货币依赖倾向分成两种：其一是无限追求财富的倾向，其二则是想储备超过实际需求的金钱。

## 货币依赖和利率

凯恩斯认为，这两种倾向之间存在着矛盾。其中无限追求财富的倾向具有一些优点。人们对金钱的欲望可以成为他们努力工作的动力，也只有这样，才能让资本主义经济运行得更好。一句话讲就是，人们对金钱的欲望是资本主义经济的活力因素。

问题是，就算人们对金钱的欲望极为强烈，且因此而产生努力挣钱的欲望，只要经济不景气导致工作岗位奇缺，所有欲望都会变成一场空。

说到这里，最引人注目的其实是凯恩斯把货币依赖的第二种倾向联系到景气循环的观点。也就是说，人们想储备的金钱超过实际需求的倾向，是引发经济不景气和经济萧条的原因之一。经济学家们把只存钱不消费的现象叫作货币贮藏。关于货币贮藏，咸水派经济学家们给予了应有的关注，而把货币贮藏视为愚蠢行为的淡水派经济学家们却直接无视这一现象。

那么，凯恩斯为什么会认为货币依赖的第二种倾向才是经济不景气，乃至是经济萧条的原因之一呢？即便景气变差，只要工资和利率按淡水派经济学家们的主张下降到合理水准，企业就可以抓住生产成本下降的机会，生产出较之以往价格更便宜、数量更多的商品，而景气也可以随之复苏。

可事实上，就如工资具有向下刚性一样，利率下降也自有其极限。这也是凯恩斯着重强调的内容。如果市场上的工资或利率因为向下刚性，不能降至可恢复景气的水准，经济不景气将会长期持续，还有可能发展成经济危机。

比如，百姓因战争威胁或对企业和政府的不信任，或对未来感到极度不安时，就会想尽可能多地储备现金，即发生现金贮藏现象。众所周知，市场上大量流通货币是利率下降的前提。因此，即便政府大量发行货币，只要百姓不改变"只存钱不消费"的策略，市场上的通货量就会减少，而这必然会导致利率上升。

此外，市场利率难以降到特定水准的原因中，还可以发现略微不同于平常的心理因素在起作用。假设政府为了促进经济复苏，将利率从6%下调到5%以后，再次下调至4%或2%的时候，大多数百姓会认为利率已触底。那么，既然利率已触底，剩下的只有反弹，而利率即将反弹意味着房价和股价将继续下跌。由于支撑房价和股价的基本因素是扣除未来收益的当前价值，利率越高将要扣除的未来收益也越多。因而，高利率意味着当前价值的下降。所以，绝大多数百姓一旦觉得利率即将触底反弹，就会认为房价和股价即将下跌，并因此而远离房地产和股票。不仅如此，已购买房屋或股票的百姓还要想尽一切方法出售手中的房产、股票。到了此时，对房地产和股票早已失去兴趣的百姓开始把喜好转移到现金上。

其实，就算百姓控制消费开支，只要热衷于股票或房地产交易，就能增加市场上的通货量并达到降低利率的目的。要是连股票和房地产市场也遭遇寒流，则政府投放再多的通货市场利率也难下降到2%以下。到了这个时候，利率就像是掉进陷阱一般丝毫不能动弹。凯恩斯称这个陷阱为"流动性陷阱"。

只要市场利率因为上述种种因素坠入流动性陷阱，政府投入再多的通货，也难刺激经济复苏。也就是说，仅凭政府的通货政策很难应对经济不景气或经济萧条。因此为了经济复苏，政府和社会应动员其他的手段。除了政府直接出手购买大量商品以外，还要积极开展公共投资，创造雇用机会。虽然凯恩斯的上述主张几乎出现在所有经济学教科书上，但极少有教科书告诉人们凯恩斯的上述主张以货币依赖概念作为基础。其中理由也十分简单，因为大多数经济学家，尤其是淡水派经济学家们从来没有重视过人们诸如货币依赖之类的野性冲动。

## 现代版高利贷

也许是对伦理学特别感兴趣的缘故，凯恩斯针对价格的公正性问题发表了比其他经济学家们多得多的言论。不过有一个有趣的现象是，凯恩斯虽然被公认为正式研究货币的首位科学家，但他却将市场上自然形成的利率视为不公正的价格。根据经济学教科书，市场利率根据借款人和债权人之间的协商得到确定。即，对货币的供应和需求关系决定利率。

首先从债权人的立场来看，把钱借给别人意味着债权人要减少自己的消费，以及削减市场上购买的商品数量。因此，如果借款人不对债权人的消费减少部分进行充分的补偿，债权人则不会同意贷款。这种针对牺牲消费的行为进行的补偿，就是经济学所说的机会成本。

另一方面，借款人是以贷款进行经营活动后获得的收益率（资本的生产性）为基础支付利息。这就意味着，经济学教科书中的观点，即"对货币的供应与需求关系决定市场利率"，只能是在机会成本与资本的生产性形成均衡之后发挥效力。这种逻辑根本上并没有摆脱亚当·斯密的思维模式，而亚当·斯密认为，货币只不过是为商品交易提供帮助的手段。

不过，就像凯恩斯无数次强调的那样，人们并不把货币看作单纯的商品交易手段。由于人们特别迷恋货币，借钱给别人之后受到的心理压力绝对会比从市场上少购买商品（牺牲消费）时的遗憾感要严重得多。换个说法就是，因为货币依赖心理，借钱给别人时的心理压力大于经济学所说的机会成本。因此，人们在借钱给别人的时候在牺牲消费引起的机会成本补偿基础上，还要求借款人补偿货币依赖心理带来的心理压力。只要债权人要求追加额外费用，借款人很难一口拒绝。因为债权人通常都是经济上比较宽裕的人，而借钱人大多是为了解决燃眉之急而借钱。也就是说在很多时候，有钱人与借钱人进行讨价还价的时候，会有心理上的优势。

和经济学教科书中的理论所不同的是，市场利率是在牺牲消费的遗憾感之上追加货币依赖带来的额外补偿后得出的补偿值。按照经济学教科书的说法，利率在牺牲消费的遗憾和资本的生产性相一致的水准上得以确定，但根据凯恩斯的说法，现实中的市场利率水准相对要高出一截。凯恩斯认为，如果债权人在市场上因为占据协商优势而收取高于资本生产性的利率，则内容上与从古代社会开始深受社会责难的高利贷毫无二致。

如果市场利率超过资本的生产性，则意味着利率水准高于企业家们所认可的合理水准。如果是这样，企业家们就会减少投资，也就无法提供更多的工作岗位。也就是说，此时的市场利率高于实现充分就业所需的利率。正因为如此，失业问题才会成为资本主义社会的痼疾。

那么，如何才能实现充分就业呢？市场利率之所以超出实际需求，主要是因为人们对货币的依赖，而最根本的原因是不确定性。在不确定性状况下，普通百姓或企业家们必然会按照野性冲动付诸行动，而这种状态下经济会往返于两个极端。因此，为了消除不确定性，政府必须主动出击。假如企业感到最不安的因素是销售前景，则政府可以引导百姓增加消费，甚至也可以由政府出面直接购买企业的商品，以消除企业的不安心理。此外，凯恩斯还提出了"通过收入再分配增加百姓收入，并以此来维持较高消费水准"的方案。如果让企业感到不安的是成本上升，则政府可以通过财政支出打造社会间接资本，并提高教育的质量，以此来消除企业的忧虑。

如果政府通过在市场上建立公平交易机制提高百姓对企业的信赖，股票市场就会变得更加活跃；如果政府通过缓解人们对失业的恐惧心理和扩充社会安全网络的方式消除普通百姓的不安心理，百姓对货币的依赖心理就会得到缓解，同时政府通过合理的通货政策将市场利率维持在低水平线上的可能性也会变大。

现如今，大多数资本主义国家并没有颁布禁止高利贷的法令，但凯恩斯认为政府应慎重实施低利率政策，即将中世纪的高利贷禁令应用到现代的一项权宜之计。

事实上，以上种种都是政府为了缓解不确定性而必须要做的事情。

## 凯恩斯所说的"幸福悖论"

正如前面所述，凯恩斯阐述货币依赖心理的第二种倾向（储备数量超过实际需求的现金）时，与景气循环进行了关联。而对于第一种倾向（盲目追求财富），则和资本主义的痼疾进行了关联。

在谈及资本主义社会的最大特征时，凯恩斯依然选择了货币依赖。虽然凯恩斯很委婉地说，在资本主义社会人们对货币的依赖性无限大。粗俗地讲，资本主义社会就是一个为钱而疯狂的社会。"身陷金钱欲望深渊的人类，早已失去真正的人生目标"，是凯恩斯对资本主义社会的最大忧虑。在他看来，如今的资本主义社会是手段和目的颠倒的社会。

于是，认定"美好人生"为人类终极目标的凯恩斯把"快乐明智地过日子"定义为美好人生。资源的有效利用和经济增长只不过是为了过美好人生而采取的一种手段，但是很多人早已忘却了这一事实。对此，凯恩斯提出警告说："在货币依赖心理的驱使下，人们只顾忙着挣钱，早已把美好人生忘却得干干净净。因此，人类很难得到更高层次的幸福。"

迄今，经济学家们仍然没有正确理解凯恩斯的上述警告。种种迹象表明，经济学家们仍然坚信，通过对资源的有效利用实现经济增长，并因此而提升国民收入水平时，"美好人生"就会自动实现。因此，他们把所有希望寄托到了效率和经济增长上，仿佛两者才是人类的终极目标。

经济学家们的态度让凯恩斯感叹不已。他认为，一旦资本主义经济进入成熟阶段并初步实现丰富的物质之后，仅凭经济增长为全体国民营造真正的"美好人生"，必然会面对难以逾越的极限。凯恩斯在观察现实方面表现出了极为犀利的洞察力。因此早在70多年前，他肯定已感知到了如今被很多科学家所证明过的"幸福悖论"。

看来，凯恩斯是想到了当今心理学家们所说的"跑步机理论"。即，人们对货币的依赖越大，就意味着他们越不满足于已有的成就。因此，为了追求更多，他们只好不停地跑动：有了两室一厅的房子以后，还会盯上三室一厅的房子；开上了新的轿车以后，还会渴望更大更豪华的轿车；穿上了皮衣以后，还会关注貂皮大衣；骑上大马以后，还会想着雇用一个马夫。就这样，人类全新的欲望在无穷膨胀，用专业术语来描述，就是人们心中总是会形成新的抱负。

形成抱负属于日常现象，已经有很多专家为此进行了实例分析。他们就"值得向往的生活"从1978年开始了长达16年的问卷调查，结果表明，"已拥有"的结果和"想拥有"的欲望成正比。也就是说"已拥有"的有多少，"想拥有"的也会有多少。一旦人们实现已设定的物质目标，通常会形成新的抱负。而新抱负的形成意味着人们不满足于现状。

除了对商品有无限的抱负之外，专家们还花费了长达36年的时间去专门研究人们对收入抱负的形成。问卷提出的问题是：可以保障"值得向往的生活"的收入应该是多少？得到答案之后，专家们会对"期望收入"和实际收入进行比较。结果表明，实际收入水平和期望收入水平几乎成正比。也就是说，实际收入水平的变化率和期望收入的变化率几乎相等。如果用经济学术语描述则是弹性系数为1。也就是说，收入水平提升10%以后，大部分不满足于此的人们会继续追求再高出10%的收入。

# 第九章
## 凯恩斯的教训

假如一个人的年薪得到大幅上涨，他的幸福指数也会相应提高。可是过不了多久，便不再满足于目前的年薪水平，于是在心中会重新形成追求更高年薪的抱负，幸福感也会随即下降。然后年薪再涨，幸福指数也会上升一段时间以后，再次跌落回归到原来的水平线上。就这样，收入每增加一次，人们的幸福感也会短暂上升一段时间，然后又重新回归到原来的状态。如此周而复始，这跟跑步机上不停跑动的人，最后还是站在原地的道理是一样的。因此，人们把幸福感因适应新抱负的形成，回归原来水平的现象叫作跑步机效果，而把相关理论叫作跑步机理论。

凯恩斯认为，对货币的依赖以及由此发生的目的与手段的颠倒，是资本主义社会要解决的根本问题。然而，凯恩斯并没有因此而否定经济增长。凯恩斯反对的只是让富者更富的经济增长方式，而对于把重点放在解决失业率和贫困之上，他表示肯定并予以积极支持，毕竟这种做法能实质性地提高国民的幸福指数。

失业是不幸的最大原因。虽然穷人中也不乏充满幸福感的人，但是据专门研究幸福的专家们称，人均国民收入在2万美元以下时，人们的收入水平越高，幸福指数也会越大。即便是在人均国民收入已超过2万美元的发达国家，如果存在大批年收入不超过2万美元的贫困阶层，只需把贫困阶层的年收入提高到2万美元左右，就能大大提高国民幸福指数。

由于韩国的人均国民收入已超过2万美元，经济增长的势头必然会减弱。这说明社会已发展到了一种"仅靠人均收入水平的提升，已不能大幅提高国民幸福指数"的阶段。因此，韩国也应开始追求"幸福型"的经济增长方式，以着力解决失业和贫困的问题。

## 无须颠覆经济学教科书的方法

凯恩斯特别强调人类应直面现实。现实市场的运行规律和经济学教科书中讲的大相径庭。因为在显示市场上人们并不像经济学教科书所讲的那样，根据盈亏计算的结果付出理性的行动。在这个充满不确定性的世界，人们通过盈亏计算付出理性行为的余地并不是很多。因此，包括企业家在内的很多人会按照野性冲动行事。

"不确定性和野性冲动是导致严重的景气循环和经济危机的主要原因，也是造成大量失业的元凶"，是凯恩斯经济理论的核心内容。

在凯恩斯之前或当今的经济学家们因过分执着于人类理性而忽略了不确定性和野性冲动。因此，他们不仅没有预测到景气循环或经济危机，事后也没能做出合理的解释，更没能看透市场的本质。

在市场上，人们针对公正性所表现出的强烈意识、对货币的依赖，以及信任崩溃，俨然已成为阻碍价格上下浮动的因素，但经济学仍然在坚守以价格的伸缩性作为前提的理论。

如今，不公正交易、财务造假、贪污腐败等因素早已影响并降低了人们对经济的信赖，而信赖度下降极有可能招致经济危机，可是经济学家们仍然对其视而不见。

在以后的日子里，为了正确了解显示市场的运行规律，并在此基础上为解决经济问题做出实质贡献，经济学家们理应关注不确定性和野性冲动。事实上，有一群经济学家们专门对凯恩斯指出的不确定性和野性冲动给予关注，并进行了具有针对性的研究，他们就是行为经济学家。

为了在以后的日子里成功实现第二次凯恩斯革命，经济学应积极收容行为经济学家们的洞察力才是。

此外，还有重塑政府的作用。根据凯恩斯的想法，政府在经济活动中扮演的角色应该是为创造性地应用野性冲动提供条件。如果无视野性冲动的存在，整个经济体系就会发生严重的倾斜。届时，不仅失业成为家常便饭，金融市场更是会陷入一片混乱之中。从这一点上来讲，我们切不可忘却经济大恐慌带给我们的教训。当政府制定合理的规则，并彻底履行监督义务之时，资本主义市场将会为我们回馈最佳的结果。

就如过去的伟大经济学家们所做的那样，凯恩斯也用心学习了哲学。曾经就有一位学者因撰写凯恩斯的传记而获奖，他就称凯恩斯为经济学家和哲学家。凯恩斯写给英国大主教的信中有过这样一句话:"马歇尔总说自己是通过伦理学学到了经济学。就根据这一点,我可以很自信地说我是他的弟子。"凯恩斯到了中年以后,总是为年轻的经济学家们没有哲学观而慨叹不已。这些年轻的经济学家们之所以没有哲学,完全是因为没有受到广泛的人文教育。

凯恩斯不停地思考经济增长的终极目标、经济学的出路以及人生的终极目标,并把他自己的想法和经济学联系在了一起。可是如今的经济学家们从来都没有进行过彻底的省察。在未来,人类所需要的经济学便是蕴含哲学原理的经济学。

## 后记

若想真正了解一个人，须先了解他的优缺点。只有这样，才能更好地帮助他，以及更好地与之相处。经济学也一样。只有准确了解经济学的优缺点和局限性才能真正地了解经济学。

经济学也有致命的弱点。这种弱点并非一两项，而是有好多项。经济学家们对2008年发端于美国的世界经济危机毫无察觉，也是拜经济学的致命弱点所赐。尽管经济学把资本主义市场当作主要研究对象，但正是因为这种致命的弱点，经济学家们才没能正视现实，而是陷入了既不能解释又无法预测的尴尬境地；这也难怪他们的观点会空洞无物和脱离了老百姓的感受。

尽管熟知弱点和局限性是完整了解经济学的前提，但经济学家们从来没有向我们仔细解释过这些内容。虽说人们对经济学的关注已经达到了全新的高度，但所有的经济学教科书上只是千篇一律地充斥着各类图表、数学方程式和统计数字，并没有坦率地言及经济学的弱点或局限性。虽然人们通过舆论媒体知道了经济学家们没能预测到2008年世界经济危机的事实，但仍没有人对此做出详细的解释。

那么,经济学家们为什么不对经济学的弱点或局限性进行详细的说明呢?是不是因为"当局者迷,旁观者清"?过分投入经济学的"游戏",是有可能看不清经济学自身的弱点和局限性。也许正是因为如此,至今仍有很多经济学家把2008年的世界经济危机视作金融市场上很小的一次技术性事故。韩国经济学会的会长就把这次世界性的经济危机视为"一条泥鳅腥了一锅汤"的事件。

韩国的很多经济学家,特别是保守派经济学家们早已被各种固定观念所束缚。这些经济学家们开口闭口都是有效利用资源,认为只有这样才能从有限的资源中获得更多的商品、保证经济增长、提高人们的收入。事实上对于我们,最重要的是各自的幸福,而非收入本身。遗憾的是经济学家们从不谈及幸福。他们坚信只要收入提高,幸福自会来敲门。

虽然已经有很多科学家从统计性和科学性的角度证明了,在一定程度上解决温饱问题以后,仅凭收入的提高很难让国民的幸福指数上升(幸福悖论),但韩国的大多数经济学家对此无动于衷。

如今韩国每年的人均国民收入也已超过2万美元。既然如此,我们理应就追求经济增长的理由、方式以及如何才能更加幸福等事宜提出根本的问题。可是韩国的执政者们却旧态依然地沉迷于盲打蛮干式的经济增长方式,而经济学家们只知道在旁边摇旗呐喊。

从根本上,经济学是建立在"钱=幸福"方程式上的学问。假如这个方程式果真像科学家们所证明的那样存在错误,很多经济学家就会变得意志消沉,因为那会让他们无事可做。事实上,关于幸福,经济学家们除了劝人们多挣钱之外,可以提出的建议并不是很多。如果"钱=幸福"方程式被证明是错误的,那么资本主义市场的有效性就会发生动摇。经济学家们认为,效率和丰富的物资是资本主义市场的最大优点。可要是优点的存在并不是为了给我们带来幸福的话,那又有什么必要存在呢?

经济学家们实在是太重视资源利用的效率了,以致经常忘记为资源利用效率提供支持的人际关系很大程度上影响最终效率的事实。比如,良好的人际关系可以帮助人们用区区100万元韩币实现本该花费1000万韩元才能达成目标。另外，虽然在人类历史上出现过很多贫富差距导致社会矛盾增大，进而导致经济崩溃和国家灭亡的现象，但经济学家们依然表现出了轻视贫富差距或社会矛盾的倾向。甚至有一些经济学家还以一切为效率服务为由，使贫富差距合理化。试问，经济崩溃和国家灭亡之后，要用效率做何用呢？幸福的悖论告诉我们的真理是："温饱问题得到一定程度的解决之后，资源利用的效率和其他社会性价值相比，重要性要相对下降一些。"

当然，经济学家们可能会辩解说"人际关系、贫富差距或社会矛盾的问题，并不在经济学的管辖范围之内"。不过，经济学要是无视这些既根本又重要的事项，只涉及经济现象（效率），则无异于只研究细枝末节或流于表象的问题。如果经济学真得变成这个样子，那么经济学家们只需以异常谦虚的态度和细小的声音，讲到经济问题的技术性层面即可。不过，大多数经济学家尤其是理念性较强的经济学家，从收入分配到资本主义体制合理性、自由问题、正义问题和理念问题等各类重大主题上都要指手画脚。甚至在普通百姓说些有悖于经济原理的言论时，他们也会进行猛烈抨击，并指责那些发表言论的普通百姓是民粹主义者。

那么从具体来讲，经济学的弱点和局限性到底是什么呢？令人惊讶的事实是，曾经在经济学历史上留下深深足迹的经济学大师们不仅详细解释了这一问题，还做出了当今经济学家们理应给予充分重视的警告性发言。这些重量级大师包括：被誉为经济学之父的亚当·斯密、为经济学打造理论基础的大卫·李嘉图、从根本上剖析资本主义市场真面目的卡尔·马克思以及开拓宏观经济学新领域的凯恩斯。

作者撰写这本书的首要目的就是对这些大师们的观点进行整理和归纳，方便读者正确了解经济学学科的性质。只要仔细倾听这些大师们的讲述，就不难了解经济学家们未能准预测2008年世界经济危机的真正理由。

几位旷世大师们之所以能够清晰地看到经济学的弱点和局限性，是因为他们都已超越经济学范畴，进入了全能型大师的行列。深知哲学和历史等相邻的学科，是这些经济学大师的共同特点。这也许也是凯恩斯大声疾呼经济学家应学习哲学和人文学的真正理由吧。不过，当今很多经济学家仍然没有改变轻视哲学和人文学的态度，只顾埋头研究经济学，或许说得更准确一点，在埋头研究数学呢。

在多位大师中，作者把更多的篇幅让给了卡尔·马克思。之所以如此做，当然是有原因的。首先马克思比任何人都彻底而具体地研究了正统经济学（主流经济学）的弱点和局限性。如今，被知识分子们引用最多的思想家估计就是马克思。此外，马克思还是最被人们误解的思想家。撰写本书之前，那些具有影响力的保守派人士或经济学家大肆诋毁马克思的言论让我感到荒谬和愤怒，于是便萌生了通过写书"纠正人们对马克思的误解"的想法。事实上，仅凭一本书很难如实介绍马克思的经济理论。因此，本书只对马克思最容易被人们误解的部分进行了简略的介绍。直至今日，我仍没有放弃写一本书来专门介绍马克思的想法。不管如何，希望本书能有助于提前消除人们对马克思的误解。

作者相信经济学一定会在不远的将来重生，且必然能够重生成功。如今在学界内行为经济学和幸福经济学的地位急速上升。相信这两个领域在经济学重生的时候，能为经济学的脱胎换骨提供充足的养分。当然到目前为止，韩国的大多数经济学家仍对这两个领域感到陌生，或即便认识也视若无睹。有一点可以肯定的是，这两个领域是以尖端科学领域作为基础的全新领域。

另一件让人惊讶不已的事情是，本书介绍过的所有经济学大师或多或少都会谈到上述两个领域的研究内容。作者相信，这并不是偶然现象。故此，想借助大师们的言论来介绍行为经济学和幸福经济学的主要内容，这也是我提笔撰写本书的另一个重要动机。

最后，感谢禹石勋博士和金润晟博士把这本书推荐给金荣出版社。另外，感谢对本书的出版始终关注的所有弟子，是你们让我的人生更有意义。

同样的感谢之情还要献给洪基贤教授，多年前他帮我在首尔大学经济学系得到经济学史的讲课机会。这本书的一些内容正是在那个时候整理的。最后，感谢所有金荣出版社的员工，也感谢为此书在中国内地出版付出努力的朋友们，你们的支持是我写书的最大动力。

# 参考文献

安国臣，"召回落后于时代的经济学教科书？"，韩国经济学会，《韩国经济论坛》第三卷，第一号（2010年春）

金庆洙（2010），"全球经济危机的教训"，韩国经济学会，《韩国经济论坛》第三卷，第一号

李正典（2008），《我们现在幸福吗？》，首尔：韩吉社

张荣淑（1998），《婚姻经济与市场经济》，大邱：大邱大学出版部，29页

金钟贤（1987），《经济史》，首尔：经文社

斯特潘·克莱恩（2002），《幸福的公式》（金英玉译），首尔：熊津知识屋

托德·布什霍兹（1994），《经济大师不死》（李承焕译），首尔：金荣社

朴渊岩（1995），"经济歪曲和DUP"，梁云哲编，《土地寻租行为和社会成本》，世宗研究所

郑荣胜·柳亨根（1995），《土地寻租行为和收入不平等》，梁云哲编，《土地寻租行为和社会成本》，世宗研究所

约翰·加尔布雷斯，《经济学的历史》（张相焕译），首尔：读书虫，2002

李知顺（2000），《宏观经济学》，首尔：范文社

米歇尔·沃尔德罗普《从混沌到人工生命》（金基植·朴亨奎译），首尔：凡荣社出版部

丹·艾瑞里（2008），《超出常理的经济学》（张硕勋译），首尔：青林出版

崔仁哲（2009），《框架》，京畿道坡州：21世纪图书

托德·布什霍兹（1994），《经济大师不死》（李承焕译），首尔：金荣社

薛轩英（1990），"分配正义和马克思主义"，哲学，第33卷

丹·艾瑞里（2008），《超出常理的经济学》（张硕勋译），首尔：青林出版社

李正典（1993），《两个经济学的故事：主流经济学和马克思经济学》